Wörterbuch der europäischen Gartenkunst

Reclam Sachbuch

Gabriele Uerscheln
Michaela Kalusok

Wörterbuch der europäischen Gartenkunst

Mit 30 Abbildungen

Philipp Reclam jun. Stuttgart

3. Auflage

RECLAMS UNIVERSAL-BIBLIOTHEK Nr. 18656

Durchgesehene und bibliografisch ergänzte Ausgabe 2009
Gestaltung: Cornelia Feyll, Friedrich Forssman
Gesamtherstellung: Reclam, Ditzingen. Printed in Germany 2009

ISBN 978-3-15-018656-5
www.reclam.de

Inhalt

Vorwort

Die Gartenkunst als Disziplin der Kunstgeschichte entwickelte ihre Stile durch alle Epochen der europäischen Geschichte. Während man jedoch in Hochschulen und Museen sammelnd, bewahrend, forschend und vermittelnd Gedächtnisse für die klassischen Disziplinen der bildenden Kunst schuf, blieb die kunstwissenschaftliche Bearbeitung der Gartenkunst weitgehend vernachlässigt. Seit mit Beginn der 1970er Jahre die Diskussionen über den Umgang mit der Natur aus den verschiedensten Motiven vehement und öffentlich geführt werden, wurden zahlreiche Projekte zum Thema »Natur« mit unterschiedlichen Prioritäten und Zielsetzungen ins Leben gerufen. In Zeiten eines radikalen Verlustes sinnstiftender Instanzen, der umfassenden Besetzung der Lebenswelt durch moderne technische Medien und der zunehmenden Künstlichkeit von Welt nimmt die Hinwendung zur Natur wieder zu. Verbunden hiermit ist ein wachsendes Interesse an Gartenkunst und ihren Schöpfungen: den Gärten. Als Mittler zwischen ungestalteter Natur und Mensch bedürfen sie seit jeher besonderer Aufmerksamkeit und behutsamer Pflege, die nur in der Zusammenarbeit aller mit Gartenkunst befasster Disziplinen effektiv sein kann.

Mangelnde Aufmerksamkeit oder der wissentlich hingenommene Verfall großer Kulturleistungen haben viele Gartenkunstdenkmäler fast in Vergessenheit geraten lassen. Nach der griechischen und römischen Antike waren es die maurischen Herrscher in Spanien, die, aus dem Orient kommend, die Gartenkunst Europas neu belebten und Gestaltungen anregten, die bis weit in das 19. Jahrhundert auf das engste mit der Geschichte von Herrscherdynastien und einflussreichen Familien des Großbürgertums verbunden sein sollten.

Das *Wörterbuch der europäischen Gartenkunst* führt im ersten Teil in die Gartenstile Europas von der Antike bis zur Gegenwart ein. Im zweiten Teil werden in über 550 Stichworten die wichtigsten Fachbegriffe, Gartentypen und -motive, Gartenarchitekten wie Gartentheoretiker sowie über 60 europäische Gärten vorgestellt. Diese sind der Übersicht halber im Anhang noch einmal nach Ländern geordnet aufgelistet.

Gabriele Uerscheln
Michaela Kalusok

Gartenstile Europas

Der antike griechische Garten

Die ältesten Beschreibungen von griechischen Gartenanlagen finden sich in der *Odyssee* Homers (Ende 8. Jh. v. Chr.), wo im Zusammenhang mit den trojanischen Kriegen und den Irrfahrten des Odysseus auch Paläste und deren Gärten geschildert werden. Die Beschreibungen zeigen, dass die Gärten – z. B. der sagenhafte Garten des Alkinoos – keine reinen Ziergärten waren, sondern von Hecken oder Mauern umschlossene Nutzgärten, die dreigeteilt waren in einen Gemüsegarten, einen Obst- und einen Weingarten.

In der von Göttern bestimmten Naturanschauung der Griechen spielte die reine Naturbetrachtung und Naturliebe jedoch zunächst keine Rolle. Von baumbestandenen Gärten, die mit dem Kult einer Gottheit verbunden waren, den Heiligen Hainen, in denen Götterbilder und Altäre aufgestellt waren, berichtet schon Homer. Der Zutritt zu diesen Hainen blieb den Bürgern versagt.

Antike Grottenanlagen – z. B. die Grotte der Nymphe Kalypso – wurden erstmals ebenfalls durch Homer überliefert. Die Grotte der Kalypso, in der Odysseus gefangengehalten wurde, war in mehrere Räume aufgeteilt und öffnete sich in einen naturbelassenen, baumbestandenen Garten. Die Grottenanlagen waren motivisch, jedoch ohne direkten gestalterischen Bezug bedeutsam für den römisch-antiken Garten und wirkten von dort aus auch auf die Gärten der Renaissance und des Barock. Insgesamt jedoch blieb der formale Einfluss des griechischen Gartens auf die Gartenkunst der Neuzeit gering.

Die Griechen zogen das Leben in der Stadt dem Landleben vor. In der Stadt legte man Wandelgänge und Alleen an, die – u. a. bei den Ring- und Sportplätzen gelegen – als Orte der körperlichen Ertüchtigung sowie der Begegnung und Konversation dienten. So entstand eine Kultur der öffentlichen Gärten oder vielmehr Promenaden, verbunden mit Plätzen und Gebäuden für Wettkämpfe, Spiele und den damit verknüpften kultischen Handlungen. Aus dem Garten des Akademos beispielsweise, einem legendären Helden und göttlichen König, dem ein Garten mit Ölbäumen und Altären verschiedener Götter geweiht war, entwickelte sich die Akademie in Athen. Eine Schilderung dieser Bildungs- und Sportstätten, der Gymnasien, findet sich im römischen Architekturtraktat des Vitruv (88–26 v. Chr.). Die in den Gymnasien angelegten Peristylgärten – Peristyle sind Innenhöfe mit offenem, säulengestütztem Umgang – wurden maßgebend für den Garten des römischen Stadthauses.

Private Gärten in der Stadt blieben zunächst den Lehrern und Philosophen vorbehalten. Platon kaufte in Athen einen Garten (nach 388 v. Chr.), den er den Musen weihte und in dem er lehrte. Aristoteles folgte seinem Beispiel und hielt seine Vorlesungen im sogenannten Lykaion, in der Nähe des Tempels des Apollon Lykaios.

Über das rein Nutzbringende hinaus wurde das ästhetische und botanische Interesse an Ziergärten und Parks erst durch Einflüsse aus dem Orient geweckt. Sowohl die ägyptische als auch die persische Gartenkunst, die für ihre Blumenzucht und ihre reichen Gärten bekannt waren, übten seit dem Hellenismus einen Einfluss auf die Gartengestaltung in Griechenland aus. Das »Paradeisos« – so übertrug Xenophon (434–355 v. Chr.) die persische Bezeichnung für Gartenanlagen ins Griechische – hielt in Griechenland Einzug.

Der antike römische Garten

Im Gegensatz zu dem durch wenige Zeugnisse bekannten griechischen Garten vermitteln zahlreiche Quellen ein etwas genaueres Bild der römischen Gartenkunst. Darunter sind insbesondere die Schilderungen von Gärten in den Briefen des Plinius d. J. (61 oder 62 – um 113 n. Chr.) und im Traktat über den Landbau des Marcus Terentius Varro (116–27 v. Chr.) hervorzuheben. Der Typus des römischen Stadtgartens war als Gartenhof (Peristyl) ausgebildet, in dem sich um ein zentrales Wasserbecken Beete und Kübelpflanzen gruppierten. Diese Peristylgärten im Atrium eines römischen Hauses waren der griechischen Baukunst entlehnt. Obwohl im 79 n. Chr. durch einen Vesuvausbruch verschütteten Pompeji Pflanzbehälter erhalten blieben und eine Bepflanzung des Atriums aufgrund der wissenschaftlichen Auswertung verkohlter Pflanzenreste nachgewiesen wurde, lässt sich das genaue Aussehen der römischen Gartenhöfe nicht mehr vollständig erschließen. Umstritten ist deshalb die Rekonstruktion des großen Peristyls mit Garten nach der Villa dei Papiri in Herculaneum für das Paul-Getty-Museum in Kalifornien. Andere Beispiele für möglicherweise bepflanzte Peristylgärten sind im Haus des Fauns oder im Haus der Amorini Dorati in Pompeji belegt.

Eine Vorstellung des römischen Gartens vermittelt darüber hinaus die pompejanische Wandmalerei. Im Innenraum wird ein ringsum offener Raum – einem Gartenpavillon gleich – suggeriert, der den Ausblick auf einen Garten bietet. Hinter einem Zaun aus Gitterwerk und Pergolen befindet sich ein dichter, mit zahlreichen Vögeln bevölkerter Bewuchs aus Bäumen und Blumen – ein wilder, naturbelassener, paradiesischer Garten, dessen Anlage sich weder mit den überlieferten Gärten der römischen Stadthäuser noch denen der ländlichen Villen in Übereinstimmung bringen lässt. Bereits in republikanischer Zeit finden sich in den eng bebauten römischen Städten öffentliche Gärten und Promenaden, die mit Platanen, Pinien und Zypressen bepflanzt waren.

Für die europäische Gartenkunst der nachantiken Zeit war insbesondere die römische Villenkultur vorbildhaft. Die detaillierten Beschreibungen in den Briefen Plinius' d. J. ermöglichen eine Rekonstruktion der römischen Villa und ihrer Gärten. Bei der Anlage einer Villa kamen der Aussicht, erreicht durch eine Hanglage, und einer klimatisch günstigen Ausrichtung entscheidende Bedeutung zu. Die Villenanlage bestand aus einem Gebäudekomplex mit Sonnenterrassen und überdachten Wandelgängen, umgeben von Nutz- und Lustgärten, die mit Kunstwerken und kleinen Lustbauten geschmückt waren. Die Gärten, die aus verschiedenen gegeneinander abgegrenzten Teilen bestanden, waren kunstvoll bepflanzt und gestaltet. Plinius beispielsweise ließ ein sogenanntes Hippodrom im Garten seiner Villa in der Toskana anlegen. Die Form des langgestreckten Gartenraums ähnelte den Circusanlagen für Pferderennen. An seinem halbkreisförmigen Ende schloss sich ein Rosengarten und ein Stibadium an, eine zum Speisen angelegte, raffiniert mit Brunnen verbundene Sitzbank. In figürliche Formen geschnittene Buchsbäumchen und Sträucher säumten die Wege. Diese Baumschnittkunst wurde in der Gartenkunst der italienischen Renaissance wieder aufgegriffen. Auch Statuen wurden in Villen-Gärten – zu nennen wäre hier als ein späteres Beispiel die Villa des Hadrian in Tivoli (125–136 n. Chr.) – sowie in Stadtgärten platziert, wie z. B. im Garten des Dichters Sallust (1. Jh. v. Chr.), der eine berühmte Sammlung von Kunstwerken beherbergte.

Der spanisch-arabische Garten

Ohne gesichert nachweisbaren Bezug auf etwa noch vorhandene Anlagen aus römischer oder westgotischer Zeit brachten islamische Eroberer aus dem Orient und Nordafrika die hochentwickelte Kultur ihrer Gartenkunst um 880 nach Spanien, wo sie sich insbesondere im zentralen Süden und Nordosten der Iberischen Halbinsel ihre grünen Paradiese anlegen ließen. Auf der Grundlage von umfassenden botanischen und damit verbundenen agrarischen Kenntnissen sowie fundierter Ingenieurskunst entwickelte sich eine landwirtschaftliche Kultur, die weite Flächen des Landes in fruchtbare Oasen verwandelte. Zum Teil aus römischer Zeit stammend, wurde eine Vielzahl von Nutz- und Zierpflanzen rekultiviert.

Zu ebenso hoher Blüte reifte die Gartenkunst in herrschaftlichen Palästen und Stadthäusern hochrangiger Persönlichkeiten. Gemeinsames Merkmal dieser Anlagen war ihr urbaner Charakter. Selbst auf größeren Flächen wurden keine Gärten geschaffen, die als Ganzes zu übersehen waren, sondern ein Verbund kleiner geschlossener Anlagen.

Als Modul für die Konzeption der einzelnen Gartenabschnitte diente in der Regel das Quadrat. Hiermit entsprachen die Gartenanlagen der aus dem Orient importierten städtischen Garten- bzw. Hofarchitektur, die gemäß der sozialen Struktur in islamischen Gesellschaften zum Hausinnern orientiert und nach außen, stadtwärts, deutlich abgeschlossen ist. Anders als in den Gärten beispielsweise der Mogule in Persien wurden analog zu den einzelnen Gartenabschnitten keine großdimensionierten Wasserbassins gebaut, sondern Brunnen und Kanäle. Ein weiteres Merkmal der Anlagen in Spanien war ihre häufige Einbindung in eine Terrassenarchitektur, die eine besonders reizvolle Aussicht auf die meist in den niedrigeren Terrassenabschnitten gelegenen Gärten gewährte.

Der hohe Stellenwert gartenkünstlerischer Anlagen kann daran ermessen werden, dass der erste von den übrigen arabischen Staaten unabhängige Omayade, Abd-ur-Rahmân III., der Kalif von Cordoba (929–1031), sich unmittelbar nach seiner Übernahme der Macht in der Nähe von Cordoba die Wunderstadt Az-Zahra bauen ließ. Eingefügt in die unteren Abschnitte der zur Terrassenarchitektur gefügten Anlage, die für eine große Hofhaltung bestimmt war, bot die Gartenanlage mit ihrer Rhythmik von gitterumgrenzten rechtwinkligen Abschnitten, ihren gartenarchitektonischen Kleinbauten (Pavillons, Vogelhäuser und Zwinger), plastischen und bildnerischen Schmuckelementen, Teichen, Brunnen und Bassins dem betrachtenden Auge unter freiem Himmel ein Ebenbild des Inneren von Höfen und Zimmern. Legendär wurde dieser in mehr als vierzig Jahren vervollkommnete Garten auch wegen seiner Wasserberieselung aus feinen Düsen in Marmorböden, die für eine frische Atmosphäre sorgte. Für das 10. Jahrhundert wird von Tausenden von Gärten in der Umgebung von Cordoba berichtet. Ein Text aus dem 11. Jahrhundert berichtet vom Patio de los Naranjos in Cordoba als einem wundervollen Hofgarten aus weißem Marmor mit einem baumgesäumten Wasserlauf.

Sevilla, besetzt von den Arabern 712 und von Ferdinand III., dem »Heiligen«, 1248 wiedererobert, zeichnete sich ebenfalls durch eine hohe Gartenkultur aus. Zwar ist wenig über ihr Aussehen vor dem 12. Jahrhundert überliefert, doch haben Ausgrabungen ergeben, dass die begrenzenden Seiten der ›versunkenen‹ Blumenbeete mit Stukkaturen und Malereien geschmückt waren. Der Patio de los Naranjos vor der Moschee in Sevilla wurde 1171 von Yusuf II. begonnen und ist angelegt wie der Orangenhof von Cordoba. Gartenkunst und Ingenieursleistung kommen in ihren ausgeprägten Qualitäten bei der Wasserkanalisierung zur Deckung. Sie wird von Baum zu Baum geführt und durch hölzerne Sperren vor Überwässerung geschützt.

Der Garten des Alcazar-Palastes in Sevilla, dessen erste Bauabschnitte ins 12. Jahrhundert datieren, ist mit einer Gesamtfläche von 16 ha der größte noch erhaltene Garten, der den Untergang der maurischen Tradition überlebte. Er besteht aus mehreren Höfen mit Arkadenumgängen, einem niedrigen Wasserbecken im Zentrum und einem großen zentralen Areal mit acht Abteilungen, unterteilt von geschnittenen Hecken. Gleichwohl ist die ursprünglich maurische Anlage von Ergänzungsbauten aus der Renaissance überformt, wie beispielsweise von einem Pavillon, gebaut im 16. Jahrhundert unter Karl I. von Spanien.

Auch nach dem Fall von Cordoba und Sevilla in der Mitte des 13. Jahrhunderts lebte die maurische Tradition fort und entwickelte sich verschmolzen mit spanisch-christlichen Elementen zum Mudejár-Stil. Der christlichen Adaption maurischer Gärten ist es zu verdanken, dass der Alcazar bei Sevilla in der zweiten Hälfte des 14. Jahrhunderts neu erbaut und ausgedehnte Gärten angelegt wurden.

Das muslimische Spanien war bis zu seiner Eroberung im Jahr 1492 auf Granada begrenzt. Gärten wurden hier auf der Hügelseite angelegt, und Ausblicke auf die nahegelegene Stadt konnten durch feinste, ornamental gestaltete Mauerlöcher oder von Terrassen aus wahrgenommen werden. Von allen muslimischen Gärten haben sich die der Generalife oberhalb der Alhambra von Granada als die berühmtesten erhalten.

Der mittelalterliche Garten

Für das frühmittelalterliche Nordeuropa kann von einer Fortsetzung der antiken Tradition einerseits und einem Neubeginn unter dem Einfluss arabisch-orientalischer Gartenkultur andererseits ausgegangen werden, die durch tradierte Schriften antiker Autoren zum Gartenbau und durch die Beziehungen zu Byzanz getragen wurden. Obwohl zahlreiche Schrift- und Bildquellen Hinweise auf Aussehen und Zusammensetzung mittelalterlicher Gärten geben, gelingt die Rekonstruktion und damit die genaue Vorstellung von Gartenanlagen im Mittelalter nur schwer, zumal – wie auch beim antiken Garten – originale Anlagen nicht mehr bestehen. Selbstverständlich kann man davon ausgehen, dass v. a. die landwirtschaftlichen Nutzgärten nach antik-römischen Vorgaben kontinuierlich weitergeführt wurden. Die *Capitulare de villis vel curtis imperii*, eine Landgüterordnung Karls des Großen aus dem Jahr 812, ist die bedeutendste Quelle zur landwirtschaftlichen Nutzung aus karolingischer Zeit, die auf den Erkenntnissen der römisch-antiken Villenkultur aufbaut. Sie gilt aufgrund der darin enthaltenen Beschreibung zahlreicher Nutzpflanzen als das früheste erhaltene Pflanzenbuch des Mittelalters.

Charakteristische mittelalterliche Gartentypen sind der Baumgarten und der Wurzgarten, d. i. der Kräuter- und Arzneigarten. Da diese erstmals in Klosteranlagen – z. B. auf dem St. Galler Klosterplan (um 825) oder im *Hortulus*, einem um 840 verfassten Gedicht über die Kräutergärten des Klosters auf der Insel Reichenau – nachzuweisen sind, werden die Klöster als die Bewahrer nicht nur der antiken Kultur allgemein, sondern auch des antiken gärtnerischen Erbes angesehen. Neben den klösterlichen Nutzgärten entstanden inmitten des vom Kreuzgang des Klosters eingeschlossenen Hofes erste von Nutzungsgedanken freie »Paradiesgärtlein« als Orte der Kontemplation: In der Regel vier Gartenabschnitte, voneinander geschieden durch einen Längs- und einen Querweg, in deren Kreuzungspunkt ein Brunnen Wasser zum Gießen lieferte und zugleich den Lebensquell bzw. den Paradiesbrunnen symbolisierte, waren zu einem wohlgeordneten Ganzen komponiert. Ein Beispiel für einen solchen Garten ist im Klosterplan von St. Gallen aufgeführt, der verschiedene Gartenformen mit genauen Hinweisen zur Bepflanzung mit nützlichen Gewächsen zeigt, für den großen Kreuzgangsgarten jedoch keine Pflanzanweisungen enthält. Eine erste umfassende Darstellung der im Mittelalter verwendeten

Pflanzen stellen die Pflanzenbücher der Hildegard von Bingen (1098–1179) aus dem 12. Jahrhundert dar, die neben den nützlichen Heilpflanzen auch Lilie, Rose und Veilchen als Zierpflanzen beschreibt und damit einen Hinweis auf die mögliche Anlage von Blumengärten bereits im frühen Mittelalter liefert. Den ersten wirklichen Lustgarten des Mittelalters beschreibt allerdings erst Albertus Magnus im 13. Jahrhundert als ein von Duftkräutern und Blumen gesäumtes, mit schattigen Bäumen bepflanztes Rasenstück, das ringsum von einer Rasenbank begrenzt wird. Der Quell- und Badebrunnen (Brunnen) als Zentrum des Gartens bleibt während des gesamten Mittelalters der wichtigste Bestandteil einer Gartenanlage und bildet das Initial für deren skulpturale Ausschmückung in späterer Zeit (Gartenskulptur). Die von Albertus Magnus beschriebene Gartenanlage gleicht vielen Darstellungen des Hortus conclusus, einem umzäunten Blumengarten, der zu einem besonderen Typus der Mariendarstellung im Mittelalter gehört.

Das Motiv des Paradiesgärtleins wird im profanen Bereich für die Darstellung des Liebesgartens übernommen, der im Mittelalter im Zusammenhang mit der höfischen Dichtung eine Verbindung von Garten und Erotik entstehen lässt. Der um 1230 begonnene, um 1270 fortgeschriebene *Roman de la Rose* (*Rosenroman*) vermittelt in lyrischer Verklärung die Bedeutung und das Aussehen des Gartens in der höfisch-ritterlichen Gesellschaft des 13. Jahrhunderts als Ort des Vergnügens.

Realität waren indes die engen Burggärten, die als Nutzgärten konzipiert im Kriegsfall der Versorgung dienen mussten und die im Laufe der Zeit, als der wehrhafte Charakter der Burgen obsolet geworden war, als Blumengärten angelegt werden konnten. Auch außerhalb der Burgen blieben die Gärten im frühen Mittelalter eingehegt und geschützt vor wildernden Tieren, und sie beanspruchten einen eigenen Rechtsraum. Ihr Pflanzensortiment vergrößerte sich erst um 1000 entscheidend.

Schloss- und Burggärten, Klostergärten wie auch der Bauernhof waren den Bürgergärten in den Städten in ihren stilistischen Entwicklungen nicht zuletzt aus Platzgründen voraus. Während dem Adel zusätzlich zu seinen kleineren Gartenarealen im Schloss- bzw. Burgbereich ausgedehnte Wild- und Jagdgärten mit ihren speziellen Jagdhäusern zur Verfügung standen, wurden in den Städten seit dem hohen und späten Mittelalter Blumen-, Arznei- und nicht zuletzt botanische Gärten angelegt.

Der holländische Garten

Die holländische Landschaft ist durch ein Netz gerader Kanäle als Entwässerungsgräben und Verkehrsadern geprägt. Ein charakteristisches Merkmal des holländischen Gartens war deshalb von der Kulturlandschaft vorgegeben, nämlich die Eingrenzung und Umfassung durch Wassergräben. Vorgeformt war darüber hinaus durch das rasterartige System der Kanäle auch die strenge Einteilung der Gärten in Rechtecke. Gleichzeitig verbieten die begrenzenden Kanäle trotz des sich bis zum Horizont erstreckenden flachen Landes eine weit in die Landschaft vordringende, axiale Ausdehnung der Gärten. Vielmehr wurden im Raster der Gräben kleinere, überschaubare Gartenrechtecke aneinandergereiht. Dieses allgemein für Renaissancegärten typische System wurde auch in den barocken Gärten beibehalten. Während sich der holländische Garten in der Renaissance kaum von deutschen Gartenanlagen unterschied, entwickelte der Barockgarten deutlichere Eigenheiten.

Der bei Haarlem (Provinz Utrecht) gelegene Schlossgarten Heemstede und der Schlossgarten Het Loo (Apeldoorn) weisen die oben genannten Muster in den Grundzügen ihrer Anlage auf. In Heemstede liegt das Schloss im Zentrum des Gartens, der durch Baumalleen von der umliegenden Landschaft abgeschirmt wird. Ausblicke werden nicht geschaffen, vielmehr konzentriert sich der Blick auf das Innere der Gärten, das sich durch eine besonders abwechslungsreiche, farbige Ausschmückung der Parterres und Bosketts auszeichnet. Blumenrabatten bildeten ein wichtiges Gestaltungsmittel im holländischen Garten.

Einen Eindruck des Gartens für ein wohlhabendes Bürgertum, das sich nach der Loslösung von der spanischen Fremdherrschaft in Holland etablierte, vermittelt die Stichfolge des Architekturmalers Hans Vredeman de Vries von 1568. Die Gärten wurden auf der einen Seite vom Wohnhaus und auf der anderen Seite von einem Kanal als Wasserstraße begrenzt, über den auch ein Zugang zu dem Gartengrundstück führte. Die vom Kanal her nicht einsehbaren Gärten waren in rechteckige Felder aufgeteilt, die von Laubengängen, Lattenzäunen oder Hecken umgrenzt waren. Im Zentrum der einzelnen Kompartimente stand ein Brunnen oder ein kunstvoll beschnittener Baum.

Das weit verbreitete Stichwerk übte einen großen Einfluss auf die europäische Gartenkunst des Manierismus aus. Die Bedeutung der holländischen Gärten, die ihrerseits wiederum von der französischen Gartenkunst geprägt waren, für Europa und insbesondere Deutschland ist jedoch weniger kunsthistorisch als gartenbaulich begründet. Zwar gibt es vielfältige Einflüsse auf die deutsche Gartenkunst gerade in dem künstlerisch, religiös und dynastisch verwandten Norden (z. B. Hannover, Herrenhausen), doch sind die Handelsbeziehungen Hollands nach Übersee, die eine Einfuhr und den Vertrieb seltener und kostbarer Pflanzen mit sich brachte, und die daraus resultierende intensiv betriebene Nutzgärtnerei in Holland weit höher einzuschätzen. Die in der Technik des Gartenbaus und der Pflege der Pflanzen erfahrenen holländischen Gärtner waren als Mitarbeiter bei der Anlage von Gärten gesucht.

Der italienische Garten der Renaissance

Das verstärkt seit dem 15. Jahrhundert in Italien wiedererwachte Interesse an antikem Gedankengut führte auch zu einer Neubelebung des Gartens als Kunstwerk. Neben Werken antiker Autoren wie Plinius d. J. wurde die 1499 in Venedig erschienene, mit 196 Holzstichen reich illustrierte Schrift *Hypnerotomachia Poliphili* von Francesco Colonna wegweisend. Das Buch traf auf das Interesse reicher Stadtbürger an ihren Villen und Gärten. Anregend für viele gartenkünstlerische Ideen in der Folgezeit ist hier die Menschheitsgeschichte beschrieben als Weg aus der unkultivierten Natur durch verschiedene Geistes- und Gemütsverfassungen, gespiegelt in unterschiedlich gestalteten Landschaften, Gärten und Architekturen bis hin zum Licht der Antike. Geleitet von der Göttin Venus und begleitet von anderen Gestalten aus der antiken Mythologie, findet Poliphilus sein Ideal der Wahrheit auf einer Garteninsel inmitten des Ozeans.

Zukunftweisend für alle späteren Gartengestaltungen in Italien hatte Donato Bramante in Rom für Papst Julius II. das Belvedere Innozenz' III. mit dem niedriger gelegenen vatikanischen Palast durch einen mit Treppenanlagen gestalteten Terrassengarten verbunden, der später zu einem Binnengarten vervollkommnet wurde. Damit waren zwei wesentliche Elemente der italienischen Gartenkunst vorgegeben: der tektonisierte Garten und der Garten als umfriedeter Bezirk.

Gleich einer Folie erscheint Colonnas Schrift den berühmten Boboli-Gärten in Florenz unterlegt, die Cosimo de' Medici gemeinsam mit seiner Frau auf der Rückseite des Palazzo Pitti anlegen ließ. 1550 von Tribolo begonnen, wurde er von Ammannati und Buontalenti weiter ausgestaltet. Durch unterschiedliche Gartenräume geführt, gelangt der Besucher, ohne die Anlage als Ganzes überblicken zu können, zur symbolischen Mitte des Gartens, wo auf dem Isolotto der Brunnen des Okeanus mit der von Giambologna geschaffenen Statue das Inselideal symbolisiert.

Kardinal Ippolito d'Este ließ sich in Tivoli eine Villa bauen mit einem über fünf Terrassen steil hochgeführten Garten, den eindrucksvolle Wasserspiele wie der Wasserorgelbrunnen von Pirro Ligorio prägen. Das nötige Wasser für diesen Garten, in dem wie von dem Architekten und Kunsttheoretiker Leon Battista Alberti in seinem 1485 erschienenen Traktat *De re aedificatoria* gefordert, Garten und Architektur zu einem Ganzen komponiert sind, spendete die Quelle des Aniene.

Vorbildlich für zahlreiche Anlagen wurden die Gärten in Caprarola von Giacomo Barozzi da Vignola, Vollender des Palazzo Farnese, und der Garten der Villa Lante in Bagnaia mit seinen fünf übereinanderliegenden Terrassenstufen, der aufgrund motivischer Gemeinsamkeiten ebenfalls Vignola zugeschrieben wurde. Die lebendige Symmetrie dieses Gartens mit seinen vier identisch großen Wasserbecken ist Spiegelbild humanistischer Vorstellung vom harmonischen Zusammenklang aller Teile zu einem Ganzen.

Obgleich der italienische Garten der Renaissance mannigfaltige Formen ausgebildet hat, können doch verallgemeinernd folgende Merkmale festgehalten werden: Die Parterres sind in mindestens vier gleich große Teile aufgegliedert, die in der Regel auch Wasserbecken umfassen. Unter Berücksichtigung der Zentralperspektive sind Wege und Blickpunkte konstruiert. Eine dynamisch-räumliche Treppen- bzw. Terrassenführung betont die zum Haus hinleitende Achse. Die Wege werden gesäumt und hervorgehoben von exakt geschnittenen Hecken. Pergolen aus Holz oder Stein, überwachsen mit Wein, Glyzinien oder Geißblatt, spenden dem Lustwandelnden Schatten. Antike Skulpturen, wiedergefundene Originale wie Kopien, verweisen auf die Vergangenheit. Zudem wird ein eigenständiges, für die Gartenkunst in Europa wegweisendes Skulpturenprogramm entwickelt. Die Figuren werden zunächst meist entlang der Mauern aufgestellt. Die in Terrassen und Mauern eingebauten Grotten und Heckenlabyrinthe haben als feucht-dunkle Orte mit eigenem Figurenkanon bzw. als Initiations-›Architekturen‹ symbolische Funktion im Sinne des Höhlengleichnisses von Platon und eines Bildes für die Suche des Menschen nach der jeweiligen Mitte als Ort vollendeter Harmonie. Auf hochentwickelter Ingenieurskunst basierende Wasserspiele beleben diese Anlagen und erzeugen ein eigenes kühles Klima.

Von italienischen Gärten der Renaissance beeinflusst, entstanden nördlich der Alpen seit dem 16. Jahrhundert bedeutende Gartenanlagen des Adels (z. B. der symmetrische Gartenkomplex für Maximilian II. in Wien) sowie zahlreiche Bürgergärten in Augsburg, Nürnberg, Frankfurt und Breslau, die insbesondere durch den Ulmer Architekten Joseph Furttenbach überliefert sind. Die italienische Gartenkunst beeinflusste bis ins 20. Jahrhundert hinein (Geoffrey Jellicoe) die Gärten vieler Künstler und Auftraggeber aus Ländern jenseits der Alpen auf ihrer ›Grand Tour‹ durch Italien als einem unerlässlichen Bestandteil humanistischer Bildung.

Der manieristische Garten

Um die Mitte des 16. Jahrhunderts gestaltete der Architekt Pirro Ligorio im Auftrag des Visconte Orsini den »Sacro Bosco« (Heiliger Wald) von Bomarzo, nahe Viterbo, der neben dem nicht mehr im ursprünglichen Zustand erhaltenen Garten von Pratolino paradigmatisch für die manieristische Gartenkunst Italiens steht. Das Motto der Anlage, die in ein Tal des alten Etruskerlandes eingebettet ist, lautet: »Du, der du auf der Suche nach erhabenen und furchterregenden Wundern die Welt durchstreifst, komm hierher, schreckensvolle Angesichte, Elefanten, Löwen, Bären, Menschenfresser und Drachen zu schauen.« In deutlichem Gegensatz zu den Gesetzen von Ordnung und Harmonie, die in der Renaissance das Bild italienischer Gärten bestimmten, ist der »Heilige Wald« Spiegelbild eines ebenso hochgebildeten wie zutiefst zweifelnden Menschen. Monumentale, aus den örtlichen Felsen gehauene Skulpturen tauchen unerwartet nach Wegbiegungen auf. Krumme Wege, Architekturen in bedrohlicher Schieflage und Plätze ohne Bezug scheinen in ständiger Gefahr, überwuchert zu werden. Alle Ordnung scheint bedroht. Der »Heilige Wald« von Bomarzo zeigt sich als überdimensionierter Irrgarten, in dem den niederen wie den höheren Sinnen des Besuchers vermittelt wird, dass alles Geschaffene vom Schrecken der Vergänglichkeit bedroht ist. Nördlich der Alpen zeigten sich die Ende des 16. Jahrhunderts angelegten Gärten Rudolfs II. auf dem Hradschin in Prag von einer vergleichbaren, melancholischen Weltsicht durchdrungen.

Der französische Garten des Barock

Der Fortschritt der Naturwissenschaften im 17. Jahrhundert und systematische empirische Naturbeobachtungen begründen die Epoche des Rationalismus, in der der gesamte Kosmos den Naturgesetzen unterworfen und somit der menschlichen Vernunft als erschließbar angesehen wird.

Nicolas Fouquet (1615–1680), Finanzminister unter Mazarin, erteilt 1656 den Auftrag zur Schaffung einer Schloss- und zugehörigen Gartenanlage an den Baumeister Louis Le Vau (1612–1670), den Maler Charles Le Brun (1619–1690) und an André Le Nôtre (1613–1700), einen Gartenarchitekten in den Tuilerien. Le Nôtre, gebildet im Studium der Perspektive, schafft dem Anspruch des Bauherrn gemäß in Vaux-le-Vicomte die Grundlagen für den französischen Barockpark.

Für den nötigen Raum werden bei Vau drei Dörfer beseitigt, um mit enormem Personal- und Kostenaufwand in fünfjähriger Bauzeit die Gesamtanlage fertigzustellen, die mit einem pompösen Fest 1661 zur Schau gestellt wird. Bei einem zweiten Fest ist Ludwig XIV. zu Gast. Der hier sich augenscheinlich erhärtende Verdacht der Veruntreuung von Staatsgeldern und schlimmer noch der Anspruch auf die Führungsrolle in der Kunst, die Fouquet sich damit angemaßt hatte, brachte dem Minister Enteignung und lebenslange Haft ein. Le Nôtre und alle anderen Künstler von Vaux-le-Vicomte kamen in den Dienst des Königs – Teile der Ausstattung des Besitzes von Fouquet wurden nach Versailles gebracht, wo 1662 mit einer umfassenden Neugestaltung der schon bestehenden Jagdschlossanlage begonnen wurde. Aufgrund der persönlichen Vorliebe des Königs, der das Schlösschen als Maison de plaisance nutzte, sollte gegen die natürlichen Gegebenheiten ein Rahmen für höfische Inszenierung entstehen, der alles Bisherige übertraf. Aus einem Rückzugsort auf dem Lande wurde die Residenz des Königs, der sich im Zeichen Apolls, des antiken Gottes des Lichtes und der Klarheit, sah.

Sämtliche gartenkünstlerischen Elemente, die in Vaux-le-Vicomte vorgebildet waren, prägten auch die Anlage in Versailles, vervielfachten und steigerten sie zur perfekten Illusion von Harmonie. Angewandte Wissenschaft – Perspektive, Mechanik, Wassertechnik u. a. m. – ermöglichten nicht nur die Beherrschung des natürlichen Materials, sondern die Inszenierung ihrer selbst.

Zu den charakteristischen Merkmalen für den klassischen französischen Barockgarten des grand gôut zählen: Die gesamte Anlage orientiert sich zum Schloss als Zentrum, von wo aus sich ein umfassender Blick eröffnet – das Schloss wird zur Metapher des allsichtigen Herrscherblicks; die zentrale Mittelachse bildet über den Horizont hinaus eine optische Verbindung zwischen dem König mit seiner Residenz, die als Ort der Vernunft das Reich der Natur bezwingt, und dem ihm attributhaft zugewiesenen Licht des Himmels. Der Blick wird in eine uferlose Ferne gezogen, gleichzeitig wird er auch aufwärts gelenkt durch grüne Wände und Bosketts, die die Ebene architektonisch durchdringen. Zu den Gestaltungselementen gehören die strahlenförmige bzw. achsensymmetrische Anordnung von Wegen sowie die damit gegebenen Parkabschnitte, kanalisierte Wasserläufe, Wasserbecken und Wasserspiele, optische Inszenierungen mittels spiegelnder Wasserflächen und bewusst aufgebaute Geländepartien, Terrassierungen und Schauarchitekturen. Vasen und Gartenskulpturen, die eine auf den Herrschenden zugeschnittene Mythologie thematisieren, steigern eindringlich den Geltungsanspruch hierarchischer Ordnung. Geometrische Formen – Vierecke, Halbkreise, Ovale, Kreise, Kreuze, Dreiecke und Vielecke – bestimmen alle Gartenelemente. Ungezügelte Natur hat in der Anlage keinen Platz, wird aber als ein Teil ihrer selbst zitiert und symbolisiert in Form von Labyrinthen, Heckentheatern und Grottenarchitekturen, die in Bosketten eingelagert sind. Damit ist die »wilde« Seite der Natur zwar nicht vorhanden, wird jedoch repräsentativ dargestellt und in die Gesamtordnung eingebunden.

Im Zeichen der Sonne als Symbol von Vitalität und Stetigkeit feiert Ludwig XIV. in Versailles seine Herrschaft und wird zum Vorbild für absolutistische Machtdemonstration. Teils tagelange pompöse Feste zelebrieren die »gottgewollte« Weltordnung; das sich verselbständigende Hofleben steht für den Höhepunkt des zentralisierten französischen Staates. Hochadel und hoher Klerus sind zur Anwesenheit am Hof gezwungen, um die eigene Position zu halten, unterstehen so der Kontrolle.

In der Folgezeit entzündeten sich Diskussionen um gartenkünstlerische Gestaltungen in Frankreich und an feudal-absolutistisch regierten Höfen Europas stets am Beispiel von Versailles. Versailles wurde Synonym für den Typus des barocken Architekturgartens und ideologischer Gradmesser für Nähe oder Entfernung von absolutistischer Staatsführung. Abgelöst wurde er vom Rokokogarten, der in ganz Europa, zunächst ebenfalls nach französischem Vorbild, eigene Formen entwickelte. Das Rokoko als Stil von verspielter Heiterkeit, Sehnsucht nach Idylle und Intimität fiel in die Regierungszeit Ludwigs XV. (1723–1774). Der Klassizismus bildete einen zu Barock und Rokoko gegensätzlichen Formenkanon und eine eigene Rhetorik aus, die ihre Ideale in »stiller Einfalt und edler Größe« fanden. Nicht mehr länger sollte »Schnörkel und allerliebstes Muschelwerk« und ein allzu freier Umgang mit der Formensprache der Antike gelten, sondern die ernsthafte Rückbesinnung auf antike Grundlagen.

In dem Ausmaß, wie Versailles sich zur Residenz entwickelte, verlor es naturgemäß seine ursprüngliche Bedeutung als Jagdschloss und Landhaus. Als Ausgleich für den zunehmenden Verlust eines Rückzugsortes entstanden u. a. die Ménagerie, das Trianon de porcelain und Nebenschlösser wie Marly. Marly entwickelte sich zu einem der herausragenden Beispiele für den Bautypus der Maison de plaisance mit den hierfür wichtigen Eigenschaften. Trotz der notwendigen Nähe zur Residenz liegt Marly in waldreicher Abgeschiedenheit mit natürlichem Wasserreichtum. Der Rückgriff auf die Villenkultur der italienischen Renaissance, insbesondere auf Schöpfungen von Andrea Palladio (1508–1580), vollzieht sich in kreativer Variation, so dass im Verbund mit anderen Gestaltungsmerkmalen die Maison de plaisance zu einem eigenen Bautypus wird und schließlich an der Architekturakademie in Paris ihre theoretische Aufarbeitung unter anderem durch François Blondel erfährt.

Der englische Garten

Der Begriff »englischer Garten« wird im verallgemeinernden Sinne verwendet für Gärten, die nach englischen Vorbildern des 18. Jahrhunderts gestaltet sind. Die Geschichte des sogenannten englischen Gartens beginnt Ende des 17. Jahrhunderts mit einem Zusammentreffen von neuem Naturgefühl, neuer Naturästhetik, geändertem Gesellschaftsverständnis und ausgeprägten ökonomischen Interessen der Landbesitzer. Mit der Verdrängung des Ackerbaus durch die Schafweidewirtschaft, die Landbesitzern einen höheren Gewinn versprach, wandelte sich das Gesicht der englischen Landschaft deutlich: die Einhegung führte zu zusammenhängenden, großflächigen Ländereien, der Holzmangel zur Neuanpflanzung von Alleen, einzelnen Bäumen und Baumgruppen. Liberale, von freimaurerischem Gedankengut mitbeeinflusste Anschauungen des Landadels (Whigs) und aufklärerische bzw. liberale Ideen einzelner Persönlichkeiten aus dem Hochadel (Torys) trafen sich in dem gemeinsamen Wunsch, den gezirkelten Gärten französischen Typs etwas Neues entgegenzusetzen. Streng formale Gärten wurden als Ausdruck feudal-autoritärer Herrschaft interpretiert; ihm wurde der an Natürlichkeit und Erhabenheit orientierte Gartenentwurf als Ausdruck aufklärerischen, liberalen Denkens entgegengesetzt. Jedoch vollzog sich die Entwicklung des englischen Gartentyps nicht linear und programmatisch; durch verschiedenartige Einflüsse (Schriften, Reisen, Stichwerke mit Abbildungen von fernöstlichen Gärten), unter denen Auftraggeber und Gärtner standen, bildeten sich charakteristische Typen aus: Chatsworth in Derbyshire, Hauptanlage begonnen 1685, und Castle Howard in Yorkshire, begonnen 1699, zeigen französische und englische Partien; in Rousham, Oxfordshire und Stowe gestaltete der berühmte William Kent (1685–1748), ursprünglich Maler, in den 30er und frühen 40er Jahren Landschaftsgärten in einem für ihn charakteristischen neuen, malerischen Stil. Seine Gärten können als Kompositionen dreidimensionaler Gartenveduten bezeichnet werden. Blenheim in Oxfordshire wurde durch Lancelot »Capability« Brown (1716–1783) ab 1764 so umgestaltet, dass schließlich der Typus des englischen Landschaftsgartens erstmals in seiner reinen Form entstanden war. Für Stowe in Buckinghamshire sind seine zahlreichen Staffagearchitekturen charakteristisch; auch an dieser Anlage wirkte nach Charles Bridgeman (1680–1738) und William Kent ab 1741 Brown. Den klassizistischen Landschaftsgarten in Stourhead, Wiltshire, komponierte sein Besitzer Henry Hoare d. J. (1705–1785) gemeinsam mit Henry Flitcroft (1687–1769) ab Mitte des 18. Jahrhunderts zu einem »Landschaftsgemälde«

mit Mitteln der Natur. Als »Anti-Brownist« trat Sir William Chambers (1723–1796) in Erscheinung, der die ihm vorbildliche chinesische Gartenkunst mit ihren gegensätzlichen Stimmungsbildern in englische Anlagen einzubinden suchte. In Zusammenhang u. a. mit der Vorlage des Stichwerks von Matteo Ripa (1682–1742), in dem der Missionar chinesische Gärten illustrierte, traf Chambers insbesondere bei Hof auf großes Interesse. Chambers' anglochinesischer Garten beeinflusste auf dem Kontinent u. a. die Architektur im Gartenreich von Dessau-Wörlitz in Deutschland, den englischen Gartenteil von Caserta in Italien und von Chanteloup bei Amboise in Frankreich.

In den Debatten zwischen »Brownisten« und ihren Gegnern nahm der ab 1788 als Gartenkünstler tätige Humphrey Repton (1752–1818) eine vermittelnde Position ein. Während er sich für eine geometrische Gartengestaltung in Hausnähe einsetzte, sollten im Park weiterhin Prinzipien des Landschaftsgartens gültig sein. Berühmt sind seine »Red Books«, in die seine Zeichnungen und Entwürfe gebunden sind, anhand derer er seinen Auftraggebern das »Vorher und Nachher« seiner Gartenplanung mittels Klappen und Schiebern erläuterte. Mit John Claudius Loudon (1783–1843) und seiner Frau Jane (1807–1858) entsteht schließlich in England eine Art eklektizistischer Gartenstil. Neu sind Loudons soziologische Überlegungen zur Gartenkunst; auch wenig Begüterten sollte die Kunst des ›gardenings‹ ermöglicht werden.

Charakteristische Merkmale für Gärten englischen Typs sind in der Regel hügelige Geländemodellierung, Seen mit natürlich wirkenden Uferkonturen, schön geschwungene Wegeführung, die nach Biegungen neue, überraschende

»Bilder« bereithält, weite Rasenflächen (*pleasureground*), Baum- und Buschgruppen (*clumps*) in freiem Gelände, Aha-Gräben, die die Landschaft außerhalb des gestalteten Gartens optisch einbeziehen, Farbenspiel von grünem Blattwerk mit seiner Licht- und Schattenwirkung, Architekturen in Anlehnung an klassische, gotische, orientalische und chinesische Vorbilder, Scheinarchitekturen sowie künstliche Ruinen.

Der Garten des Historismus

Die historisierende und eklektizierende Wiederaufnahme von Stilen vergangener Epochen in der Kunst des 19. Jahrhunderts wurde ausgelöst durch ein neues historisches und wissenschaftliches Bewusstsein. Bereits im 18. Jahrhundert hatte mit den neuen Ideen des englischen Landschaftsgartens eine Vorliebe für gotisierende Gebäude eingesetzt (Gotikmode), die sich im folgenden Jahrhundert in einer allgemeinen Begeisterung für das Mittelalter fortsetzte. Nebeneinander waren darüber hinaus seit der zweiten Jahrhunderthälfte aber auch Vorbilder der Antike, der Renaissance und des Rokoko verfüg- und anwendbar. Dazu kam, vermittelt insbesondere durch die Weltausstellungen, eine Faszination für exotische Formen und Materialien. Für die Gartenkunst, mit der sich nun auch der bürgerliche Mittelstand zu beschäftigen begann, bedeutete dies eine Rezeption sowohl des nun wieder erlaubten (Humphrey Repton) barock-geometrischen Gartens wie des »natürlichen« englischen Landschaftsgartens unter der Verwendung exotischer Pflanzen und Motive, die sich v. a. in den Gartengebäuden (Palmenhaus) niederschlugen. Typisch für die auf Pracht und Sinnlichkeit angelegten öffentlichen wie privaten Gärten mit ihrem enzyklopädischen Eklektizismus war die Verbindung von geometrisierenden Formen unmittelbar vor dem Hauptgebäude mit Elementen des englischen Gartens im daran sich anschließenden Park, der um eine dort unübliche Vielfalt exotischer Bäume und Pflanzen erweitert werden konnte. Beet- und Parterreanlagen waren durch eine üppige, aber geordnete Pflanzen- und Blumenfülle mit einem prächtigen, teils grellbunten Farbenspiel gekennzeichnet. Als charakteristische Beetform bildete sich das gemusterte Teppichbeet aus buntlaubigen Blattpflanzen aus. Gegen den Stilpluralismus der historisierenden Gärten wandten sich die Reformer der Arts & Crafts-Gärten.

Der Garten des Jugendstils und der klassischen Moderne

Obwohl um 1900 eine verstärkte Kritik am Garten des Historismus einsetzte, muss der im Jugendstil entstandene und auf die englische Arts & Crafts-Bewegung zurückgehende moderne Garten als historistischer gelten als der historistische Garten selbst, der sich im wesentlichen noch dem Leitbild des englischen Landschaftsparks verpflichtet zeigt. Der englische Landschaftsgarten setzte sich von den streng formalen Reglementierungen des barocken Gartens ab und war gekennzeichnet durch sanft geschwungene Wege, deren Linienführung auch den floralen Jugendstil kennzeichnete. Statt einer gesteigerten Naturnähe führte die Kritik am Landschaftsgarten im Jugendstil aber paradoxerweise zu einer Neuorientierung an formalen Gärten der Renaissance, ohne dass das Vorbild des Landschaftsgartens ganz verworfen wurde. Die neue Geometrisierung war u. a. das Resultat einer gesteigerten Funktionalität, die sich den Bedürfnissen einer im Industriezeitalter sprunghaft anwachsenden Bevölkerung verschrieben hatte. Den vielfältigen Aufgaben (neben Repräsentation sind es v. a. Erholung, Sport, Spiel, Geselligkeit, Bildung, Erziehung, Ernährung, Gesundheit) entsprechend kommt es zu einer umfassenden typologischen Ausdifferenzierung in Größe und Gestaltung der Gärten, die letztlich bis in die Gegenwart ihre Gültigkeit behalten hat. Als wegweisendes Beispiel für den modernen Garten ist die von Peter Behrens anlässlich der Düsseldorfer Gartenausstellung 1904 entworfene Anlage zu nennen, die das entscheidende Ereignis in der Wende zur Gartenkunst des 20. Jahrhunderts darstellt. Dieser vieldiskutierte geometrische Garten schafft in radikaler Abwendung vom Pittoresken der Gründerzeit (Garten des Historismus) eine neue Synthese, die theoretischen und formalen Einflüssen von Paul Schultze-Naumburg und Hermann Muthesius folgt (weitere Vertreter des modernen Gartens: Geoffrey Jellicoe, Edwin Luytens, Getrude Jekyll). Die Verbindung von Axialität, Symmetrie, Rechtwinkligkeit und strenger Geometrisierung zwischen Architektur und Skulptur sollte auch für Gartenprojekte der 30er Jahre (z. B. die Gartenanlagen der Ausstellung »Schaffendes Volk« von 1937 in Düsseldorf, heute Nordpark) in monumentalisierter Form grundlegend werden.

Der Garten der Postmoderne

Der postmoderne Garten ist im Zusammenhang zu sehen mit einer seit Ende der 60er Jahre allgemein zu bemerkenden Wiederentdeckung des Mythos, der sich – vom Logos abgekoppelt – eindeutigen Definitionen entzieht. Der Blick auf den Menschen als sinnlich-emotionales Wesen ging einher mit einer massiven und durch alle wissenschaftlichen Disziplinen sich ziehenden Kritik am Vernunftbegriff, wie er in der Aufklärung entwickelt wurde.

Auch die Protagonisten baukünstlerischer Disziplinen und mit ihnen die Landschaftsarchitekten und Gestalter von Gärten übten Kritik an der klassischen Moderne mit ihrem Primat des Formalen. Zugleich wurden die ohnehin zunehmend schwerer zu ziehenden Grenzen zwischen Landschaftsarchitektur, Land Art und Gartenkunst fließender.

In der Architekturtheorie wurde der Begriff der Postmoderne 1977 von Charles Jencks im positiven Sinne eingeführt, von Jost Hermand dagegen negativ benutzt als Stilbegriff für reaktionäre, antimoderne und konforme Gestaltungen, die sich lediglich auf die historisierende Addition von Zitaten verlegen. Verschiedene theoretische Positionen bündelnd, sah Heinrich Klotz in der postmodernen Architektur die Möglichkeit zur Rückgewinnung von Inhalten anstelle eines reinen Funktionalismus, zur Aufnahme von poetischen Vorstellungen und der kreativen Rezeption von dichterischen Stoffen, letztere jedoch nicht im Sinne illustrativer, sondern in ästhetischer, wahrnehmungsrelevanter Absicht verstanden.

So unterschiedlich die künstlerischen Arbeiten der Postmoderne sich präsentieren, so wenig scheint der Begriff »Postmoderne« tauglich als Stilbegriff, wenn er zu mehr als der Bündelung heterogener künstlerischer Positionen, die ab Ende der 70er formuliert wurden, herangezogen werden soll. Dennoch greift der Begriff insofern, als er in sich selbst widersprüchlich ist und sich programmatisch dem logischen Zugriff entzieht.

Ian Hamilton Finlay hat in seinem Garten *Little Sparta* einen Ort geschaffen, der dem Topos des Erhabenen verpflichtet ist. Seit der spätantiken Abhandlung *Vom Erhabenen* des Pseudo-Longin wird das Erhabene in der Ästhetik als das bedacht, was der Differenz zwischen dem Schönen und dem Hässlichen vorausgeht. Die »magische« Qualität des Erhabenen wird von der französischen postmodernen Philosophie neu diskutiert. Finlay stellt in *Little Sparta* das Erhabene zur Disposition. Die Skulptur beispielsweise des abgeschlagenen Kopfes von Apoll, Gott des Lichtes und der Künste, besudelt mit Blutspuren und der Aufschrift »Apollon Terroriste« auf der Stirn, ist in »Little Sparta« inmitten von Grasbüscheln platziert. Das Erhabene des antiken Apollon (griech. für das ›Nicht-Viele‹) wird konfrontiert mit dem Zerstörerischen des Apollyon (griech. für ›Verderber‹).

Das Wort-Ding als Zeichen für den poetischen Zusammenschluss von Sprache und Bild taucht auf charakteristische Weise in den Gärten von Dieter Kienast auf, wenn dieser u. a. Einschreibungen auf einer Felsskulptur im Garten von Bomarzo zitiert und weiterführende Blick-Winkel und Bedeutungen in den von ihm gestalteten Gärten initiiert.

Künstlerische Reaktion auf Umwelt und Welt durch die Land Art im Sinne eines ästhetischen Dialogs zwischen Mensch und Natur schienen sich auf eher unwirtliche, zivilisationsabgelegene, einsame Landschaften zu beschränken. Robert Smithson trieb 1970 seine *Spiral Jetty* in den großen Salzsee von Utah; Richard Long legte 1988 in der Sahara den *Touareg Circle*. Michael Heizer machte jedoch schon 1969 deutlich, dass Land Art auch innerhalb urbaner Zonen den Dialog sucht. In *Munich Depression* schuf er, als Ausstellung angekündigt, auf einem Baugelände in München-Perlach ein großräumiges Erdloch mit einem Durchmesser von 30 m, das nach der Ausstellung wieder aufgefüllt wurde. Ebenso vergänglich sind die Arbeiten des Ehepaars Christo, das mit temporären Verhüllungen in Erinnerung ruft, was durch ständige Sichtverfügbarkeit verlorenzugehen droht.

Gärten wie die der Martha Schwartz sind auf unbestimmte Dauer gestaltet. Wie ihr Hochschullehrer und späterer Mann Peter Walker verlegt sie sich zwar aufs Zitieren, das jedoch weit über historisierende Addition hinausweist, zum einen den Kunstcharakter ihrer Gärten reklamiert, zum anderen die Künstlichkeit der Zutaten in der Gartenkunst mit ironischen Brechungen betont: so fokussiert Martha Schwartz in ihren Gärten die Virtualität der Lebenswelt. Im privaten Vorgarten der Künstlerin werden beispielsweise wetterfest imprägnierte Bagels (kleine Rundbrote) dem Bereich des Kulinarischen enthoben und – eingebettet in violetten Aquariumkies – nobilitiert zum zweckfreien, schmückenden Element.

Das, was mit aller Fragwürdigkeit einer summarischen Beschreibung als charakteristisch für postmoderne Gartenkunst angeführt ist, scheint in jüngster Zeit abgelöst zu werden von Gestaltungen, die dem Prinzip des Diaphanen und damit Konzeptionen aktueller Architektur folgen. Beispielhaft hierfür sei die *Esplanade de Montbenon* in Lausanne angeführt, die nach 1996 entstanden ist.

Abkürzungen

Gängige allgemeine Abkürzungen werden hier nicht berücksichtigt

arab.	arabisch
engl.	englisch
frz.	französisch
geb.	geboren
gest.	gestorben
griech.	griechisch
ital.	italienisch
Jh.	Jahrhundert
lat.	lateinisch
n. Chr.	nach Christus
niederl.	niederländisch
pers.	persisch
sog.	sogenannt
s. u.	siehe unter
v. Chr.	vor Christus

Wörterbuch von A bis Z

A

Aalto, Alvar (1898–1976), finnischer Architekt, Designer und Künstler, der sich als Garten- und Landschaftsgestalter für die harmonische Zusammenführung von Haus, Garten und Natur einsetzte. Beispielhaft verwirklichte er seine Prinzipien der formalen, streng geometrischen und letztlich aus der klassischen Moderne (Peter →Behrens) abzuleitenden Gartengestaltung in seinem Privathaus Villa Mairea. Zu seinen künstlerischen Mitteln gehören die Stilisierung und Parallelisierung von architektonischen und pflanzlichen Konturen. Das Haus in Muuratsalo (1953) zeigt experimentelle Kombinationen von skulpturalen Mauern und Ziegelsteinmustern, die viele skandinavische Landschaftsgärtner beeinflussten.

Abreuvoir (frz.), Tränke, Wassertrog, Tiertränke. A.s wurden bisweilen in Form reich ausgestalteter Architektur wie z. B. die Pferdeschwemme im unteren Teil des Gartens der →Maison de plaisance von →Marly-le-Roi errichtet.

Achse, als Haupt-A. (Mittelsenkrechte) und Neben-A. (Quer-, Parallel-, Diagonal- oder Strahlen-A.) ausgebildet zum →Weg, →Kanal, zur Straße →Allee oder Sichtschneise. Eine A. kann Gliederungsmittel zur klaren Unterscheidung eines Gartens in einzelne Abteilungen sein, zu Blickpunkten hinführen (Gebäude, →Skulpturen, →Brunnen usw.), die bestmögliche Orientierung bei der →Jagd in einem →Jagdstern garantieren oder in die umgebende Landschaft ausstrahlen. Im architektonischen Garten des Barock ist das Schloss eindeutiger Bezugspunkt sämtlicher A.n. In →Versailles strahlt die Hauptachse des Gartens als

Mittelsenkrechte und Symmetrie-A. vom Schloss bis zum Horizont hin aus und sollte so den absolutistischen Herrschaftsanspruch verdeutlichen.

Addison, Joseph (1672–1719), englischer Schriftsteller, schrieb über die Schönheit der Natur. In Artikeln des wöchentlich erscheinenden *Spectator* und anderen Publikationen kritisierte er, wie Alexander →Pope, der ebenfalls im *Spectator* veröffentlichte, scheinbar überkommene Vorstellungen von der Gartengestaltung. A. pries im umfassenden Sinne das ästhetische Vergnügen, das ein Garten verschafft. Seine Vorbilder sind die Landschaftsgärten und die chinesische Gartenkunst.

Adonisgarten, der Name A. spielt auf den frühen Tod des Adonis an, eines schönen Jünglings, der sich der griechischen Sage nach in die Liebesgöttin Aphrodite verliebte, auf der →Jagd jedoch von einem Eber getötet wurde, den der eifersüchtige Kriegsgott Ares geschickt hatte. Die Göttin verletzte sich bei der Suche nach dem Geliebten im Wald an Dornen und ließ aus ihrem Blut →Rosen aufwachsen. Aus dem Blut des Adonis entstanden Anemonen. In der Antike galt Adonis als eine Metapher für Tod und Auferstehung und damit auch für das Vergehen und Wiedererwachen in der Natur. Zum Adonisfest wurden kleine Töpfe mit jungen Pflänzchen der Sonne ausgesetzt, die schnell dahinwelkten. Der Begriff des Adonisgärtchens wurde von diesem Brauch übernommen und war in der Antike und im Mittelalter die Bezeichnung für Gärten, die mit vielfältigen, aber einjährigen Pflanzen bestellt wurden.

Aha, auch Ha-ha oder Ah-Ah. Dieser Ausdruck der Überraschung übertrug sich auf einen vom Garten aus

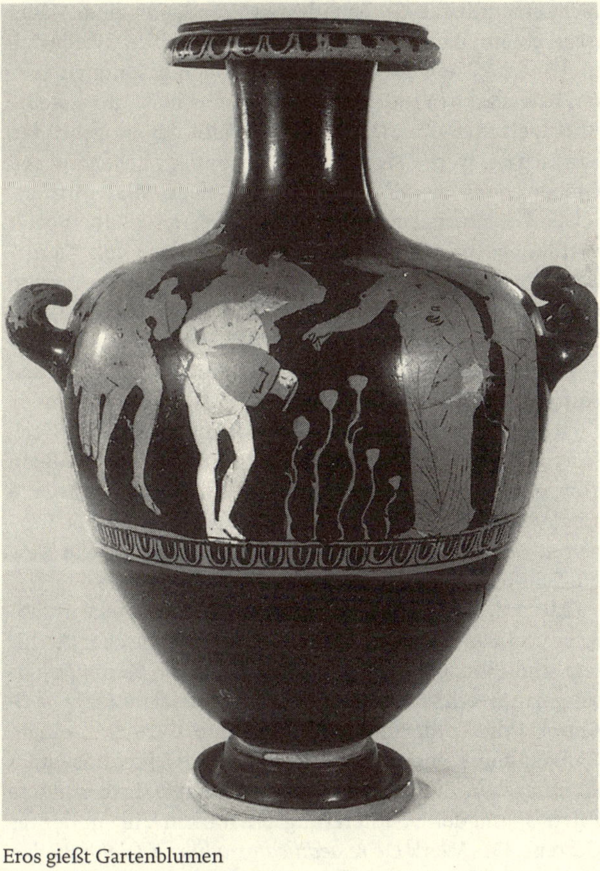

Eros gießt Gartenblumen
Vasenbild auf einer attischen Hydra, 2. Viertel 4. Jh. v. Chr.
(Athen, Nationalmuseum)

nicht erkennbaren Graben, dessen Wände mit einer Mauer oder einem Zaun abgesichert sind. Er sollte Weidevieh und andere Tiere davon abhalten, in den gestalteten Garten bzw. Park vorzudringen. Der durch ein A. unverstellte Blick gestattet die Sicht auf die Weite der umgebenden Landschaft, in die sich der Garten optisch ausdehnt. A.-Gräben, auch als Wassergräben angelegt, sind gärtnerisches Gestaltungsmittel seit dem frühen 18. Jh. Später wurden sie häufig eingesetzt bei der Anlage von Tiergehegen in Zoologischen Gärten. Erstmals beschrieben wird die Konstruktion eines A.s von → Dézallier d'Argenville in *La Théorie et la pratique du jardinage*, Paris 1709.

Aiton, William (1731–1793), schottischer Gärtner und Autor, der seit 1759 zur Pflege des botanischen Gartens in Kew House angestellt war. A. wurde u. a. durch sein Buch *Hortus Kewensis* von 1789 (2., erw. Auflage von William Townsend Aiton, London, 1810–13: *Hortus Kewensis or, a catalogue of the plants cultivated in the Royal Botanic Garden at Kew*) bekannt, das die 5500 zu seiner Zeit in Kew kultivierten Pflanzen aufführt.

Alberti, Leon Battista (1404–1472), Architekt in Florenz und Rom. A., der als führender italienischer Architekt und Humanist großen Einfluss auf die Gartengestaltung nahm, erhob in seinem Architekturtraktat *De re aedificatoria* die Forderung, dass Haus und Garten zu einem Ganzen komponiert werden müssen. Als Humanist steht A. unter dem Einfluss der antiken Literatur, insbesondere Vitruvs, und der Überlieferung der antiken Villa und ihres Gartens. Das Werk *De re aedificatoria libri X* (*Zehn Bücher über Architektur*), geschrieben 1452, gedruckt 1485, wurde u. a. von den Medici und den Este aufmerksam studiert und bestimmte deren konzeptionelle Wünsche für ihre Gärten. In enger Anlehnung an antike Autoren wie →Plinius d. J. und →Vitruv gründet Schönheit für A. auf der Harmonie aller Teile zueinander. A. empfiehlt, auf Hügellage zu bauen wegen der unmittelbareren Nähe zu Sonne und Wind und des rundum möglichen Blicks in die Ferne der Landschaft und in den nahen Garten. Diese Idee ist bei der Gestaltung der Villa Medici in Fiesole (Michelozzo, ab 1458 erbaut) und anderen Renaissancegärten umgesetzt. Die Gestaltung mit Pflanzen orientierte sich an antiken Vorbildern mit →Ars topiaria.

Albertus Magnus (1193/1207–1280), der Dominikaner, Philosoph und Naturforscher Albert Graf von Bollstädt, besser bekannt unter dem Namen A. M., gilt als der bedeutendste Gelehrte des Mittelalters. Er war Bischof von Regensburg und lehrte an den Universitäten von Paris und Köln. 1622 wurde er heiliggesprochen. Neben theologischen Schriften und philosophischen Kommentaren verfasste er zahlreiche naturwissenschaftliche Schriften. In seiner *Historia Naturalis* schrieb er einen Traktat über die Pflanzen (*De Vegetabilibus*). Erstmals wird darin detailliert der Lustgarten des Mittelalters und seine Bepflanzung beschrieben. A. M. soll einen →Klostergarten mit einem geräumigen →Gewächshaus für Zitronen- und Orangenbäume angelegt haben.

Allee (frz. *allée* ›Allee, Gang‹), sorgfältig gestalteter Weg oder Straße mit einer oder mehreren beidseitig flankierenden, parallelen Baumreihe(n). Die in regelmäßigen Abständen gepflanzten Bäume bilden je nach Wachstumsführung und Kronenschnitt entweder heckenartig verdichtet (Fächerallee) oder einzeln gesetzt verschiedene A.-

Typen aus. Die *allée double* besteht aus vier Baumreihen, die eine breitere Mittelbahn von zwei schmaleren Seitenbahnen trennen. Bei der *allée couverte* schließen sich die Baumkronen zusammen und formen eine →Laubenallee (siehe auch →Berceau) aus, wie z. B. die vielgerühmte *allée des Portiques* in →Marly-le-Roi, eine Gartenanlage, die für die Vielfalt verschiedener A.-Formen bekannt war. A.n dienen der Beschattung der Wege. Sie werden als Gestaltungsmittel sowohl in der Gartenkunst als auch im Städtebau eingesetzt (→Promenade).

Alpinum, auch Alpengarten, botanische Sammlung von Pflanzen des Hochgebirges als Steingarten angelegt. Einer der ersten Gärtner, die einen solchen →Felsengarten errichteten, war der Schotte Alexander Nasmyth (1758–1840). Peter Joseph →Lenné ließ ein A. in Sanssouci (→Potsdam) anlegen. Die Gartenform setzte sich im Laufe des 19. Jh.s durch und ist auch heute noch in Hausgärten weit verbreitet.

Altan (von ital. *alto* ›hoch‹), im Gegensatz zum frei vorkragenden →Balkon ist ein A. ein über einem Erker o. Ä. gelegener, fest unterbauter Austritt mit Brüstung in den oberen Stockwerken einer Fassade.

Ammannati, Bartolomeo (1511–1592), Florentiner Bildhauer. A. war seit den 50er Jahren unter dem Einfluss →Vignolas auch als Architekt tätig, erstmals zusammen mit Giorgio Vasari und Vignola am Bau der römischen Villa Giulia, insbesondere des dortigen Nymphaeums. Seit 1555 war er wieder in Florenz ansässig, wo er u. a. den Neptunbrunnen auf der Piazza della Signoria (1575) und die Gartenfassade des Palazzo Pitti (1560–66) schuf. Als Schöpfer zahlreicher Palastbauten gestaltete A. in diesem

Zusammenhang auch Gartenanlagen, wie z. B. Hof und Garten des Palazzo Pitti. Den an den Pitti-Palast anschließenden Boboli-Garten führte er als Nachfolger des →Tribolo weiter.

Amphitheater (griech. *amphi* ›beidseitig‹, *theatron* ›Schauplatz‹), in der Antike geschlossenes ovales oder kreisförmiges Theater mit einer ellipsenförmigen Arena. Der Begriff steht in der Gartenkunst auch für ein →Gartentheater. →Hippodrom.

Ananas, A. zählen neben der Orange wegen ihres intensiven Geruchs und erlesenen Geschmacks zu den beliebtesten Pflanzen und Früchten des 18. Jh.s, mit deren Aufzucht und Kultivierung sich viele Fürstenhöfe beschäftigten. Als exotisches Symbol zierte die A. zahlreiche Gartenbauten des 18. Jh.s, so z. B. die Pavillons im Rokoko-Garten von →Veitshöchheim. Nach Zedlers *Universallexikon* (1732) wurde die Frucht von den Spaniern auf Santa Cruz entdeckt und von dort nach Westindien und Ostindien verbracht. Die A. war als Dessert an Fürstenhöfen begehrt. Sie galt als vorzügliches medizinisches und diätetisches Lebensmittel. Ein Rezept für die A. liefert u. a. der Dresdner Hofgärtner George →Meister 1692. Die Früchte wurden in Wein eingelegt und mit Pfeffer, Zimt und anderen Gewürzen verzehrt.

Andreaskreuz →Croix de St. André

Anglais-chinois (frz.), »englisch-chinesisch«, auch Anglo-Chinois, →Jardin chinois anglais.

Antiker Garten, s. u. »Gartenstile Europas« S. 9–13.

Aranjuez, der Garten von A. – Schauplatz des ersten Akts von Schillers *Don Carlos* – galt schon im 16. Jh. als einer der schönsten Gärten Europas. Das mit einem Kloster bebaute Gelände wurde von Philipp II. (1527–1580) ab 1564 durch die Architekten Juan Bautista de Toledo (gest. 1567) und seinem Nachfolger Juan de Herrera (um 1530 – 1597) zu einer Sommerresidenz nahe Madrid ausgebaut. Die nach Philipps Tod unvollendet gebliebene Anlage wurde im 18. Jh. von den bourbonischen Herrschern fertiggestellt. Der waldartige Park war wie ein Jagdpark von radialen Schneisen durchzogen, während die Gärten in unmittelbarer Nähe zum Schloss als Blumenparterres angelegt waren. Philipp IV. (1605–1644) ließ die Gärten durch den florentinischen Gartenarchitekten und Theateringenieur Cosimo Lotti (gest. um 1650) erneuern, der ebenfalls in Buen Retiro in →Madrid tätig war. Unter den heute in der Wegeführung und Bepflanzung das historische Vorbild nur ungenügend wiedergebenden Gärten ist der Jardin de la Isla (Inselgarten) hervorzuheben, der von den Flüssen Tajo und Rio de los Molinos umflossen wird. Die zahlreichen, mit den Statuen olympischer Götter und Helden geschmückten Brunnenanlagen der Insel wurden durch Cosimo Lotti im 17. Jh. angelegt.

Arboretum (lat. *arbor* ›Baum‹), auch Arborium. Als Sammlung lebender Bäume (Laub- und Nadelgehölze) ist ein A. zu wissenschaftlichen und/oder ästhetischen Zwecken in einen Garten eingegliedert oder bildet eine selbständige Anlage (→Dendrologie). Ein bekanntes Beispiel ist das für Kurfürst Carl Theodor von →Sckell in Schwetzingen angelegte *Arborium Theodoricum* von 1777, das zahlreiche ausländische Baumsorten enthielt.

Arborium →Arboretum

Arkadien, von Hirten bewohnte Gebirgslandschaft in der Mitte des Peloponnes. A. ist das aus der Antike tradierte Bild für ein Land der Glückseligkeit. Als reale Landschaft mit sorgenfreiem Leben ist A. in der Hirtendichtung (→Bukolika) von →Theokritos verklärend dargestellt. Bei hellenistischen Dichtern und dem römischen Dichter →Vergil wird A. Sehnsuchtsmotiv für ein imaginäres paradiesisches Hirtenland (siehe auch →Locus amoenus). Im Mittelalter steht das Wunschbild einer arkadischen Paradieseswelt im Zusammenhang mit dem →Hortus conclusus. Arkadische Wunschvorstellungen stehen hinter der Villenkultur, die seit der italienischen Renaissance wiederauflebt (→Villa). A. wird in der heroischen und idyllischen Landschaftsmalerei seit Giorgione dargestellt. Eine elegische Interpretation des A.-Gedankens entstand mit Poussins Gemälde *Et in Arcadia ego* von 1640/45. Im Absolutismus wird A. zum Bild für die ländliche →Idylle und initiiert das Bauen von künstlich konstruierten Dörfern innerhalb größerer Gartenanlagen. Hier konnte die Sehnsucht nach dem einfachen Leben auf dem Lande zeitlich begrenzt ausgelebt werden. →Kythera, →Pastorale, →Schäferspiele.

Arkadische Akademie-Gärten, 1690 in Rom gegründet von Königin Christina von Schweden (reg. 1632–54). Berühmteste literarische Gesellschaft in Italien, die sich für die ursprüngliche Einfachheit von →Arkadien einsetzte und die Flöte Pans als Emblem führte. Ein weiterer berühmter arkadischer Akademiegarten wurde 1725 von Antonio Canevari geschaffen für einen Zirkel humanistisch Gebildeter, die zum Zwecke gelehrter Gespräche im Sinne einer platonischen Akademie zusammentrafen (→Philosophengarten). Das erste Treffen im neuen Garten fand am 9. September 1726 statt.

Ars topiaria (lat. *topiaria* ›Kunstgärtnerei‹ aus *topia* ›Landschaftsmalerei‹), ist als kunstvolle, insbesondere figürliche Gehölzschnittkunst bereits in der Antike seit augusteischer Zeit bekannt. Beschrieben bei →Plinius d. J., wurde die A. t. im Mittelalter wiederentdeckt. Ihr Ursprung ist in der praktischen Notwendigkeit begründet, zum Zwecke des besseren Wachstums und höheren Früchteertrags einer Pflanze kranke oder wilde Triebe auszuschneiden. Den Begriff verwendet Cicero bei der Schilderung einer Villa in einem Brief an seinen Bruder. Als kunstvolles Mittel 1499 von Francesco →Colonna in der *Hypnerotomachia* ausführlich beschrieben und zukunftsweisend für gartenkünstlerische Gestaltungen propagiert, erreichte die A. t. ihren Höhepunkt im 17. Jh. Mit zunehmender Popularität des englischen Landschaftsgartens wurde die A. t. abgelehnt, bis sie eine Wiederbelebung in Zusammenhang mit der erneuten Bevorzugung des architektonischen Gartens erlebte. Bei der Gehölzschnittkunst wird das natürliche Wachstum der Pflanzen zugunsten geometrischer oder skulpturaler Formen unterbunden. Die Römer bevorzugten für die Formschnittkunst Zypressen, später →Buchs. In England verwendete man bevorzugt Eiben, in französischen Gärten des 17. Jh.s Stechpalmen, Buchs und Lorbeersträucher. Durchgesetzt hat sich schließlich der robuste, allerdings langsam wachsende

---

Ars Topiaria. »Unterschiedene facon Hecken-Werck zu ziehen und zu schneiden«

Aus: Johann David Fülck, *Neue Gartenlust oder völliges Ornament so bey Anlegung Neuer Lust- und Blumen- als auch Küch- und Baum Gärten höchst nöthig und dienlich*, Augsburg 1720 (reprogr. Nachdr. Worms 1994)

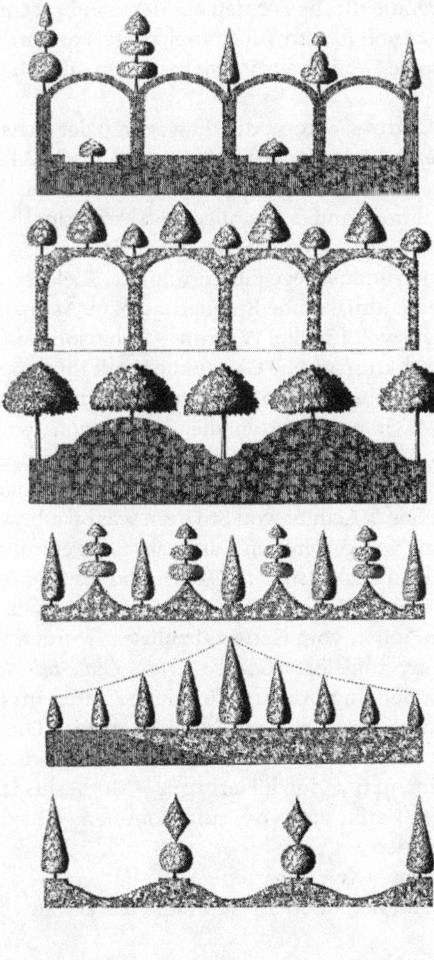

Buchs. Während einfache Formen aus der Hand geschnitten werden, benötigt man für komplizierte Formen zusätzlich biegsame Gerüste aus Weidenzweigen oder Drahtgeflechte.

Arts & Crafts-Garten, die Bewegung der Arts & Crafts wurde von John Ruskin (1819–1900) und William Morris (1834–1896) als Gegenreaktion zur viktorianischen Massenproduktion und zum allgemein konstatierbaren Verfall künstlerischer Qualität vor dem Hintergrund des aufkommenden Industriezeitalters initiiert. Ziel der Reformer war eine umfassende Erneuerung bzw. Ästhetisierung der Lebenswelt für alle. William →Robinson wandte sich gegen die viktorianische Gartenkunst mit ihren üppigen →Teppichbeeten u. a. m. Edwin L. →Luytens und Gertrude →Jekyll propagierten die Einheit von heimischem Haus und Garten als Verbindung von Landhausgarten, altmodischen Blumen und traditioneller (nationaler) Gartenkunst. Die Mischung von Stilarten war erlaubt, was zur Ausbildung von getrennten Gartenabschnitten führte. Die kontroversen Diskussionen, Garten und Haus entweder als harmonische Einheit zu sehen oder das Haus als unabhängigen Solitär vom Garten abzulösen, wurden von J. D. →Sedding aufgelöst (*Garden Craft. Old and New*, London 1891). Sedding plädierte für einen Garten im Stil von Queen Anne, der dem Haus Referenz erweist. Die reformerischen Ideen der Arts & Crafts-Bewegung wurden auf dem Kontinent u. a. durch Hermann →Muthesius (*Das englische Haus*, Berlin 1904–05) aufgenommen. →Bexley, Red House Garden.

Arzneigarten →Kräutergarten

Atrium, zentraler, offener Hauptraum des altitalischen

Hauses mit einem Herdfeuer in der Mitte, später Innenhof eines antik-römischen Wohnhauses, der mit Pflanzen und Bäumen begrünt war und in der Mitte ein Regenauffangbecken (impluvium) aufwies. →Peristyl, →Peristylgarten.

Ausstellungsgarten, auf den großen Weltausstellungen des 19. Jh.s (zuerst in London 1851) wurden auch Gartenanlagen präsentiert. Sie dienten sowohl der Dekoration der einzelnen Ausstellungspavillons als auch der Zurschaustellung der gartenkünstlerischen Leistungen der einzelnen Länder. So wurde auf der Pariser Weltausstellung von 1867 der »Preußische Garten« von Gustav →Meyer prämiert. Daneben kamen im 19. Jh. auch spezielle Gartenbauausstellungen auf, die insbesondere botanische Neuheiten und Neuzüchtungen vorstellten. Sie stehen deshalb in engem Zusammenhang mit der →Jagd nach Pflanzen. Mit der Gründung von Pflanzgesellschaften (England 1804, Belgien 1808) erfolgten erste öffentliche Präsentationen von Blumenschauen. →Gartenschau.

Automaten, mechanische Kunstwerke und beweglich konstruierte Objekte, die vielfältig, oft auch figürlich als Androiden oder Tiere gestaltet wurden. Ihre Geschichte beginnt bereits mit den alexandrinischen Mechanikern des 3. Jh.s v. Chr. (Ktesibio, Philon, Heron) und reicht bis in die Gegenwart. Durch herabfließendes Wasser, verdichtete oder erwärmte Luft, Federn, Schnurzüge oder Walzen werden A. und Maschinen in Bewegung gebracht. Musik und andere Geräusche verlebendigen die Szenerie. Für die Gartenkunst zu erwähnen sind u. a. die von 1612 bis 1624 veröffentlichten Schriften des französischen Architekten und Ingenieurs Salomon →de Caus. Der A.-Konstrukteur Jacques de Vaucanson stellte 1738 tierähnliche A., u. a. eine

Ente mit motorisch richtigen Bewegungen, vor (→Wasserspiele). Bekannte Beispiele für A. in Gärten sind in →Pratolino, →Lunéville oder →Saint-Germain-en-Laye überliefert.

Aviler, Augustin-Charles d' (1653–1701), französischer Architekt. Nach einem abenteuerlichen Leben, von Seeräubern gefangen und nach Tunis verschleppt, studierte d'A. zunächst in Rom, später in Paris bei →Hardouin-Mansart Architektur. Seit 1685 war er in Montpellier tätig. Gartengestaltung war für d'A. untrennbar mit der Architektur verbunden, da sie zur *manière de décorer* zählte. In seinem *Cours d'Architecture qui comprend les ordres de Vignole* [...], Paris 1691 (deutsche Ausgabe von Leonhard Christoph Sturm, Amsterdam 1699, vier weitere Auflagen in Augsburg, zuletzt 1777) widmet sich d'A. den Ordnungen und dem Dekor der Gebäude. Dabei erarbeitet d'A. keine eigenen Gestaltungsformen, sondern erstellt eine Art Kompendium für den französischen Barockgarten. Zu dem *Cours d'Architecture* gehört ein Lexikon mit fast 5000 Stichwörtern zur Architektur und Gartenkunst, das eine Vorstellung von den im 18. Jh. gebräuchlichen Begriffen zur Gartenkunst liefert (*Dictionnaire d'Architecture civile et hydraulique et des arts en dépendent: Comme la Maçonnerie, la Charpenterie,* [...], *le Jardinage* [...] *par Augustin-Charles d'Aviler. Ouvrage servant de suite au Cours d'Architecture du même Auteur*).

B

Babylon, Hängende Gärten, die H.n G. von Babylon galten als eines der sieben Weltwunder der Alten Welt, die vermutlich König Nebukadnezar II. (604–562 v. Chr.) an der Südburg seines Palastes anlegen ließ. Nach Diodorus wurden sie von einem Achaemedischen König gestaltet. Übereinstimmend berichten die Quellen von steinernen Vorsprüngen in terrassenartig versetzten Stufen, die eine Landschaft mit bewaldeten Bergen nachahmten. Gespeist wurden die H.n G. vom Euphrat. Die Gärten waren als Terrassengärten in einer Dachkonstruktion über Gewölben aufgebaut und mit Bäumen bepflanzt. H. G. wurden der griechischen Sage nach (Herodot und Ktesias) auch mit der halb-mythischen Königin Semiramis in Zusammenhang gebracht. Semiramis ist möglicherweise der griechische Name für die assyrische Königin Schamuramat (809–782 v. Chr). Die von den legendären Gärten beeinflussten →Dachgärten wurden im Mittelalter und in der Neuzeit in vergleichbarer Weise konstruiert. Terrassenförmig angelegte Gärten spielten eine große Rolle in der Gartenkunst der italienischen Renaissance und des Barock (→Terrassen). Johann Bernhard Fischer von Erlach erdachte eine phantastische Rekonstruktion der babylonischen Gärten in seinem *Entwurf einer Historischen Architektur* (1721), die auch den legendären Turmbau von Babel miteinbezog.

Bacon, Francis (Viscount St. Albans, 1561–1626), englischer Staatsmann, Philosoph. Naturerkenntnis und Naturbeherrschung setzte er als höchste Ziele der Wissenschaft an. Er gilt als der Begründer der empirischen Wissenschaften. In seinem Essay *On Gardens* (Nr. 47 der *Essayes or Councels, civill and morall*, London 1625, in: *The Works of Francis Bacon*, Bd. 6, London 1861, reprogr. Nachdr. Stuttgart 1963) beschreibt er einen Idealgarten mit einem geometrischen und einem naturbelassenen Teil, dessen Wildnis jedoch sorgfältig gestaltet und aus verschiedensten Pflanzen komponiert werden soll. Wie Bernard →Palissy schildert er einen imaginären, manieristischen Garten, der allerdings weniger phantastisch ist als der kuriose Garten bei Palissy und der auf Künstlichkeit, etwa in figürliche Formen geschnittene Hecken, ausdrücklich verzichtet. Gerahmt werden die beiden kontrastierenden Gartenteile durch mehrfache →Alleen.

Badehaus, aus der Antike überliefert, existierte die Einrichtung des B.es auch im Mittelalter, wurde jedoch durch kirchlichen Einfluss bis zum Beginn des 18. Jh.s verboten. Mitbeeinflusst durch Kenntnis orientalischer Badehäuser (Türkisches Bad) wurden die gesundheitsfördernde Wirkung und die Freuden eines Badehauses seit dem 18. Jh. wiederentdeckt und führten zum Bau von reizvollen Architekturen mit komplizierten Wasserzuleitungs- und -wärmesystemen. Ein Beispiel für ein luxuriöses Badeschlösschen ist die nach 1715 erbaute Badenburg im Schlosspark von Nymphenburg in →München.

Bagnaia, Garten der Villa Lante (Latium, Italien), der Garten des Kardinal Gambara (1560 erworben) gilt neben dem motivisch verwandten Garten in →Caprarola (Palazzo Farnese) als Paradigma des italienischen Renaissancegartens. Die Anlage wird zusammen mit der ersten der beiden kleinen Villen (die zweite wurde von Carlo Maderno erst 1598 erbaut) →Vignola, dem Erbauer des Palazzo

Farnese in Caprarola, bzw. dem Architekten Giacomo del Duca zugeschrieben. Erstmals entstand hier von einer Mauer umfasst die enge Verbindung eines architektonischen Gartens mit einem →bosco (→parco), einem natürlich belassenen, aber von Schneisen durchzogenen Wäldchen für die →Jagd. Das Wasser ist das bestimmende Element des tektonischen Gartens. Als kunstvolle, steinerne →Catena d'acqua beherrscht es die Mittelachse des symmetrisch angelegten, stufenförmig aufgebauten Geländes, dessen Höhenunterschiede durch kunstvoll angelegte Treppen und Terrassen überwunden werden.

Balustrade (ital. *balaustro* ›Säule‹), Brüstung oder Geländer aus kleinen gedrungenen, gebauchten Stützen (Baluster) zur Sicherung von Balkonen, Treppen, Terrassen und Dächern insbesondere in der Baukunst der Renaissance und des Barock.

Barcelona, Park Güell, um 1900 Baubeginn der Anlage mit Beauftragung des Architekten Antonio Gaudí y Cornet (1852–1926) zur Gestaltung eines urbanen Parks im Sinne einer →Gartenstadt. Benannt ist der Park nach dem Grafen Güell, einem Förderer Gaudís. In der Anfangsphase wurden 60 Bauparzellen, ein Marktplatz mit Kolonnaden und ein Freilichttheater als Terrassenanlage geplant. Als Referenz vor dem Areal – Hang des unbewaldeten Pelada – entschied sich Gaudí für eine Anlage mit geschlängelter Wegeführung und – aus frühen ökologischen Überlegungen heraus – großräumiger Bepflanzung mit heimatlichen Pinien. Heute sind lediglich zwei Parzellen bebaut, exotische Gattungen wurden zugepflanzt. Die Anlage wurde schließlich mit für den Künstler charakteristischen ornamental geschwungenen Linien und Formen gestaltet. Die

Oberflächenstruktur des Bodens mit Verwerfungen und unregelmäßigen großen und kleinen Erhebungen inspirierte Gaudí entgegen traditionellen Materialien zum Einsatz von keramischen Bruchstücken (in der Umgebung aufgelesene zerbrochene Fliesen, Kacheln, Krüge u. a. m.). Mit den brillanten, leuchtenden Glasuren der Scherbenstücke entstehen Referenzen an die maurische Azulejo-Tradition, die farbenfrohen Anstriche katalanischer Häuser und die heiter-beschwingten, frei fabulierenden surrealistischen Bildwelten des spanischen Malers Miró. Mit seinen charakteristisch geschwungenen (Jugendstil-)Formen und Linien spiegelt der Park Güell den Zeitgeist der 20er Jahre.

Barco (ital.-toskan. für *parco* ›Park‹), auch *barchetto*, →*parco*

Barock-Garten, s. u. »Gartenstile Europas« S. 25–29.

Barth, Erwin (1880–1933), Gartenarchitekt und Schüler von Fritz →Encke. B. übte mit seinen Gestaltungen von öffentlichen Parks großen Einfluss aus. In seiner Geburtsstadt Lübeck war er als Gartendirektor mit Privatgärten, der Gestaltung öffentlicher Friedhofsanlagen, Sportstadien sowie mit der Landschaftspflege befasst. 1911 erhielt er eine Berufung zum Gartendirektor von Charlottenburg und gestaltete u. a. öffentliche städtische Plätze wie den Gustav-Adolf-Platz, den Karolinger- und den Sachsenplatz. Er plante die Jungfernheide (1920–23) und die Rehberge (1926–29) in Berlin als große →Volksparks. B. lehrte seit 1921 Gartenarchitektur in Charlottenburg, ab 1927 als Honorarprofessor. Im Jahr 1929 wurde er auf den neu geschaffenen Lehrstuhl für Gartengestaltung an der Hochschule für Landwirtschaft in Berlin berufen und war damit der erste Lehrstuhlinhaber für Gartenarchitektur.

Bauerngarten, seit dem Mittelalter bekannt, wo er in Liedern fahrender Sänger besungen wird. Die Bezeichnung B. umfasst sowohl den kleinen Garten des wenig begüterten Kleinbauern, den prächtigen Garten des Bauernadels, den B. in der Stadt als auch denjenigen, der in größeren Anlagen zitiert wird. In der Regel gliedert er sich in einen Garten vor dem Haus, der geselligen Zwecken dient und oft eine Laube enthält, sowie einen Hintergarten, der zu Nutzzwecken eingerichtet ist. Der B. enthält in gewissem Umfang auch Zierpflanzen – zumeist Blumen –, die in enger Nachbarschaft zu den hauptsächlich angebauten Nutzpflanzen wie Gemüse-, Gewürz- und Heilpflanzen sowie Obstbäumen stehen. Einzelne Nutzungsbereiche werden dabei durch gerade geführte Bewirtschaftungswege so voneinander getrennt, dass ein für den B. charakteristisches klares, geometrisches Ordnungsschema von rechteckigen oder quadratischen Beetformen entsteht. Der B. war ursprünglich häufig durch einen Zaun oder eine Hecke umfriedet, um einen besonderen Rechtsraum zu schaffen und ihn vor Tieren zu schützen.

Baum, waren Bäume im geometrischen Garten des Barock und Rokoko stets einem größeren Ganzen unterworfen (→Allee, →Quincunx) und ihre Form durch B.-Schnitt künstlich mehr oder weniger stark verändert (→Ars topiaria, →en éventail, →Himmelsstrich), so wurde im englischen →Landschaftsgarten der B. als Solitär oder malerische Gruppe (→clump) eingesetzt. Dazu kam ein wissenschaftliches und botanisches Interesse auch für fremdländische B.-Arten, die zu einer heftigen Sammelleidenschaft im ausgehenden 18. und im 19. Jh. führte (siehe →Arboretum). Die Romantik entwickelte im Rückgriff auf das Mittelalter und die nordische Mythologie ein emotionales Verhältnis zu einheimischen B.-Sorten wie der »deutschen Eiche«, eine Vorliebe, auf die noch Joseph Beuys' Aktion der 7000 Eichen zur Dokumenta in Kassel 1985 anspielt.

Baumgarten, als Nutzgarten Bestandteil einer Gartenanlage seit dem Mittelalter. Wie im St. Galler Klosterplan (→ Sankt Gallen) aus karolingischer Zeit überliefert, diente der B. dort auch als → Friedhof für die Mönche. Der B. enthält Obstbäume in möglichst großer Vielfalt, die entweder als Spalierobst an Mauern und als Hecken gezogen oder aber im → Quincunx in ein Raster gesetzt wurden. In Schloss Benrath, → Düsseldorf, wurde eine solche Obstbaumwiese rekonstruiert. Die im 18. Jh. kultivierten Obstbäume und -sorten zeigt detailliert das dem Würzburger Fürstbischof Adam von Seinsheim (→ Veitshöchheim) gewidmete Werk seines Hofgärtners Johann Prokop → Mayer, *Pomona Franconica oder natürliche Abbildung und Beschreibung der besten und vorzüglichsten Europäischen Gattungen der Obstbäume und Früchte [...]*, Nürnberg 1776.

Bayreuth, Schlossgarten Eremitage, die in einem Waldstück am Main gelegene sog. Eremitage in Bayreuth (1749–73) setzt sich aus verschiedenen Bauten zusammen. Eine 1715–18 von Markgraf Georg Wilhelm erbaute, von der Markgräfin Wilhelmine 1736 umgebaute → Eremitage war als eingeschossige Vierflügelanlage mit einer betont einfachen, asketischen, für Eremitenspiele vorgesehenen Ausstattung konzipiert. In unmittelbarer Nähe zu diesem »Alten Schloss« ließ Wilhelmine, eine Schwester Friedrichs des Großen, darüber hinaus in den Jahren 1749–53 das sog. »Neue Schloss« errichten, das – offensichtlich beeinflusst von der Anlage des →Zwingers in Dresden und anderer Orangeriebauten – aus drei halbkreisförmig angeordneten Baukörpern, dem »Sonnentempel« und zwei flankierenden segmentbogenförmigen Gebäuden, zusammengesetzt war. Durch →Treillagen, die ein Gartenparterre mit einem Wasserbecken umfassten, war der Gebäudekomplex zu einem Oval geschlossen. Die beiden Schlösser sowie die verschiedenartigen Kleinbauten – künstliche antikisierende Ruinen, Einsiedeleien, Grotten, ein Ruinentheater – sind ohne axialen Bezug, etwa im Sinne eines Gesamtplanes, im Park verteilt, der außerhalb der geometrischen Gartenanlagen bereits Anklänge des englischen →Landschaftsgartens erkennen lässt.

Bayreuth, Sanspareil, seit 1745 beschäftigte sich die Markgräfin Wilhelmine von Bayreuth mit der Ausgestaltung des Felsengartens Sanspareil bei der Burg Zwernitz nahe Bayreuth. Mit der Gartenanlage vor der romantischen mittelalterlichen Burgkulisse war kein Schlossneubau verbunden, so dass der Garten als ein autonomes Kunstwerk im Sinne des englischen Landschaftsgartens verstanden werden kann. Den Felsengarten bestückten zahlreiche Staffagegebäude wie →Eremitagen, Laubhütten und rustikale Felshäuschen, von denen heute noch das Felsentheater und eine Kirche sowie ein »morgenländisches« Gebäude in islamischem Baustil erhalten sind. Eine Stichfolge von 1746/48 von Johann Gottfried Köppel vermittelt ein Bild der ursprünglichen Ansichten des Gartens im 18. Jh. Der Garten umfasste und veranschaulichte ein literarisch-mythologisches Programm, das im Sinne der Aufklärung von einem erzieherischen, moralisch-sittlichen Impetus geprägt war.

Behrens, Peter (1868–1940), Architekt und »Designer«. B. studierte an den Kunstgewerbeschulen in Karlsruhe und Düsseldorf. Seit 1899 gehörte er zur Künstlerkolonie in Darmstadt, Mathildenhöhe, dem wichtigsten Zentrum des Jugendstils in Deutschland. Seit 1902 war er Leiter der Kunstgewerbeschule in Düsseldorf, seit 1907 umfassend für die AEG in Berlin tätig. Im Sinne einer modernen »Corporate Identity« gestaltete B. das Erscheinungsbild der Firma von der Werksarchitektur bis zum Firmenschriftzug. Die Gartengestaltung war zunächst Bestandteil seiner architektonischen Entwürfe, so plante er z. B. den Garten seines Hauses auf der Mathildenhöhe in Darmstadt. In Düsseldorf entwarf er erstmals einen eigenständigen Garten im Auftrag der Großen Gartenbauausstellung im Jahre 1904. Strenge Axialität, Symmetrie, Rechtwinkligkeit und Geometrisierung zeichnen seine Gärten aus, die in radikaler Abwendung vom Pittoresken der Gründerzeit eine neue Synthese schaffen. Vorbild dafür sind die theoretischen und formalen Einflüsse von Paul →Schultze-Naumburg und Hermann →Muthesius, über die die Anregungen der englischen Arts & Crafts-Bewegung (William →Morris) nach Deutschland vermittelt wurden.

Bélanger, François-Joseph (1744–1818), französischer Architekt, seine mehrmaligen Aufenthalte in England (1770–1778) und ein dort entstandenes Skizzenbuch belegen sein Interesse am Landschaftsgarten und am →Palladianismus. Er war beschäftigt als Architekt des Comte d'Artois, des Bruders Ludwigs XVI. B. errichtete zahlreiche Gartengebäude und pittoreske Anlagen, u. a. die →Folie in Saint-James und den Pavillon de Bagatelle in Neuilly, wo er auch die Gärten anlegte. Großen Einfluss hatte B. auf die Kunst des Irregulären, die er in teils phantastischen und bizarren Verbindungen von klassischen architektonischen Versatzstücken und scheinbar wild belassenen Landschaftsformationen nach dem Vorbild italienischer Landschaftsmalerei des 17. Jh.s (Claude Lorrain) und den Entwürfen Hubert Roberts (1733–1808) verwirklichte.

Bellevue (frz., ›schöne Aussicht‹), synonym gebraucht für → Belvedere.

Belt (engl., ›Gürtel‹), dichter, aus Bäumen und Sträuchern gebildeter Saum (Gehölzgürtel), der die Grenze eines Gartens markiert. Der B. ist ein insbesondere für Capability → Brown charakteristisches und oft kopiertes Gestaltungsmerkmal im englischen Landschaftsgarten, in dem Wegeachsen keine Rolle mehr spielen. Als Belt-Walk (Gürtel-Weg) wird ein an der inneren Grenze einer Gartenanlage entlanggeführter Weg bezeichnet, der nach jeder Biegung den Blick auf ein neues »Landschaftsbild« lenkt.

Belvedere (ital., ›schöne Aussicht‹), ist als Turm, Dachhalle, → Balkon oder Plattform in Zusammenhang mit einem Gebäude oder als selbständiger Baukörper in Gestalt eines Lustschlosses oder → Pavillons so platziert, dass eine gute Fernsicht auf besonders schöne Aussichten möglich ist. Das B. liegt meist am Ende der Hauptachse eines Gartens und bildet damit einerseits einen → Point de Vue vom Schloss aus gesehen aus, andrerseits gewährt es die Fernsicht in die Landschaft. In der Medici-Villa Careggi bei Florenz ist das B. von Michelozzo (1396–1472) als offene Dachhalle gestaltet; das als Säulenhalle gebaute sog. Belvedere im Vatikan von → Bramante erlaubt einen weiten

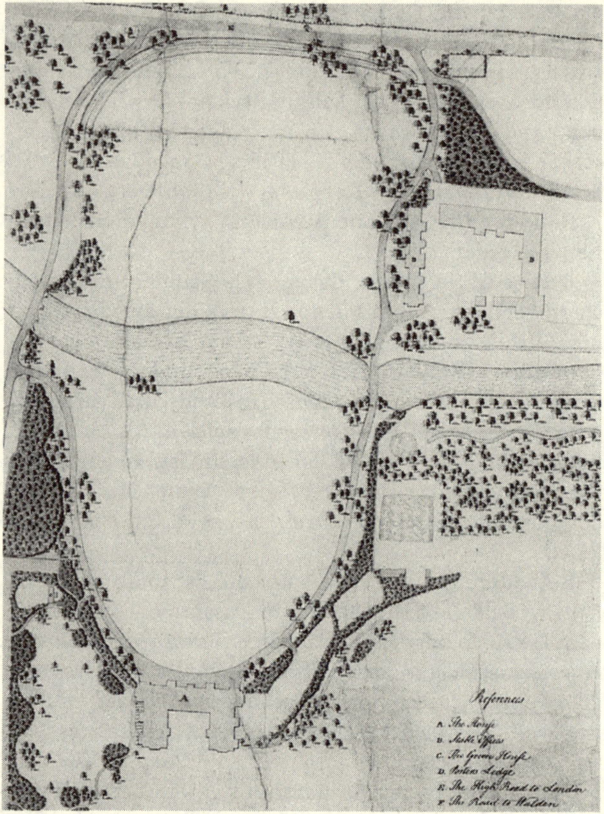

Belt. Audley End House, Essex
Plan von Lancelot Capability Brown, um 1762

Ausblick auf das Tibertal; das B. der Königin Anna in Prag, nach 1536, ist vermutlich das erste B. nördlich der Alpen; das Schloss B. in →Wien für Prinz Eugen von Savoyen kehrt die italienische Konzeption um, indem das Hauptschloss nun als Ausgangspunkt auf die Anhöhe gesetzt wird. Weitere herausragende Beispiele sind das Jagdschloss bei Weimar, das B. im Charlottenburger Schloßpark, Schloss Belvedere bei Weimar, Schloss Belvedere auf dem Pfingstberg bei Potsdam sowie als Garten-B. das Belvedere Liechtenstein von Johann Bernhard Fischer von Erlach.

Berceau (frz.), Bogengang, gewölbter Laubengang aus verschiedenen Materialien (Holz, Draht u. a.), um den sich Gewächse wie Jasmin, Geißblatt oder Weinlaub ranken und/oder um den Bäume, Hecken oder Sträucher gelenkt sind. So unterscheidet →d'Aviler in seinem *Dictionnaire* der Architektur (1691) natürliche oder künstlich angelegte B.s. Bei ersterem formen die Äste von Bäumen oder Büschen einen natürlichen Laubengang, bei letzterem werden die Äste über →Treillagen oder anderes Latten- und Gitterwerk gezogen. Der Begriff wird oft auch synonym verwendet mit →Treillage. →Laubengang, →Pergola.

Bergpark, ein B. kann auf künstlich aufgeschüttetem wie auf natürlichem Gelände errichtet werden. Beispiele dafür sind die Villa Aldobrandini in →Frascati, die Kaskade des Königsschlosses von →Caserta, der Park von Sanspareil bei →Bayreuth sowie der B. in →Kassel-Wilhelmshöhe, der über eine Höhendifferenz von 300 m bei einer Länge von rund 2 km angelegt ist. Die Idee des B.s wird einem barocken Pathos ebenso gerecht wie den erhabenen und empfindsamen Idealen des Landschaftsparks im ausgehenden 18. Jh.

Bexley, Red House Garden, von Philip Webb 1859 im Auftrag von William Morris gebautes Haus mit zugehörigem Garten im Gelände eines früheren Obstgartens. Der Garten wurde entsprechend den Vorstellungen des Protagonisten der Arts & Crafts-Bewegung von einer umfassenden Ästhetisierung der Lebenswelt gestaltet. M. legte den Garten noch vor Baubeginn von Red House an. Seine Vorliebe für mittelalterliche Schriften, sein Appell, sich mit dem Ziel eines Gesamtkunstwerks auf tradierte, nicht-entfremdete kunsthandwerkliche Techniken rückzubesinnen, spiegelten sich auch im Garten von Red House wider. Der rückwärtige Teil des Gartens enthält einen gepflasterten Innenhof mit →Brunnen im Mittelpunkt, sein vorderer Teil war aufgeteilt in vier kleine, jeweils von einem Flechtwerkzaun eingefasste, quadratische Abschnitte, die sich zu einem großen Quadrat zusammenfügten. Spaliergitter, bepflanzt mit Rosen, Clematis, Geißblatt, Glockenblumen und Gartenkresse, Gänseblümchen, Sonnenblumen, Stockrosen u. a. m. zeigen die Vorliebe des Arts & Crafts-Künstlers für einheimische Flora. Zahlreiche Entwürfe Morris' für Tapeten, Stoffe, Teppiche, Buchillustrationen (Ornamentleisten) mit ihren typischen floralen Musterungen basieren auf seinen naturalistischen Skizzen, für die ihm das Red House mit seinem Garten bis zum Verlassen der Anlage im Jahr 1865 Inspirationsquelle war. →Arts & Crafts-Gärten.

Blaikie, Thomas (1750–1838), schottischer Gärtner, der aufgrund seiner ausgiebigen Reisen durch Frankreich und seiner dortigen Tätigkeiten maßgeblich an der Verbreitung des englischen Gartens mitwirkte. Sein Reisebericht *Sur les terres d'un jardinier. Journal de Voyages*

1775–1792, erschien als Neudruck 1997 in Besançon. In Frankreich bekam er Aufträge u.a. vom Comte de Lauraguais (1733–1824), der B. mit François-Joseph →Bélanger bekannt machte, vom Comte d'Artois (später Charles X.) und vom Comte von Chartres (später Herzog von Orléans). Seit 1781 vergrößerte B. u. a. den Parc Monceau in Paris. B. führte englische und schottische Gärtner in Frankreich ein. In England sammelte B. Pflanzen für seine Kunden in Frankreich.

Blenheim, Palast in der Grafschaft Oxfordshire, 1705–1724 für den 1. Herzog von Marlborough errichtet, wurde von Nicolas Hawkesmoor (1661–1736, Schüler v. Christopher Wren) und John Vanbrugh (1664–1726) in klassizistisch barockem Stil entworfen und ist eine der weiträumigsten Anlagen in England. Von Vanbrugh stammt auch der Entwurf für die überdimensionierte palladianische Brücke, die das Flüsschen Glyme in der Nähe des Hauses überspannt und als »Gesamtkunstwerk« das damalige Sumpfland im Flusstal als Gestaltungselement einbezog. Die ersten Gärten werden von Henry →Wise (Hofgärtner Königin Annes) im Stil der französischen Gärten des Barock angelegt. Es entstehen →Parterres auf mehr als 30 ha. Entscheidend verändert wird das Gelände ab 1764 unter der Regie von Lancelot Capability →Brown: Die Parterres werden entfernt und durch Rasenflächen ersetzt, ein westlich der Brücke geschaffener Damm lässt zwei Seen mit weit geschwungenen Uferlinien entstehen, der gestiegene Wasserspiegel verändert auch das Aussehen der palladianischen Brücke, die im Zuge der Umgestaltung ihre Funktion als Verbindungsweg einbüßt (»Elizabeth's Island«) und nun in der Komposition des Gesamtbildes aufgeht. Auch in

Blenheim gibt Brown den »natürlichen Mitteln« (→Rasen, →Clumps, →Wasserflächen mit geschwungenen Uferlinien) vor den architektonischen den Vorzug.

Blondel, Jacques-François (1705–1774), französischer Architekt, Sohn des Architekten François Blondel. B. hatte im Unterschied zu seinem Vater den Anspruch, einen »gôut moderne« zu vertreten, was sich u. a. in einem Grundriss mit strengen Diagonalachsen zeigt. Er gründete eine private Architekturakademie in Paris und verfasste zahlreiche architekturtheoretische Schriften. Sein Werk *De la distribution des maisons de plaisance et de la décoration des édifices en général* (2 Bde., 1737–38) enthält Entwürfe zur Gartengestaltung, die eng an die Ausführungen →Dézallier d'Argenvilles anknüpfen. In dessen Nachfolge war er wichtigster Theoretiker des klassischen barocken Gartens in Frankreich. B. wandte sich gegen den Einfluss des englischen Gartens auf die Gartenkunst in Frankreich und verteidigte den Stil Le Nôtres. In *De la distribution des maisons de plaisances* beschreibt er vier Schemata für die →Maison de plaisance und seine Theorie zur Gartenkunst im Allgemeinen. Ausführlich dargestellt ist sie in seinem vierten Band zur *Cours d'architecture* von 1773, in dem er den klassischen französischen Barockgarten gegen den »englischen Garten« verteidigt. Als »négligence pittoresque« lässt er Irregularität allenfalls in den äußersten Randbezirken von Gärten zu, um die Regularität um so deutlicher werden zu lassen. In größerem Maß als Dézallier spricht sich Blondel für Grasböschungen (»talus de gazon«) zur Überwindung von Höhenunterschieden und großzügige Rasenparterres aus.

Blumengarten, vom Nutzgarten unterschiedener

→Lustgarten, meist als →Parterre ausgebildet, mit jahreszeitlich unterschiedlicher Bepflanzung (→Pflanzprogramme). Die Gärten des 16. Jh.s waren reich mit Blumen bepflanzt. Seit der zweiten Hälfte des 17. Jh.s wird der B. mit der Ausbildung des Parterre de broderie verdrängt von anderen farbigen Gestaltungsformen des Beetes aus anorganischen Materialien. Während sich Blumenschmuck in den sich seitlich ans Schloss anfügenden Privatgärten (→Giardino segreto) durch die Jahrhunderte hält, wird er ins Hauptparterre vor dem Schloss erst wieder seit 1750 verstärkt aufgenommen. Im 19. Jh. ist der B. ein Bestandteil des bürgerlichen →Hausgartens. →Hortus conclusus, →Kräutergarten.

Blumensymbolik →Pflanzensymbolik

Blumist, deutsche Übersetzung des frz. *fleuriste* ›Blumengärtner‹; altmodischer Begriff des 18. und 19. Jh.s für einen Kenner oder Liebhaber erlesener, blühender Pflanzen.

Blumisterei, Blumenzucht, Blumengärtnerei. Wortschöpfung des späten 18. Jh.s nach dem Begriff →Blumist, vgl. die Veröffentlichung von J. N. Weismantel, *Blumisterei* (Leipzig 1779). Verbreitung fand diese Liebhaberei für Dilettanten und Laien im 19. Jh. u. a. durch den Blumenfreund Jakob Ernst von Reider (1784–1853), einen bayerischen Landgerichtsassessor, der sich in vielen Veröffentlichungen (z. B. *Die Geheimnisse der Blumisterei* [...], Nürnberg 1822) um die Blumenzucht verdient gemacht hat.

Bomarzo, Sacro Bosco, nördlich von Rom in der Nähe von Viterbo (Mittelitalien) im Auftrag des Fürsten Vicino (Pier Francesco) Orsini (um 1516–1583) zunächst zeitgleich mit Umbaumaßnahmen der Burg in Bomarzo zu einem Renaissanceschloss angelegt. 1544 als geometrisch geordneter Lustgarten mit Wasserspielen in ein Tal eingebettet, wurde der Garten nach dem Tod seines Lieblingsvetters Orazio Farnese (1553) und seiner Frau Giulia Farnese (1557) allmählich in eine unregelmäßige Anlage mit kalkulierten Verstößen gegen Gesetze der Symmetrie und Harmonie verwandelt. Der regelwidrige »Heilige Wald« zeigt sich als Spiegelbild des ebenso hochgebildeten wie zutiefst an göttlicher Ordnung zweifelnden Fürsten Orsini. Monumentale, aus dem örtlichen Felsen gehauene Skulpturen (Gestalten der antiken Mythologie, Drachen, Schildkröte, Elefant u. a. m.) tauchen unerwartet nach Wegbiegungen auf, Architekturen in bedrohlicher Schieflage und Plätze ohne ersichtlichen Bezug charakterisieren diesen Garten als manieristische Anlage. Vicino Orsini pflegte einen engen Kontakt mit Kardinal und Fürstbischof Cristoforo Madruzzo (1512–1578), der vermutlich Kardinal Giovanfrancesco Gambara zum Bau des Gartens von →Bagnaia inspirierte.

Bordure (frz.), Borte, →Rabatte; →d'Aviler (*Dictionnaire* 1691) definiert die B. als Einfassung der Beete eines →Parterres mit Thymian, Lavendel oder Rasen.

Bosco →Boskett

Boskett (von ital. *bosco* bzw. frz. *bosquet* ›Wald‹), kleines sorgfältig gestaltetes Wäldchen innerhalb einer Gartenanlage. Darin kann der von Wegen durchkreuzte und von hohen beschnittenen Hecken umgebene Baumbestand Gartenräume (im französischen Sprachgebrauch →Salle de verdure) in zahlreichen Varianten, wie Stern-, Würfel-, Kreuzgang-, Ballsaal-, Teich-, Saal- oder Amphitheater-B. ausbilden. Das B. wird meist im Anschluss an ein →Parterre angelegt.

Bosquet →Boskett

Botanik, Wissenschaft der Pflanzen, Pflanzenkunde. Um 300 v. Chr. verfasste der Aristoteles-Schüler Theophrastos von Eresos (372/371–286/285 v. Chr.) eine *Geschichte der Pflanzen* in neun Büchern als erste bekannte pharmakologisch-botanische Schrift der Antike. Die Arzneimittellehre *Materia medica* des Diokurides, eines im 1. Jh. n. Chr. in Rom tätigen Arztes, war bis zur Renaissance das wichtigste illustrierte →Herbarium in Europa und bildete Ausgangspunkt und Grundlage für weitere Studien. Neben der Medizin war auch die Landwirtschaft seit der Antike ein Motor für botanische Studien, so z. B. bei →Plinius d. Ä., der rund 1000 Pflanzen in seiner *Historia naturalis* beschreibt. Für das frühe Mittelalter sind die sowohl auf landwirtschaftliche als auch auf medizinische Zwecke gerichteten Pflanzenbeschreibungen im →*Capitulare de villis* Karls des Großen und dem →Hortulus des Abtes Walahfrid Strabo, der sich auf den →Klostergarten auf der Insel Reichenau bezieht, zu nennen. Das erste umfassende Pflanzenwerk verfasste →Hildegard von Bingen. Als Zentrum der Medizin und damit auch der B. ist vom 11. bis zum 13. Jh. die Hohe Schule von Salerno hervorzuheben, aus der zahlreiche, weit verbreitete Schriften, wie die *Mater Floridus de virtutibus herbarum* (um 1070), hervorgingen. Die erste gedruckte botanische Schrift ist der *Apuleius* aus dem späten 15. Jh. Als wichtigstes botanisch-medizinisches Werk in deutscher Sprache gilt der 1485 erschienene, mit Holzstichen illustrierte *Gart der Gesundheit* (→Hortus sanitatis). Seit der Renaissance ging mit dem Interesse an den antiken Autoren auch eine verstärkte Auseinandersetzung mit antiken Arzneimittellehren und

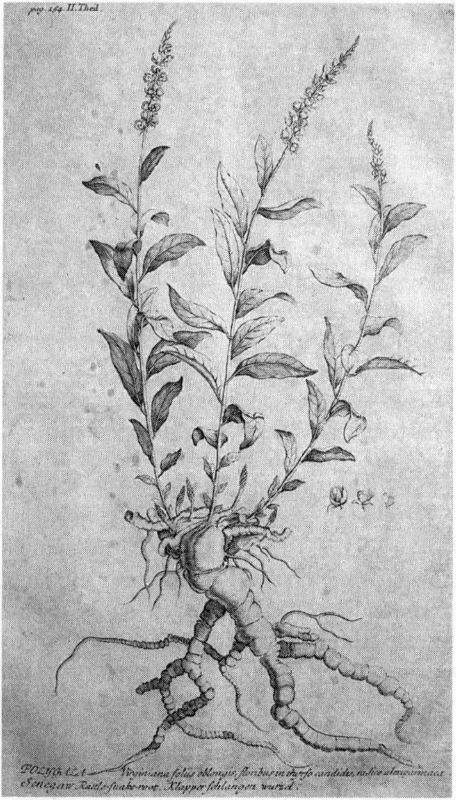

Botanik. Polygala (Amaralla, Milchwurz, Vogelkraut)

Aus: *Das englische Gartenbuch oder Philipp Millers Gärtner-Lexicon*, Nürnberg 1751

(Stiftung Schloss und Park Benrath, Museum für Europäische Gartenkunst)

botanischen Werken einher, die durch eigene, nun zunehmend systematische Studien ergänzt wurde, nicht zuletzt bedingt durch die Kenntnis zahlreicher exotischer Pflanzen aus Nord- und Südamerika (→Pflanzenjagd) und die Entdeckung neuer Arten in Europa. Hervorzuheben sind hier zahlreiche Forschungsreisen, u. a. diejenige der Maria Sibylla →Merian. Der bedeutendste Botaniker des 18. Jh.s war Carl von →Linné, dessen auf der Fortpflanzung beruhende Systematik lange Gültigkeit behielt. Die B. – zunächst nur Hilfswissenschaft der Medizin – gewann zunehmend an Eigenständigkeit. Doch erst im 19. Jh. wurden vermehrt eigene Lehrstühle eingerichtet; 1882 wurde in Berlin die bis heute bestehende Deutsche Botanische Gesellschaft gegründet.

Botanischer Garten, einer der frühesten botanischen Gärten in Padua (1545), der als Heilkräutergarten (giardino dei semplici) angelegt war, fand in ganz Europa rasche Nachfolge (Pisa 1547, Bologna 1567, Leiden 1577, Oxford 1632). Auch in Deutschland entstanden botanische Gärten in Zusammenhang mit den Universitätsgründungen in der zweiten Hälfte des 16. Jh.s, der wohl älteste in Leipzig 1580 (weitere in Köln und Breslau 1587, Gießen 1609, Erfurt 1634, Kiel 1669). Bis ins 18. Jh. waren botanische Gärten ausschließlich dem Anbau und der Kenntnis von Arzneipflanzen vorbehalten (→Botanik, →Hortus medicus). Die zunächst rein wissenschaftlichen Einrichtungen erlangten im 19. Jh. Bedeutung auch als Stätten der allgemeinen Volksbildung. →Pflanzenjagd.

Bouillon d'eau (frz.), Wasser-Sprudel, kleiner Springbrunnen, →Brunnen.

Boulingrin (frz.), Rasenplatz, abgeleitet von engl. *bowl-*

ing green. Die von einem kleinen Wall umgebene, vertieft gelegene Rasenfläche in englischen Gärten wird im 17. und 18. Jh. auch in französischen Gärten als Gestaltungselement übernommen (→Rasen). Der B. diente ursprünglich als Platz für Kugelspiele. Größere B.s wurden oft in mehrere Rasenflächen aufgeteilt und mit →Broderien oder →Rabatten geschmückt und gleichen sich damit einem →Parterre an. B.s können auch mit Wasserflächen bedeckt sein.

Bowling green (engl.) Rasenplatz zum Bowlingspiel, →Boulingrin.

Boyceau de la Barauderie, Jacques (gest. um 1630/35), französischer Gärtner und Mitbegründer des sog. »französischen Stils«. B. stammt aus der Gärtnerfamilie von Jacques →Mollet, die in königlichen Diensten stand. B. selbst war Kammerherr und Intendant der königlichen Gärten. Sein Sohn Claude wurde 1630 Nachfolger von B. als Königlicher Gärtner. B. ist der Autor des 1638 postum erschienenen *Traité du Jardinage selon les raisons de la nature et de l'art*. Mit B. geht die Phase der Gartenkunst der Renaissance in Frankreich zu Ende. Er schafft wichtige Grundlagen für den barocken Garten, so z. B. durch den Einsatz von Bäumen ohne Obstertrag für die Gestaltung von →Alleen (noch Francis →Bacon schlug Obstbäume für die Bepflanzung von Alleen vor), während er in seinen →Broderie-Entwürfen dem Renaissancegarten verhaftet bleibt.

Bramante, Donato (um 1444–1514), italienischer Architekt. Die Bauten B.s in Mailand (1479–1499, darunter S. Ambrogio, der Chor von Sta. Maria delle Grazie) verkörpern den Höhepunkt und Abschluss der Frührenaissance in Italien. 1499, nach der Einnahme Mailands durch die Franzosen, musste B. die Stadt verlassen und ging nach Rom. Hier entwickelte er eine antikisierende Formensprache im Sinne der Hochrenaissance, wie z. B. den sog. Tempietto im Hof von S. Pietro in Montorio. Er begann ab 1506 mit dem Neubau von St. Peter in Rom. Für Papst Julius II. schuf er im Vatikan im architektonischen Zusammenhang mit dem für Innozenz III. erbauten Belvedere einen terrassenförmig angelegten Garten, der vorbildhaft wurde für den italienischen Garten des 16. Jh.s.

Broderie (frz.), Stickerei, ein formal so kunstvoll gestaltetes Beet, dass es in seiner Gestaltung an Stickerei erinnert. Vorzugsweise wird es mit anorganischen Materialien wie verschiedenfarbigen Steinen oder gemahlenen Ziegeln (→Terrakotta) ausgelegt und mit niedrigem Grün (→Buchs) umgeben. Die bevorzugten Farben der barocken B. waren Blau, Weiß und Rot in den Grundflächen, während der Umriss in Schwarz ausgeführt wurde. Wegen längerer Haltbarkeit als bei der Bepflanzung mit Blumen wird die B.-Gestaltung mit den genannten Materialien bevorzugt. →Parterre, →Blumengarten.

Brown, Lancelot »Capability« (1716–1783), englischer Gartengestalter. B. entwickelte mit oft rigorosen Maßnahmen den englischen Landschaftsgarten reinen Typs. Auch bei schwierigstem Gelände sah er Möglichkeiten (engl. *capabilities*) der Gestaltung, was zu seinem Zusatznamen führte. Seine erste größere gartenkünstlerische Aufgabe unternahm B. bei der Anlage von →Stowe, wo er seit 1739 mit William →Kent zusammenarbeitete. Seit dieser Zeit war er der meistbeschäftigte Gartengestalter in England und wurde 1764 zum Königlichen Gärtner von Hampton

Court ernannt. Theoretische Ausführungen zu seiner Gartengestaltung hat er nicht hinterlassen. Als das bekannteste der von ihm eingesetzten Stilmittel sind die →Clumps zu nennen. Neben diesen kunstvoll komponierten und als malerischer Blickfang eingesetzten Baumgruppen gilt der →Belt (Gehölzgürtel) als seine Erfindung, der sich ebenso elegant an der Grenze einer Gartenanlage entlangzieht wie die von B. gestalteten Uferlinien, sowie die Wege und Wasserläufe, die geschlängelt den Park durchziehen (→Serpentine). B.s Gestaltungsprinzipien (vgl. →Landschaftsgarten) blieben in England und auf dem Kontinent bis ins 19. Jh. maßgeblich.

Brücke, B.n werden in Gärten als architektonische und kunstvoll gestaltete Elemente zum Überqueren von künstlich angelegten Wasserläufen, Seen, Gräben und Schluchten eingesetzt. Je nach zu überbrückendem Hindernis und Umfeld sollen sie innerhalb der Gartenanlage vom Gestalter kalkulierte erhabene oder sentimentale Gefühle auslösen. Die B. ist eines der wichtigsten architektonischen Versatzstücke der Palladio-Rezeption im englischen Landschaftsgarten (z. B. →Stourhead, →Wörlitz).

Brühl, Schloss Augustusburg, zwischen Köln und Bonn gelegen, als Sommerresidenz für den Kölner Erzbischof und Kurfürsten Clemens August unter Beteiligung der Architekten Konrad Schlaun, Balthasar Neumann und François →Cuvilliés d. Ä. erbaut. Cuvilliés arbeitete, wie schon in Nymphenburg (→München), zusammen mit dem Münchener Hofgärtner Dominique →Girard an der Ausgestaltung der Gartenanlage (ab 1728). Das Parterre erstreckte sich vor der Terrasse des Südflügels, war also ungewöhnlicherweise aus der sonst üblichen Mittelachse des

Schlosses gerückt. An das Parterre schlossen sich seitlich ein Nutzgarten und ein Boskettgarten an, die diagonal ausgerichtet waren, so dass ihre Achsen zusammen mit dem Parterre wie ein →Patte d'oie vom Schloss ausstrahlten. Dahinter gliederte sich ein →Jagdpark an, in dem verschiedene, nicht mehr erhaltene »chinesische« Lustgebäude standen. Gärten und Jagdstern wurden ringförmig von einem Wassergraben umschlossen. Ein Weg der sternförmig angelegten Wegschneisen innerhalb des Wäldchens führte nach Südosten in der Verlängerung zum Jagdschloss Falkenlust, das 1729–33 nach Plänen Cuvilliés erbaut wurde. 1842 ließ der preußische König Friedrich Wilhelm IV. durch Peter Joseph →Lenné den Garten und das daran anschließende Waldgebiet umgestalten. Das →Parterre behielt er bei, geändert wurde das →Boskett, in dem Lenné Motive des englischen →Landschaftsgartens einsetzte.

Brunnen, als architektonische und/oder skulpturale Anlage zur Einfassung von fließendem Wasser ist der B. das wichtigste Ausstattungsstück in einem Garten seit der Antike. Allein schon zur Bewässerung der Pflanzen waren B. im Garten unerlässlich. Im Mittelalter ist der B. als Zentrum eines Gartens durch zahlreiche bildliche und literarische Darstellungen überliefert, z. B. durch →Albertus Magnus und Boccaccios *Decamerone* (→Fontäne). Auch in Renaissance und Barock blieb das →Wasser und seine Führung in Kanälen, Becken und B.-Anlagen das wichtigste Gestaltungsmittel eines Gartens (→Nymphaeum, →Kaskade, →Fontäne). Die Form der B. reicht von einfachen Becken, die in den Boden eingelassen sind oder sich als Schale über dem Boden erheben, wobei auch mehrere Schalen übereinandergestaffelt sein können, bis hin zu

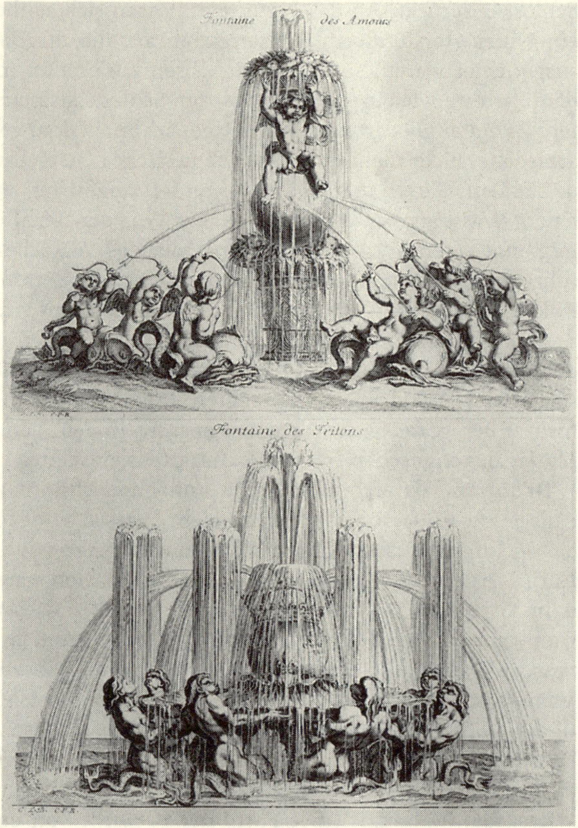

Charles Le Brun: Entwurf für einen Amoretten- und einen Tritonenbrunnen. Kupferstich, 1686
(Stiftung Schloss und Park Benrath, Museum für Europäische Gartenkunst)

aufwendigen B.-Schauwänden. Skulpturen aus Stein oder Bronze schmücken die B. und führen ein bestimmtes auf den Garten oder seinen Besitzer bezogenes Programm vor (→Gartenskulptur, →Skulpturenprogramme). Die besondere Bedeutung des B.s innerhalb einer Gartenanlage zeigt sich nicht zuletzt darin, dass in Italien manche Bildhauer ausgehend von den B. auch die gesamte Anlage eines Gartens gestalten konnten, wie etwa →Ammannati und →Tribolo. Neben einzelnen Figuren können ganze Szenen aus der antiken Mythologie in einem B.-Becken inszeniert werden, wie z. B. der Parnass mit Apoll und den Musen in →Versailles oder Diana und der Jäger Aktaion, der in einen Hirsch verwandelt wird, in →Caserta. Wasserspiele und -orgeln, Maschinen für bewegliche Figuren und rauschende, manchmal duftende Fontänen machten den B. zu einem alle Sinne umfassenden Gesamtkunstwerk im Garten.

Buchs, B. hat sich wegen seiner Widerstandsfähigkeit gegen Hitze und Kälte sowie wegen seines dichten und langsamen Wuchses als pflanzliches Gestaltungselement der →Ars topiaria in Gärten durchgesetzt. B. wird zur Einfassung von →Parterres und →Bosketts verwendet und kann dabei in geometrische oder figürliche Formen geschnitten werden. In großem Ausmaß wurde B. nördlich der Alpen erstmals, einer 1595 von Heinrich IV. erteilten Anweisung folgend, von Claude →Mollet in den Gärten von Saint-Germain-en-Laye, Monceau und Fontainebleau angepflanzt. →Hecke.

Bürgergarten →Stadtpark, →Volkspark

Bukolika (griech. *bukolos* ›Rinderhirt‹), bukolische Poesie, Hirtendichtung, begründet von →Theokritos und als

Preisung einer idealen Landschaft fortgeführt in den Eklogen (kurze Gedichte mit meist bukolischem Inhalt) von →Vergil. Neben →Arkadien wurde auch Sizilien in der Antike als bukolische Landschaft angesehen. Seit dem Hellenismus werden bukolische Themen in der bildenden Kunst mit Hirten, Bauern oder Fischern in der Landschaft dargestellt (zu Darstellungen in der nachantiken Kunst siehe auch →Pastorale).

Buontalenti, Bernardo (1536–1608), italienischer Architekt des Manierismus. B. war als Nachfolger Vasaris und →Ammanatis, dessen Mitarbeiter er am Boboli-Garten des Palazzo Pitti war, der führende Architekt in Florenz. Insbesondere für die Gestaltung der Hauptgrotte (1583 entworfen) im Garten des Palazzo Pitti, deren Programm die erschaffenden und zerstörenden Naturkräfte zugrunde liegen, zeichnete B. verantwortlich. 1585 ließ er dort die sog. »Sklaven« von Michelangelo aufstellen. Im Auftrag des Großherzogs Franz I. schuf B. im Zeitraum von 15 Jahren Villa und Park von Pratolino (Beginn 1569). Der mit einem Netz von geraden Wegen durchschnittene Park ist als mit Kaskaden und Wasserläufen durchsetzter manieristischer →Irrgarten angelegt, den der Besucher nicht als Ganzes erfassen konnte. Seit 1575 baute Buontalenti die Medici-Villa La Petraia in →Florenz-Castello um.

Burggarten, innerhalb der Mauern einer mittelalterlichen Burg angelegter Garten, der als →Wurzgarten oder →Blumengarten gestaltet wurde. Überliefert sind beispielsweise die Gärten der Ultregote, der Gattin des merowingischen Königs Childeberts I., die diese u. a. an ihrem Schloss in Saint-Germain anlegen ließ. Der Garten des nur noch teilweise erhaltenen barocken Wasserschlosses (erbaut seit 1660) in Benrath bei → Düsseldorf war als umfriedeter Rosengarten wie eine Insel auf dem Wasser angelegt. Das Beispiel zeigt, dass Nutzgärten zur Selbstversorgung zunehmend in Blumengärten verwandelt wurden, nachdem der wehrhafte Charakter der Burgen aufgegeben werden konnte.

Burke, Edmund (1729–1797), englischer Staatsmann und Schriftsteller, der sich 1757 in den *Origins of our Ideas of the Sublime and Beautiful* mit dem Unterschied zwischen dem »Schönen« und dem »Erhabenen« auseinandersetzte. Seine Ideen zur Ästhetik haben die Gestalter des englischen → Landschaftsgartens, wie z. B. Lancelot → Brown, beeinflusst.

C

Cabinet de verdure (frz., ›grünes Kabinett‹), auch →Salle de verdure oder →Salon de verdure. Bezeichnung für einen Gartenraum im →Boskett. →Cloître, →Hippodrom, →Rondell.

Caisse de Versailles (frz., ›Versailler Kasten‹), kubischer Pflanzbehälter aus regulär mit weißer Ölfarbe gestrichenem Eichenholz für die Aufnahme von Zitrusbäumen und anderen nicht frostharten Pflanzen, die im Winter in ein →Gewächshaus bzw. eine →Orangerie aufgenommen werden. Charakteristisch für die Form der C. d. V. sind die vertikalen Eckhölzer, die von einer Kugel bekrönt werden. →Pflanzgefäße.

Callotzwerg, fester Begriff der spätbarocken Ikonographie, der sich herleitet aus der Serie der *gobbi* (ital., ›Bucklige‹) aus dem Jahr 1616 von Jacques Callot (1592/1593–1635). Von Callot ausgehend, entstanden Gartenfiguren aus dem Alltags- und Volksleben in Zwergengestalt. Zahlreiche Beispiele dafür finden sich im Veneto (Italien), beispielsweise im Garten der Villa Valmarana ai Nani in Vicenza. In Deutschland sind als Beispiele in der Skulptur der Zwergenreigen in Schloss Öttingen, der »Zwerglgarten« von Schloß Mirabell bei →Salzburg und insbesondere die zwergenhaften Karikaturen des Hofstaates im Schlossgarten von →Weikersheim in Franken (1709) zu nennen. →Gartenzwerg.

Campbell, Colen (1673–1729), englischer Architekt, der die Tradition Andrea →Palladios in England fortführte. Zur Verbreitung des →Palladianismus hat sein dreibändiges Architekturwerk *Vitruvius Britannicus* (1715–25), das im Übrigen auch zahlreiche Gartenpläne enthält, maßgeblich beigetragen. 1721 errichtete C. die erste palladianische Villa Englands in →Stourhead.

Capitulare de villis vel curtis imperii, die Landgüterordnung Karls des Großen aus dem Jahr 812 beschreibt neben der Tierhaltung und anderen land- und hauswirtschaftlichen Belangen u. a. auch die in den Obst- und Gemüsegärten gezogenen Nutzpflanzen und stellt damit das früheste →Pflanzenbuch des europäischen Mittelalters dar (C. Cod. Guelf. 254 Helmst. der August Bibliothek Wolfenbüttel, Faks.-Ausg. mit Transkription, Stuttgart 1971). Im Anhang sind in einem Glossar 72 Pflanzennamen aufgelistet, die in den Gütern angebaut werden sollten, darunter Heilpflanzen, Obstbäume und Gemüsesorten. →Karolingische Gartenkultur.

Caprarola, Park des Palazzo Farnese (Latium, Italien), Giacomo Barozzi da →Vignola (1507–1573) errichtete seit 1556 im Auftrag des Kardinals Alessandro II. Farnese über einer Festungsanlage (1532–36) des Antonio da Sangallo den Palazzo Farnese, an den sich weitläufige Gärten mit einem →Casino anschließen. In der Flucht der zwei rückseitigen Wände des fünfeckigen Palazzo schließen sich zwei quadratische und wiederum geviertelte Gärten und in ihrem Zwickel ein kleinerer Garten an. Von den direkt am Palast gelegenen Gärten gelangt man durch den →Barco (giardino grande) in die terrassenförmige Gartenanlage mit dem ebenfalls von Vignola erbauten Casino. Die Parterres und Terrassen sind mit Brunnenbecken bestückt, deren Wasser durch eine →Catena d'acqua vor dem Casino verbunden sind. Aufgrund einiger motivischer Gemeinsamkeiten wird der Garten in Caprarola mit demjenigen in →Bagnaia (Villa Lante) in Zusammenhang gebracht.

Carré (frz.), Geviert, viereckiges Gartenbeet.

Caserta, Schlosspark Palazzo Reale (Campanien, Italien), der Bauherr, der spanische König Karl III. von Bourbon, König von Neapel und Sizilien, ließ durch den römischen Architekten Luigi →Vanvitelli in Caserta seit 1751 eine Residenz errichten, die in Anspruch und Größe Versailles, aber sicher auch das spanische La Granja in →San Ildefonso bei Segovia zum Vorbild nahm. Hinter dem Schloss schließt sich zunächst ein riesiges Parterre an, von dem aus die schmale, streng axiale, rund 3 Kilometer lange Anlage mit zwei terrassierten Kanälen ansteigt und – anders als in französischen Barockgärten, aber ähnlich den spanischen Anlagen – in eine steile Felsenkaskade als →Point de Vue am Ende des Gartens mündet. Von der →Kaskade ergießt sich das Wasser als mächtiger Wasserfall in ein Becken, das mit einer Statuengruppe der Diana und des Aktaion besetzt ist (1785–89 von Paolo Persico u. a. geschaffen), und fließt von dort aus teils unterirdisch in die Kanäle. Statuenreiche →Brunnen und Becken (Brunnen der Venus und des Adonis, Brunnen der Ceres) unterbrechen den monotonen Zug der Kanäle und Wege, die weniger zum Promenieren als zu Kutschfahrten einladen. An den geometrischen Garten wurde ab 1782 ein englischer Garten mit vielen botanischen Raritäten und verschiedenen Gartenhäusern angeschlossen.

Casino (ital.), Häuschen, Lustschlösschen, von frz. *cassine* ›Villa‹. Ein C. bezeichnete in der italienischen Renaissance ein kleines Wohn- oder Sommerhaus als nicht bewohnbares Nebengebäude in einer Gartenanlage mit Villa.

Die Tradition des C.s wurde in Spanien aufgenommen, wo im ausgehenden 18. Jh. zahlreiche kleine »Prinzenhäuschen« als Lustschlösschen für die Infanten in der Umgebung von Madrid erbaut wurden. Bekannt sind darunter v. a. die beiden Schlösschen in der Nähe des →Escorial bei Madrid, die Casita del Abajo und die Casita de Arriba (1773 von Juan de Villanueva, 1739–1811, erbaut), die bezeichnenderweise zur Zeit der Maria Luisa von Parma, der Frau Karls IV., entstanden. Beide Häuschen, die ohne Schlafzimmer oder Küche eingerichtet waren, dienten als sommerlicher Ausflugsort der Infanten dem kurzen Aufenthalt.

Castellamonte, Amedeo di (1613–1683), piemontesischer Architekt und Ingenieur. Seit 1639 arbeitete C. für die Herzöge von Savoyen. Für Emmanuele II. erbaute er um 1660 die Villa Venaria Reale als Lust- und Jagdschloss. Die 1693 teilweise zerstörte Anlage ist durch eine Beschreibung C.s von 1672 überliefert. Über Turin hinaus wirkte C. u. a. an den Planungen für Schloss Nymphenburg in →München mit, die jedoch keine Anerkennung fanden. Durch zahlreiche Bauprojekte wurde C. in Turin bestimmend für das dortige barocke Stadtbild. Daneben realisierte er Fest- und Theaterarchitekturen für den Hof von Savoyen.

Castle Howard, Yorkshire. Charles Howard, 3. Graf von Carlisle, und der Architekt John Vanbrugh (1664–1726) begannen 1699 mit dem Bau des spätbarocken Herrenhauses, das an Größe und Ausstattung außergewöhnlich ist und einen Grundbesitz von mehr als 2000 ha hat. Die Anlage erhält dadurch eine politische Dimension, dass Howard (der Whig-Partei zuzuordnen), Vanbrugh und die

Gartenarchitekten George London und Stephen →Switzer dem Areal einen erhabenen Charakter geben wollten. Vor allem sollte eine großzügige, weiträumige Ordnung entstehen, die sich von der Strenge vergleichbar großer französischer Barockanlagen löst. Gleichwohl wurde ein beeindruckendes Südparterre mit Scheinarchitekturen, Heckenfiguren, Obelisken und Torbogen entworfen, das jedoch nicht erhalten ist. An seinem Platz befinden sich heute Rasenflächen und ein »Atlasbrunnen« aus dem späten 19. Jh. Östlich des Hauses entstand nach Plänen Switzers als zukunftsweisendes Zeichen neben den geometrischen Elementen »Ray Wood«, ein Wäldchen mit gewundenen Wegen und Laubengängen, Lichtungen, →Pavillons, →Brunnen, →Kaskaden und Statuen, das 1970 verfälschend durch Rhododendronpflanzungen umgestaltet wurde. Nach Süden erstreckt sich der »terrace walk«, mit seiner Folge von Landschaftskompositionen, die den Ausblick in die Umgebung einbeziehen. Wichtige Elemente wurden ein künstlich angelegter See, ein ebenfalls künstlicher Flusslauf und der neopalladianische »Tempel der vier Winde« als letzter Bau Vanbrughs. Weitere architektonische Hinzufügungen sind Nicholas Hawkesmoors Mausoleum (1728–29), die »Römische Brücke« von Daniel Garett und die Pyramide von Hawkesmoor.

Catena d'acqua (ital., ›Wasserkette‹), steinerne, skulptierte Rinne, in der Wasser über verschiedene Ebenen eines Geländes herabgeführt wird. Herausragende Beispiele dafür finden sich in den Gärten des Palazzo Farnese in →Caprarola und in der Villa Lante in →Bagnaia.

Caus, Salomon de (1576–1626), französischer Architekt, Ingenieur und Physiker, der eine Vielzahl von »Gartenmaschinen«, →Grotten (angeregt u. a. durch die nicht mehr erhaltenen →Automaten in den Grotten von →Pratolino bei Florenz) und →Brunnen entwarf. Er flüchtete wegen seiner hugenottischen Abstammung nach England und arbeitete danach für den Kurfürsten Friedrich V. in Heidelberg. De C. schuf den Palastgarten am Heidelberger Schloss, den er in einem Stichwerk *Hortus Palatinus* (Frankfurt 1620) überliefert hat. Seine Werke *La perspective avec la raison des ombres et des miroirs* (London, 1612), *Les raisons des forces mouvantes* (Frankfurt 1615), *L'institution harmonique* (Frankfurt 1615) und *La pratique et démonstration des horloges solaires* (Paris 1624) sind eindrucksvolle Zeugnisse seines künstlerischen und technischen Erfindungsreichtums.

Cerceau, Jacques-Androuet du (um 1515–1584), Zeichner und Stecher von Architekturentwürfen. Als Autor des zweibändigen Stichwerks der *Plus Excellent Bastiments de France* (1576–1579, reprogr. Nachdr. Farnborough 1972) überliefert Du C. auch die wichtigsten französischen Gärten der Renaissance. Dazu gehören die Gärten von Schloss Amboise, die noch wie ein mittelalterlicher →Burggarten an einem Terrassenhof über der Loire angelegt wurden. Ebenso eingefriedet, aber bereits weitläufiger wurden die Gärten von Blois und →Fontainebleau gestaltet. Gemeinsam ist den Renaissancegärten die Anlage von streng rechteckigen, aber jeweils unterschiedlich kunstvoll ornamentierten, teppichartigen Beeten. Auch für die Nutzgärten schlägt Du C. eine ähnlich in Mustern strukturierte Beetform vor. In Anlehnung an seine Entwürfe wurde der Gemüsegarten von Schloss →Villandry Anfang des 20. Jh.s rekonstruiert. Du C. gestaltete selbst die Gärten von Montargis (1560–66) für eine Tochter Ludwigs XII. als Witwensitz.

Ceres, die römische Göttin des Ackerbaus und des Getreides (griech. Demeter), eine Tochter des Saturn und Mutter der Proserpina; sie steht für das Werden und Vergehen in der Natur und wird meist mit den Attributen einer Ährenkrone oder einem Ährenbündel und mit einer Sichel als Personifikation des Sommers dargestellt.

Chambers, William (1723–1796), bedeutender britischer Architekt, seit 1760 Hofarchitekt in London; er unternahm zwei Reisen nach China und propagierte die chinesische Gartenkunst u. a. in *Design of Chinese Buildings* (1757) und *Dissertation on Oriental Gardening* (1772). Darin schildert Chambers Szenarien mit künstlich provozierten Effekten, die ebenso elegische wie grausige Eindrücke auslösen sollten. Belustigung und Effekthascherei widersprachen zutiefst der Idee des Landschaftsgartens, der Gefühle von naturandächtiger Harmonie und Erhabenheit ausdrücken sollte. Viele Gartentheoretiker und -gestalter wie →Hirschfeld übten Kritik an seinen Fiktionen. Erfolg hatte Chambers jedoch bei Hof, der ihm 1757 den Auftrag zur Gestaltung von Kew Gardens erteilte, wo er 1758 chinesische Bauten und 1761 das in der damaligen Zeit größte Gewächshaus errichtete.

Charmille (frz.), Laubengang, von frz. *charme* ›Hage-, Weißbuche‹; Laubengang oder Hecke aus Hage- oder Weißbuchen.

Chatsworth, Chatsworth-House (Grafschaft Derbyshire) repräsentiert mit der Geschichte seiner Anlage beispielhaft Entwicklungen in der Gartenkunst. Eine Gartenlaube von 1570 weist bis ins 15. Jh. zurück. Um 1685 wird unter George London (um 1650–1714, Königlicher Chefgärtner in Hampton Court) und Henry →Wise eine Gartenanlage französischer Prägung begonnen, deren formale Strukturen mehr als 48,5 ha einnehmen. Es entstehen →Parterres, →Bowling greens, →Hecken, →Ars Topiaria und →Wasserspiele, unter Mitwirkung verschiedener (Garten-) Architekten. In dieser Phase kontrastiert der Garten stark mit der rauen Landschaftsumgebung, ein Effekt, der weitgehend mit dem Wirken Lancelot →Browns ab etwa 1760 verschwindet. Brown entwirft einen Landschaftspark mit welligen Rasenflächen und →Clumps. Der Fluss Derwent wird zum See aufgestaut. Um dies in Szene zu setzen, wird das Flussbett aufwendig verändert, eine palladianische Brücke für die Schlosszufahrt gebaut. Browns Anlage erzeugt einen fließenden Übergang vom Umland bis zu den Bereichen, in denen barocke Gestaltungen erhalten bleiben. Von 1826 bis 1858 arbeitet Joseph →Paxton als Chefgärtner in Chatsworth. Paxton, berühmt durch seinen Kristallpalast für die Londoner Weltausstellung 1851, nimmt konservatorische Aufgaben wahr, entwirft zudem neue Wasserläufe und baut das Gewächshaus für eine exotische Pflanzensammlung. 1970 wird ein neues, zusätzliches Glashaus gebaut. Ebenfalls neueren Datums ist ein Parterre, 1963 angelegt nach dem Grundriss von Burlingtons Chiswick House.

Chaumont-sur-Loire, Frankreich, bekannt für sein Gartenfestival, das sich des Ausstellungsthemas »Garten und Park« auf eine Weise annimmt, die sich programmatisch wesentlich von tradierten → Gartenschauen unterscheiden will. Auf dem jährlich stattfindenden Gartenfestival werden auf kleinem Raum jeweils 30 Gärten von unterschiedlichen Gestaltern gezeigt. Die Teilnehmer erhalten mit der Einladung zur Teilnahme ein Thema zur gartenkünstlerischen Bearbeitung, das jeweils Motto des aktuellen Gartenfestivals ist (2001: »Desert Sea«). Die ursprüngliche Konzeption des Festivals stammt von Jean-Paul Pigeat, dem ehemaligen Ausstellungsmacher des Centre Pompidou in Paris.

Chinamode → Chinoiserie

Chinoiserie, sog. Ch.n entstanden unter dem Einfluss ostasiatischer Kunst und Ornamentik auf die Baukunst, die Innendekoration und das Kunsthandwerk in Europa seit dem 17. Jh., nachdem Reiseberichte jesuitischer Missionare China in Europa bekanntgemacht hatten. Ausgangspunkt für die Ausstattung von Räumen mit Ch.n und die Errichtung von Teepavillons (→ Teehaus) in den Parks der Schlösser waren die umfangreichen Sammlungen chinesischen Porzellans an den Fürstenhäusern im Barock und Rokoko. Das Trianon de Porcelaine, das Ludwig XIV. als erstes Lustschloss in der Nähe von Versailles 1670–72 erbauen und 1687 wieder abbrechen ließ, war mit Fayenceplatten als Imitation von Porzellan verkleidet und trug zur Verbreitung der Chinamode in Europa bei. Der Begriff der Ch. bezieht sich nicht nur auf chinesische Motive, sondern schließt den gesamten ostasiatischen Raum sowie den türkisch-arabischen Orient mit ein. Die japanische Kunst, von der ebenfalls seit Ende des 17. Jh.s Impulse ausgegangen waren, spielte für das europäische Kunsthandwerk erst nach der Öffnung des Landes 1868 eine größere Rolle und beeinflusste v. a. durch die Holzschnitte von Katsushika Hokusai (1760–1849) die Ornamentik des Jugendstils. Bei der Gestaltung europäischer Gärten jedoch wirkten sich vorwiegend Formen des chinesi-

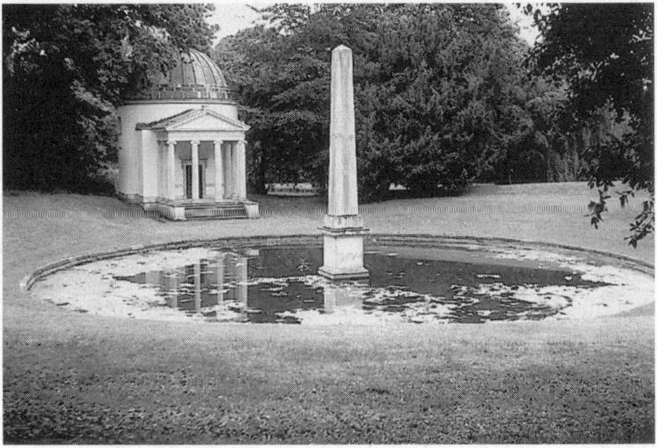

Chiswick House, Middlesex. Orangenbaumgarten
(Stiftung Schloss und Park Benrath, Museum für Europäische Gartenkunst)

schen Gartens unter dem Einfluss der Schriften William →Chambers' seit 1750 auf die Gestaltung und Instrumentierung des englischen Landschaftsgartens (→Jardin chinois-anglais) aus.

Chiswick, Herrenhaus im Londoner Westen, variierte Übernahme von Palladios Villa Rotonda (Villa Capra), entworfen von Lord Burlington (1695–1753), dem Besitzer, und William →Kent, begonnen 1725. Die Gartenanlage steht am Beginn der Entwicklung englischer Landschaftsgärten und reflektiert Eindrücke aus der römischen Campagna sowie von den Landschaftsgemälden Claude Lorrains mit ihren Motiven einer idealisierten Antike. Der Garten enthält geometrisch formale Elemente (Heckenschnitte), ist aber nicht achsensymmetrisch angelegt. Er weist architektonische Elemente wie Tempel, Säulen, *Banqueting House*, rustikale Gebäude sowie einen Rundtempel mit Blick auf ein rundes Becken um einen Obelisken auf. Ein Wasserlauf wird mit →Kaskade und Rustikabrücke akzentuiert. Zum Haus orientiert sind eine →Exedra mit Statuen und Urnen sowie eine Zedernallee mit Urnen und Sphingen, ausgerichtet zum Seitenflügel des Hauses. Alexander →Pope rühmt in seiner *Epistel to Burlington* von 1731 diesen als den ersten Gartenbesitzer, der den Geist des Ortes und dessen natürliche Gegebenheiten respektiere. In der Folge, nach Burlingtons Tod im Jahre 1753, entstanden eine Brücke von James Wyatt und ein Gewächshaus von Joseph →Paxton.

Cloître (frz., ›Kreuzgang, Kloster‹), der Begriff wird verwendet bei →Dézallier d'Argenville für einen besonders aufwendig gestalteten Gartenraum im →Boskett. Der C., der sowohl rund als auch viereckig sein kann, wird von Bogengängen (→Berceaux) oder Arkaden umgeben wie ein →Kreuzgang von den angrenzenden Räumen. Dézallier übernimmt damit für die Boskettträume nicht nur Begriffe aus der Schlossarchitektur (→Cabinet, →Salle, →Salon), sondern auch aus der Klosterbaukunst. Sakrale Vorbilder und Konnotationen sind im Garten häufig anzutreffen, so z. B. auch bei der →Eremitage.

Clump (engl., ›Klumpen, Haufen‹), in offene Rasenflächen versetzt gepflanzte Solitärbäume oder Baumgruppen, die als malerischer Blickfang auch raumschaffende Wirkung haben. Der Begriff wurde geprägt von Lancelot →Brown. C.s sind charakteristisch für frühe englische Landschaftsgärten wie z. B. →Stowe in Buckinghamshire.

Coade-Stein, witterungsbeständiger Kunststein, der von Eleanor Coade und ihrer Tochter entwickelt wurde. Die 1769 vom Ehepaar Coade gekaufte Londoner Fabrik für die Herstellung war mit ihrem Kunststein für Gebäude und Gartenfiguren überaus erfolgreich, bis sie 1840 geschlossen wurde. Die Rezeptur für die Herstellung des Steins ging verloren.

Colombaia (ital., ›Taubenhaus‹), Taubenhaus, turmartiger Anbau an ein italienisches Landhaus. → Vogelhaus.

Colonna, Francesco (1433–1527), über das Leben und die Identität des Francesco Colonna, unter dessen Namen 1499 in Venedig die mit 196 Holzschnitten illustrierte Schrift der *Hypnerotomachia Poliphili* veröffentlicht wurde, ist wenig bekannt. C. wird gewöhnlich mit einem Dominikanermönch dieses Namens gleichgesetzt und den Humanistenkreisen in Venedig und Padua zugerechnet. Möglich ist allerdings, dass es sich bei dem Autorennamen um ein Pseudonym handelt. U. a. ist auch der Name Leon Battista → Albertis mit der Schrift in Zusammenhang gebracht worden, die durch ihre Vision phantastischer und bizarrer Gärten aus natürlichen und artifiziellen Materialien mit der Liebesinsel → Kythera im Zentrum großen Einfluss auf viele gartenkünstlerische Gestaltungen und Ideen der Folgezeit hatte. In zahlreichen Nachdrucken erschienen, war das Werk noch im 18. Jh. für die Gartenkunst von Bedeutung (→ Liebesgarten). Der allegorische und esoterische Liebesroman in Form eines Traumberichtes des Poliphil steht in der Tradition des → *Rosenromans* von Guillaume de Lorris und Jean de Meun (*Roman de la Rose*, um 1230/70), der als Kodex höfischer Liebeskunst unter Einbeziehung christlicher und gesellschaftlicher Bildung gilt und in dem ebenfalls im Traum eines Dichters ein Liebesgarten beschrieben wird.

Compartiment (frz., ›Abteilung, Feld‹), einzelne Abteilungen eines Gartens, die durch Haupt- und Nebenachsen klar voneinander getrennt sind (→Achse).

Containerpflanze, vom Zeitpunkt ihrer Keimung an in einem Pflanzgefäß im Gewächshaus gezogen, kann sie unabhängig von →Jahreszeiten aus- und umgepflanzt werden.

Corbeilles de fleurs (frz., ›Blumenkörbe‹), seit etwa 1750 eingeführte, mit →Treillagen eingefasste Blumenbeete in der Mitte eines →Parterres. Die Beete konnten auch pyramidal übereinander gestaffelt werden.

Corps de logis (frz.), Hauptgebäude, Mitteltrakt des Barockschlosses. Als Hauptgebäude ist das C. d. l. in der Regel durch Größe und Stellung hervorgehoben und von den Flügelbauten abgesetzt. Die zentrale →Achse des Gartens ist meist auf das C. d. l. ausgerichtet, von dessen Gartenseite aus man durch den →Gartensaal (sala terrena) in den Garten gelangen konnte.

Cortile (ital., ›Hof‹), Innenhof mit offener Säulenstellung. Der sog. Cortile del Belvedere (Belvedere-Hof) im Vatikan ist von der Gartengestaltung →Bramantes erhalten geblieben. →Blumengarten.

Cottage (engl., ›Hütte, Häuschen‹), bürgerliches, rustikales Landhaus. Die ersten Entwürfe für C.s lieferte der Architekt John Nash (1752–1835) um 1800. Der Typus war als Bürgerhaus im 19. Jh. weit verbreitet und übte auf dem Kontinent einen starken Einfluss auf die Hausarchitektur der →Gartenstadt aus. Das *C. orné* ist ein rustikal ausgestattetes Landhaus innerhalb einer Gartenanlage. →Ferme ornée.

Crescenzi, Pietro de (1233–1321), wie →Albertus Magnus setzte sich auch der Bologneser De C. in seiner zwischen 1304 und 1306 verfassten Schrift *Ruralia Commodora* als kenntnisreicher Gelehrter für den Lustgarten ein, den er differenziert in kleinere Gärten, die mit Kräutern bepflanzt sind, große und mittlere Gärten für Personen mittleren Standes, bei denen u. a. Schlehen und Rosenhecken, Obstbäume, Weinstockreihen und Wiesenpartien hinzukommen, sowie Lustgärten für den Adel und vornehme Reiche, in denen De C. angesichts der verfügbaren Areale zusätzlich die Einbürgerung von Wildtieren und Singvögeln, die Anlage von Fischteichen und den Bau von speziellen Gartenarchitekturen vorsieht. De C. gilt als ein zukunftweisender, in einigen formalen Details die Gärten der Renaissance vorwegnehmender Gartentheoretiker.

Croix de St. André (frz., ›Andreaskreuz‹), diagonales Wegesystem nach der X-Form eines Andreaskreuzes (→Wegesysteme), benannt nach dem Apostel Andreas, der an einer solchen vom Kreuz Christi abweichenden Kreuzesform den Märtyrertod gestorben sein soll.

Cuvilliés d. Ä., François (1695–1768), bedeutender Architekt des süddeutschen Rokoko. C. war seit 1715 für den bayerischen Kurfürsten Max Emanuel tätig, der ihn zur Ausbildung nach Paris schickte, wo er Schüler von Jean-François Blondel (1683–1756), dem Onkel von Jacques-François →Blondel, wurde. Für die Entwicklung der deutschen Architektur des 18. Jh.s, insbesondere der Schlossbaukunst, und die Ausbildung des Ornaments unter dem Einfluss der französischen Kunst war C. von größter Bedeutung. Er publizierte mehrere Architektur- und Ornamentstichwerke, die auch die Gartenkunst und -skulptur betreffen. Der jüngere C. fasste die Stichfolgen in drei »Büchern« (1738–42, 1742–54, 1755) zu einer Ausgabe zusammen. In der Zusammenarbeit mit Dominique →Girard wirkte C. mit bei der Gestaltung der Gärten von Schloss Augustusburg in →Brühl (1728/29).

D

Dachgarten, Gartenanlage auf dem Flachdach eines Hauses. Im Gegensatz zur nur mit Kübeln oder Trögen bepflanzten →Dachterrasse wird für den D. Erde aufgeschüttet und mit Rasen, Bäumen und Sträuchern bepflanzt. Der D. hat in der Gartenkunstgeschichte seit den Hängenden Gärten von →Babylon eine lange Tradition.

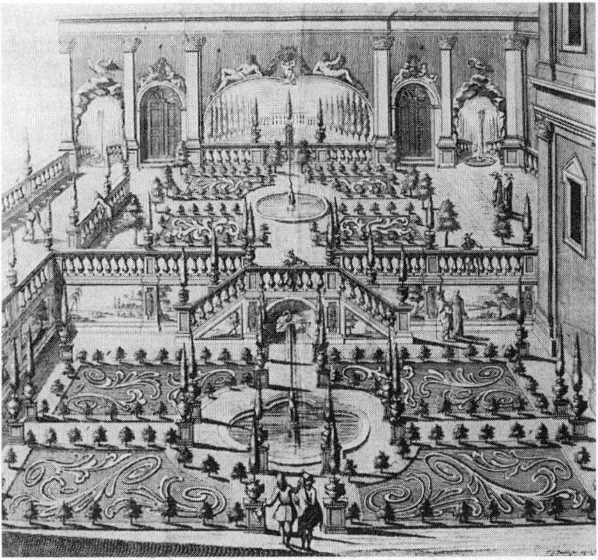

J. G. Bock: Dachgarten der fürstbischöflichen Residenz in Passau
Kupferstich, 1714
(Passau, Oberhausmuseum)

Beispiele sind die Dachgärten der Residenz in München und diejenigen städtischer Haustürme in Italien, beispielsweise in Lucca. Seit dem 19. Jh. ist er ein Bestandteil des bürgerlichen →Hausgartens, der im Rückgriff auf die Architektur der klassischen Moderne z. B. bei Le Corbusier in den 50er und 60er Jahren des 20. Jh.s durch die Zunahme von Flachdächern in der Wohnarchitektur eine Wiederaufnahme erfuhren.

Dachterrasse, auf dem flachen Dach angelegter oder ins Dach eingelassener offener, balkonartiger Freisitz, der im Gegensatz zum →Dachgarten nur mit Kübelpflanzen ausgestattet ist.

Dairy (engl., ›Molkerei‹), als nützliche Einrichtung innerhalb größerer Gartenanlagen (→Dorf) diente ein D. zugleich als »arkadisches« Motiv für die Verklärung des Landlebens. →Meierei.

Danreiter, Franz Anton (1695–1760), österreichischer Gartenkünstler, Architekt und Zeichner. Der Salzburger Fürstbischof Franz Anton Harrach schickte D. zum Studium der Gärten auf ausgedehnte Reisen durch Österreich, nach Sachsen, Holland und Frankreich. Seit 1724 war D. in den Salzburger Hofgärten tätig und wurde dort 1728 zum Garteninspektor ernannt. Sein Leben und seine Tätigkeit sind sehr gut dokumentiert durch seine Zeichnungen, die Garteninventare und Hofprotokolle. Darüber hinaus war D. als Übersetzer und Herausgeber gartentheoretischer Werke sowie eigener Stichwerke tätig, darunter die Mirabellprospekte (1727/28) und die Hellbrunnprospekte (1728–1735). Nach seinen Entwürfen wurde in Augsburg die Stichfolge *Lust-Stück der Gärten* (vor 1728) herausgegeben, die insbesondere Vorschläge zur Anlage von Parterres liefert.

d'Aviler, Auguste-Charles → Aviler

Delizia (ital., ›Vergnügen‹), Bezeichnung für einen italienischen Landsitz seit dem 15. Jh.

Demeter → Ceres

Dendrologie (griech. *dendron* ›Baum‹), Gehölzkunde. Die D. ist ein Wissenschaftszweig der → Botanik, der sich mit Züchtung und Anbau von Nutz- und Ziergehölzen befasst. → Arboretum, → Baum.

Dézallier d'Argenville, Antoine-Joseph (1680–1765), französischer Gelehrter und Naturhistoriker. D. verfasste zahlreiche gartentheoretische Schriften, die inhaltlich z. T. eng an die Schriften → D'Avilers anknüpfen. Seine Abhandlung *La Théorie et la Pratique du Jardinage* (1709 erstmals erschienen) war das wohl am weitesten verbreitete Werk zur Gartenkunst im 18. Jh. Das Buch erschien auch in englischer und deutscher Sprache in vielen Auflagen (z. B. Augsburg 1713, unter dem Namen Alexandre le Blond, in der Übersetzung des Salzburger Hofgärtners Franz Anton → Danreiter, reprogr. Nachdr. Leipzig/München 1986). Als umfassende Anleitung soll das Buch zur selbständigen Anlage eines Lustgartens benutzt werden können. Neben technischen Unterweisungen und Ratschlägen werden darin u. a. die verschiedenen Formen des → Parterres und des → Bosketts lehrbuchhaft und kanonisch vorgelegt. D.s Buch stellt das ausführlichste Werk zum französischen Barockgarten in der Nachfolge → Le Nôtres dar, wobei die Reduzierung der Einzelform und des schmückenden Beiwerks bereits auf die im englischen Landschaftsgarten geforderte Natürlichkeit reagiert.

Diesel, Matthias (1675–1752), süddeutscher Gärtner und Gartenarchitekt. Diesel war »hochfürstlicher Salzburgischer Kammerdiener und Garteninspektor« bis 1718 und arbeitete danach unter dem Garteninspektor Dominique →Girard am Hof des Kurfürsten Max Emanuel in München. Als Herausgeber des Stichwerks *Erlustierende Augenweyde. Die schönsten Gärten und Lustgebäude um München, Salzburg, Passau, Regensburg und Paris*, 3 Kupferstichfolgen, 1717–23 (reprogr. Nachdr. Stuttgart 1989) publizierte er die wichtigsten Schlösser und Gärten in Bayern. Detailliert werden auch die einzelnen, mit Staffagefiguren belebten Plätze und Boskettträume gezeigt. D. vermittelt so eine Vorstellung von der Funktion und der Nutzung der Gartenräume, z. B. für verschiedene Ballspiele und andere Vergnügungen (→Spiele).

Dorf, innerhalb größerer Gartenanlagen des Spätbarock werden Dörfer mit Bauernhäusern, Windmühlen, Molkereien und anderen landwirtschaftlichen Gebäuden für eine höfische Gesellschaft künstlich angelegt, die sich in idyllischer Abgeschiedenheit dem scheinbar einfachen Landleben hingeben wollte. Als Beispiel sei der Bauernhof (→Ornamental farm) mit Windmühle, →Meierei und Taubenschlag genannt, den Marie-Antoinette sich in Versailles anlegen ließ (→Hameau, →Schäferspiele). Im 19. Jh. wurden historisch gewachsene Dörfer als romantische →Kulisse oder →Staffage in ausgedehnte Landschaftsgärten einbezogen. Ein frühes Beispiel hierfür ist das Landschaftsgartenprojekt von Gabriel →Thouin für Versailles von 1820. Nach vergleichbaren Prinzipien planten Fürst →Pückler-Muskau für →Muskau ab 1834 und Peter Joseph →Lenné u. a. für Gut Reichenbach in Pommern ab seiner Berufung zum Königlichen Gartendirektor 1824 umfassende Landschaftsprojekte.

Dorothea, Schutzpatronin der →Gärtner. Die hl. D. von Cäsarea erlitt unter Kaiser Diokletian den Märtyrertod (um 300). Der Legende nach soll bei ihrer Hinrichtung ein Knabe dem Gerichtsschreiber oder Anwalt Theophilus, der sie verspottet hatte, mitten im Winter einen versprochenen Korb mit Rosen und Äpfeln aus dem Garten ihres himmlischen Bräutigams gebracht haben. Der Korb mit Blumen und Früchten ist das Attribut der Heiligen auf Bilddarstellungen.

Düsseldorf, Schloss Benrath, 1755 erteilte Kurfürst Carl Theodor (1724–1799) von der Pfalz seinem Hofarchitekten Nicolas de →Pigage den Auftrag zum Neubau eines Schlosses nahe seiner Düsseldorfer Residenz. Schloss Benrath verkörpert den Bautyp der →Maison de plaisance, dem Zweck und Anspruch gemäß ein großer Lust- und →Jagdgarten angegliedert ist. Die Schlossachse markiert auf der Gartenseite ein langer →Kanal, auf der Eingangsseite ein großes Wasserbecken, so dass die Zufahrt zum Schloss von der Seite her erfolgen musste. Vor den Schmalseiten des Schlosses erstrecken sich die Privatgärten für das Kurfürstenpaar. Eine Diagonalachse führt von der Gartenfassade des Schlosses aus in einen Jagdstern, der einen Zwitter aus →Boskett und →Jagdpark darstellt.

Dungeness, Kent (Großbritannien), bekannt durch den zeitgenössischen Garten des Malers, Bühnenbildners, Poeten und Filmemachers Derek Jarman. 1986 beginnt dieser, passionierter Gärtner seit frühem Lebensalter, mit der Anlage seines Gartens in unmittelbarer Nähe eines Atomkraftwerks. In der rauen Landschaft entsteht ein Garten mit komplexem geometrischem Plan, magischen Steinkreisen und Skulpturen aus Fundstücken der unmittelbaren Umgebung. Nach dem Tod Jarmans wird der Garten durch seinen Lebensgefährten Howard Sooley betreut. Der Garten von Dungeness erfährt eine Rezeption, die Pilgerfahrten zu der letzten Lebensstation des ebenso umstrittenen wie hochgelobten Künstlers gleichkommt.

E

Eden, nach 1. Mose 2,8 und 2,15 legte Gott in E., einer Landschaft, die geographisch nicht bestimmbar ist, aber einen symbolischen Ort mit besonders fruchtbarem Boden meint, einen Garten an, den die Menschen behüten sollten und aus dem sie nach dem Sündenfall vertrieben wurden. E. wird zu dem biblischen Bild für den verlorenen Paradiesgarten auf Erden, in dem das erste Menschenpaar bis zum Sündenfall unschuldig, sorgenfrei und in friedlicher Eintracht mit allen anderen Lebewesen lebte. → Paradies.

Eidyllia → Idyllen

Einfassungen → Buchs, → Erbette, → Zaun

Einsiedlerklausen → Eremitage, → Grotte

Elemente, die vier E. Wasser, Erde, Feuer und Luft gelten seit der Antike als die Grundstoffe aller Dinge und wurden deshalb auch als die kosmologischen Grundlagen der Gartengestaltung angesehen. Sie gehören wie andere kosmologische Vierergruppen, die → Jahreszeiten, Tageszeiten, Winde usw., zur Ikonographie des Gartens und wurden in zahlreichen Allegorien und Personifikationen in der → Gartenskulptur und im malerischen und skulpturalen Programm der Schlossarchitektur (→ Gartensaal) dargestellt.

Elysion (lat. *Elysium*), elysische Felder, sagenumwobenes, am Westrand der Erde lokalisiertes Land der Seligen mit ewigem Frühling. Auch als abgegrenzter Bereich in der Unterwelt als elysische Gefilde beschrieben, in dem herausragende Helden und Gerechte ohne Bedrohung durch den Tod in ewiger Seligkeit leben. Bereits in der Antike

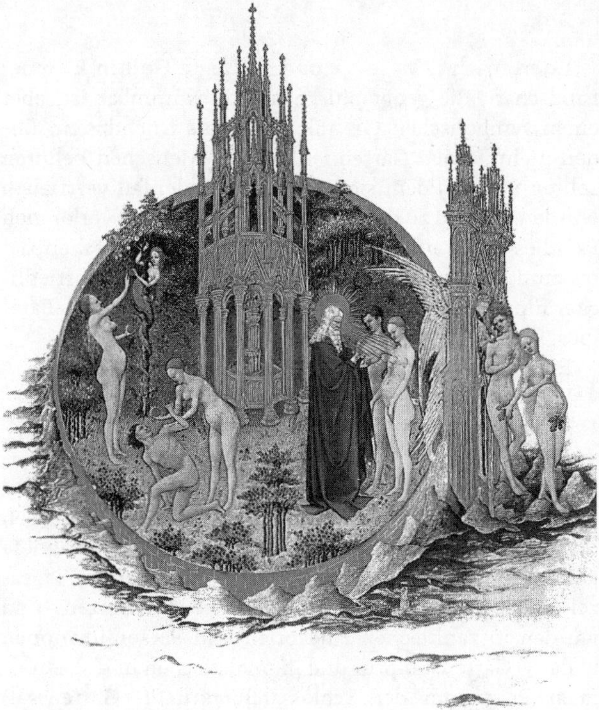

Das irdische Paradies
Illumination aus den *Très Riches Heures des Duc de Berry*, um 1415
(Chantilly, Musée Condé)

wurde versucht, das Land der Seligen geographisch zu verorten. E. wird in der Gartenkunst insbesondere zu Zeiten gesteigerter Antikenverehrung synonym verwendet mit den Begriffen → Arkadien und → Paradies.

Encke, Fritz (1861–1931), deutscher Gartenarchitekt. 1880– 1882 besuchte E. die Königliche Gärtnerlehranstalt in Wildpark bei Potsdam, wo er 1890–1902 selbst lehrte. Er erhielt 1899 den Titel eines Königlichen Gartenbaudirektors. Seit 1903 war E. als Gartendirektor der Stadt Köln beschäftigt, wo er trotz mehrfachen Rufs in andere Städte bis zu seiner Pensionierung 1926 wirkte. E. veröffentlichte zahlreiche, teils auch historische Schriften zur Gartenkunst, in denen er um eine Aufwertung des barocken Gartens bemüht war. Im Hinblick auf die zeitgenössische Gartenkunst beschäftigte E. sich vorrangig mit Problemen des städtischen Grüns und des Stadtplatzes, der nicht als repräsentativer Schmuckplatz, sondern als ein Gartenplatz der innerstädtischen Erholung dienen sollte. In Köln legte er u. a. den Klettenbergpark (1905) und den Vorgebirgspark (1909–10) an, bei dem erstmals landschaftstypische, d. h. in diesem Fall niederrheinische Elemente und heimische Pflanzen bei der Gestaltung eingesetzt wurden (→ Landschaftsgestaltung).

Engelhardt, Walter Baron von (1864–1940), deutscher Gartenarchitekt. Der studierte Botaniker verlegte den Schwerpunkt seiner Ausbildung auf den künstlerisch-gärtnerischen Bereich (Praktikum an der 1823 von → Lenné gegründeten Königlichen Gärtnerlehranstalt in Potsdam/Wildpark). Bis zum Beginn seiner Tätigkeit als städtischer Gartendirektor in Düsseldorf (1906–40) wirkte er als Gartenkünstler in seiner baltischen Heimat. Neben den städtischen Projekten in Düsseldorf (Gestaltung zahlreicher öffentlicher Plätze, Erweiterung des Volksgartens 1908, Versuchsgarten bei seiner Dienstwohnung am Golzheimer Friedhof 1913, Rheinpark 1927–30) gestaltete er auch zahlreiche private Gärten in Düsseldorf (Garten von Schloss Garath 1909) und anderen Orten in Deutschland. Typisch für Engelhardt sind kleinteilig parzellierte Gärten mit einem asymmetrischen, aber streng orthogonalen Wege- und Achsennetz. Zusammen mit Fritz →Encke, der ebenfalls dem deutschen Werkbund angehörte, war E. ein Vertreter eines funktionalen und streng-geometrischen Gartens der klassischen Moderne.

Englischer Garten, s. u. »Gartenstile Europas« S. 29–32. →Landschaftsgarten, →München, Englischer Garten.

Erbette (Diminutiv von ital. *erba* ›Kraut‹), Heilkräuter zur Einfassung von Blumenbeeten im italienischen Garten (»Gartenstile Europas« S. 21–24). Seit dem Mittelalter wurden Kräuter, wie z. B. der Lavendel, zur Umrahmung von Rasenflächen und Beeten eingesetzt.

Erdmannsdorff, Friedrich Wilhelm von (1736–1800), deutscher Architekt und Gartenarchitekt. Als Freund von Fürst Leopold Friedrich Franz von Anhalt-Dessau (1740–1817) wirkte E. bei der Gestaltung des Parks von →Wörlitz bei Dessau mit, der als erster Landschaftsgarten in Deutschland gilt. Leopold und E. hatten gemeinsam mit dem Hofgärtner Johann Friedrich →Eyserbeck 1763 England und Schottland besucht. Wie Fürst Leopold war E. von aufklärerischem Geist durchdrungen. Vom englischen →Palladianismus beeindruckt, besichtigte E. darüber hinaus die Originale und römisch-antiken Bauten während einer »Grand Tour« in Italien (1765), wo er den Gelehr-

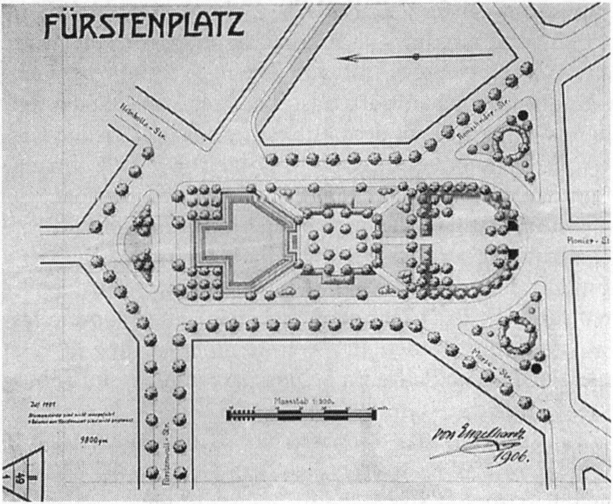

Walter Baron von Engelhardt:
Entwurf für den Fürstenplatz in Düsseldorf
Tuschezeichnung, 1906
(Düsseldorf, Gartenamt)

ten und Altertumsforscher Johann Joachim Winckelmann (1717–1768) kennenlernte und von dessen Antikenverständnis geprägt wurde. Aber auch die Gotik hat E. auf seiner italienischen Reise studiert. Das »Gotische Haus« im Wörlitzer Park ist eines der frühesten Beispiele für die in England erstmals auftretende Neogotik (→Walpole) auf dem Kontinent. Über die Tätigkeit am Hof von Anhalt-Dessau hinaus arbeitete E. auch für den Preußischen Königshof am Berliner Schloss.

Eremitage (frz.), Einsiedelei. E. meint ursprünglich die abseits und einsam gelegene Höhle oder einfache Hütte aus Holz oder Stein, die von einem Eremiten bewohnt wird. In fürstlichen Gärten ist die E. als Kapelle oder religiöses Refugium seit dem Mittelalter bekannt. In den Gärten des späten 17. und des 18. Jh.s bezeichnet die E. ein einsam gelegenes Schlösschen. Seit dieser Zeit tritt der religiöse Anspruch hinter der bloßen Kulisse für höfische Feste zurück. So war die Eremitage bei → Bayreuth Schauplatz für Eremitenspiele des Hofes. Wie mit den → Schäferspielen sollte die Rückkehr zum einfachen Leben stimmungsvoll zelebriert werden. Ein weiteres Beispiel für eine E. ist die Magdalenenklause im Schlosspark von Nymphenburg in → München. → Grotte.

El Escorial, das Monasterium San Lorenzo del E. wurde von Philipp II. (1527–1598) als Gedächtnis- und Begräbnisstätte der spanischen Könige mit einem Palast als Sommersitz und Refugium für die Herrscher sowie einer Kirche mit Kloster für den Orden des hl. Hieronymus gegründet. Nur 36 km von Madrid entfernt liegt der E. an einem bewaldeten, quellenreichen Abhang der Sierra de Guadarrama. 1562 erging der Baubeschluss nach Plänen von Juan Bautista de Toledo, fortgeführt nach dessen Tod 1567 durch Juan de Herrera (um 1530–1597). Der Fortgang der Bauarbeiten (bis 1584) sowie eine Beschreibung der im 18. Jh. umgestalteten und heute nur noch unvollständig erhaltenen Gärten ist überliefert durch den Pater José de Sigüenza. Danach präsentierten sich die als Terrassengärten über einer riesigen Substruktion errichteten Gärten nach orientalisch-arabischer Art mit bunten Blumenbeeten. Im 18. Jh. wurde der jahrzehntelang wenig geschätzte

Bau wieder von den spanischen Königen als Jagd- und Sommerschloss genutzt. In den unteren Gartenanlagen wurden ab 1773 von Juan de Villanueva (1739–1811) zwei kleine Lustschlösschen, die sog. Prinzenhäuschen, für die Söhne Karls III. errichtet. Vergleichbar mit den →Casinos italienischer Landsitze, die ohne Schlafzimmer oder Küchen eingerichtet wurden, dienten sie als Sommerpavillons nur für kurze Aufenthalte und Festlichkeiten.

Esplanade (frz.-span., ›Vorplatz‹, von lat. *planus* ›eben‹), in Festungen zwischen Zitadelle und Stadt gelegen, bezeichnet eine E. einen künstlich angelegten, eingeebneten Platz. Davon abgeleitet wird der Begriff auch für breite Straßen oder →Alleen verwendet, die nach der Schleifung von Befestigungsmauern nach einer Stadterweiterung angelegt wurden.

Étoile (frz., ›Stern‹), sternförmiges Wegesystem im architektonischen Garten (→Wegesysteme). Die Jagdanlagen des 18. Jh.s waren durch den sog. Jagdstern bestimmt (→Jagdgarten), dessen strahlenförmiges Schneisen- oder Alleensystem sich aufgrund seiner Übersichtlichkeit insbesondere zur Parforcejagd (von frz. *par force* ›mit Gewalt, Kraft‹), einer Hetzjagd zu Pferde mit Hunden, eignete. Das Jagdschloss bildete dabei das Zentrum, von dem aus die →Achsen ausstrahlen und das von einem Kranz von Nebengebäuden umgeben war. Diese Form war in ganz Europa für die Jagdschlösser hoher Reichsfürsten verbindlich, da sie von einem Zentrum radial gleichsam ins Unendliche ausstrahlend dem absolutistischen Herrschaftsgedanken adäquaten Ausdruck verleihen konnte.

en éventail (frz. *éventail* ›Fächer‹), Schnittform für →Alleen, Spalierbäume und →Hecken. Bäume e. é. sind so in Form geschnitten, dass ihre Zweige sich flach wie ein Fächer ausbreiten (→Ars topiaria). Die Schnittform wurde sowohl für →Alleen als auch für den Baumbestand eines Gartenraums im →Boskett verwendet.

Exedra (griech., ›abgelegener Sitzplatz‹), halbkreisförmig geschwungene Architekturanlage mit Sitzbänken an öffentlichen Plätzen oder Tempelanlagen. Im Garten wurden →Orangeriegebäude oft exedraartig angelegt und bildeten den Abschluss einer Gartenanlage. Eine E. im Garten konnte auch aus Hecken geschnitten sein und war mit Sitzbänken und Skulpturen ausgestattet. Auch hierfür gibt es antike Vorbilder. →Plinius d. J. ließ in den Gärten seiner Villa Tusci ein »Hippodromus« (→Hippodrom) anlegen, in dessen halbkreisförmigem Ende ein Stibadium, d. h. eine der Halbkreisform angeglichene Sitzbank für Gastmähler, eingelassen war. Die Form der E. wurde u. a. für die Gestaltung von Heckenwänden in den italienischen Gärten der Renaissance wiederaufgegriffen, z. B. in der Villa Gamberai bei Florenz, dort allerdings in einer Rekonstruktion des ausgehenden 19. Jh.s.

Eyserbeck, Johann Friedrich (1734–1818), als Hofgärtner des Fürsten Leopold Friedrich Franz von Anhalt-Dessau (1740–1817) schuf E. in Zusammenarbeit mit dem Architekten Friedrich Wilhelm von →Erdmannsdorff in →Wörlitz den ersten Landschaftsgarten im englischen Stil auf dem Kontinent.

F

Fabrique (frz.), Gartenhaus. Als Terminus in der Landschaftsmalerei meinte F. zunächst jede Art von Konstruktion menschlichen Ursprungs, die von den »natürlichen« Dingen innerhalb einer Komposition wie Felsen, Bergen o. Ä. abzugrenzen war. Die Bezeichnung ging von den gemalten Gebäuden, Ruinen, Tempeln u. a. auf die realen Gartengebäude des von der Malerei Lorrains, Poussins u. a. beeinflussten Landschaftsgartens seit dem 18. Jh. über. Bezeichnenderweise sind F.s daher Gartenhäuser, die nicht mehr als Lustgebäude einer höfischen Geselligkeit dienen, sondern denen ein denkmalhafter, emblematischer und »malerischer« Charakter eignet, der im Betrachter bestimmte Empfindungen und Stimmungen wecken sollte (William → Chambers). Ihr Ausdruck und ihre Bedeutung liegen in ihrer äußeren Gestalt selbst (z. B. als → Ruine), während die eigentliche Zweckbestimmung in den Hintergrund tritt. In diesem Sinne übernehmen sie gewissermaßen als architektonische Skulpturen die inhaltliche Funktion und Aussagekraft, die vorher die Gartenskulptur (→ Skulpturenprogramme) innehatte. In England werden solche Gebäude erstmals im Landschaftspark von → Stowe um 1750 erbaut, in Frankreich erleben sie in vorrevolutionärer Zeit (um 1770–89) ihre Blüte. Claude Nicolas Ledoux (1736–1806) bezog für die radikalen Lösungen innerhalb der sog. Revolutionsarchitektur wichtige Anregungen aus der Gattung der F., für die er selbst auch Entwürfe gemacht hatte.

Fächerallee → en éventail

Falknerei, wie die Fasanenjagd (→ Fasanerie) war die F.

Bestandteil der höfischen →Jagd in den Jagdschlössern und -parks. Die Vogeljagd, die sog. Beize, blieb in der Form der »Hohen Beize« als der königlichen Jagdform mit dem Falken dem Hochadel vorbehalten, während die »Niedere Beize« mit dem Habicht auch vom niederen Adel ausgeübt werden durfte. Die Falkenjagd war die edelste und auch kostspieligste Jagdart. Der Markgraf Carl Wilhelm Friedrich von Brandenburg-Ansbach beispielsweise betrieb in den Altmühlauen um Gunzenhausen eine der bekanntesten F.en. Falkonierknechte gingen zu Pferde auf die →Jagd mit Falken, die eigens für die Jagd gehalten und abgerichtet wurden. Kurfürst Clemens August ließ sich bei →Brühl das Jagdschlösschen Falkenlust erbauen, da er sich leidenschaftlich der Jagd mit dem Falken auf Graureiher widmete. Im Gegensatz zu anderen Jagden wurde bei der Falkenjagd das Wild jedoch oft am Leben gelassen: der sportliche Kampf, nicht die Beute stand im Vordergrund. Die aus dem Orient nach Europa eingeführte Falkenjagd wird als hohe Kunst und fürstliche Jagd seit dem Mittelalter betrieben. Sie wurde gleichgesetzt mit der Kunst der Staatsführung und war eine der vornehmsten Tätigkeiten eines Fürsten. Als bedeutendes frühes Zeugnis für die F. hat sich das Falkenbuch Kaiser Friedrichs II. (1194–1250) erhalten.

Fasanerie (Fasanengarten), eingegrenztes, unmittelbar am Schlosspark gelegenes Waldstück für die Fasanenhaltung. Der Fasan, der in der Antike von den Griechen aus dem Kaukasus eingeführt wurde, war seit dem 14. Jh. in Europa ein beliebtes Jagdtier, das in speziellen Gehegen in Gärten als lebendige Zierde der Anlage und für die Jagd aufgezogen wurde. Die anlässlich von Jagdveranstaltungen freigelassenen Vögel konnten berechenbarer als wild aufgewachsene Vögel erlegt werden. Ein Beispiel für eine ausschließlich als F. konzipierte Gartenanlage ist der Fasanengarten von Schloss Werneck in Franken, der sich als streng geometrische Anlage zwischen Schloss und F.-Gebäude erstreckte. Die F. konnte auch als repräsentatives, für Gesellschaften gedachtes Nutzgebäude gestaltet sein und bezeichnet dann einen Schlosskomplex mit entsprechender Funktion, wie z. B. die sog. F. im Schlossgarten von Fulda.

Favorite (frz. *favorit, -e* ›Liebling, Günstling‹), auch Favorita (ital., ›Geliebte‹), Name von Lustschlössern des 18. Jh.s. Erstmals benannte Kaiser Josef I. so sein Sommerschloss Favorita auf der Wieden in Wien (1687–90, Gartengestaltung durch Jean →Trehet). Der Name ging auf mehrere Schlösser in Deutschland über, so auf Schlösser in Ludwigsburg, →Mainz und Rastatt.

Felsengarten, seit dem 16. Jh. ist dieser Gartentypus, in dessen Gestaltung natürlich oder künstlich aufgetürmte Felsformationen einbezogen werden, in Europa nachzuweisen. Als Beispiel ist der F. Sanspareil in →Bayreuth zu nennen. Ihren Ursprung haben die Felsengärten in religiösen Anlagen, wie dem Kalvarienberg und den →Eremitagen, die in domestizierter und säkularisierter Form in fürstliche Gärten integriert wurden. Als Garten für alpine Pflanzen (→Alpinum) entstand der F. des 19. Jh.s aus einer Vorliebe und Sammelfreude für Exotisches. Im romantischen Nachschöpfen der Berglandschaft suchte man die Lebensbedingungen der Pflanzen zu imitieren und eine ferne und romantische Landschaft in die eigene Umgebung zu transportieren. →Bergpark.

Felsentheater →Gartentheater

Ferme ornée (frz., ›geschmücktes Bauernhaus‹), → Ornamental farm.

Feston (frz., ›Girlande‹, nach ital. *festone*), an zwei Punkten fixiertes, bogenförmig durchhängendes Blumen-, Laub- oder Fruchtgehänge, von Bändern oder Kordeln umwunden. In einen F. kann auch ein Bukranion (Stierschädel) eingebunden sein. Als natürlicher Schmuck an Altären wurden F.s bereits in der Antike in Stein nachgebildet und seit der Renaissance bis zum Klassizismus als antikes Motiv wieder aufgegriffen. Wegen der pflanzlichen Motive wurden F.s häufig in der Gartenarchitektur und -skulptur eingesetzt, so z. B. am Sockel von Gartenfiguren.

Fête champêtre (frz., ›ländliches Fest‹), die *fête* bzw. der *bal champêtre* waren seit dem Ende des 17. Jh.s am französischen Hof eine beliebte Sommerbelustigung. Diese ungezwungenen ländlichen Feste und Bälle fanden im Freien auf Wiesen und Höfen im Mondlicht statt, oft unter Beteiligung der ländlichen Bevölkerung, mit der man zusammen tanzte (→ Gartenfeste). »Waldfeste« mit Bällen in den runden Gartenräumen eines → Bosketts sind in Frankreich bereits seit der Zeit Katharina von Medicis belegbar. Wie die → Fête galante wird auch die F. ch. darüber hinaus als kunsthistorischer Gattungsbegriff verstanden, der allerdings erst im 19. Jh. aufkommt und seine Vorstufen in den Darstellungen des → Liebesgartens als zwangloser Gesellschaft im Freien hat. Im Gegensatz zur höfisch-verfeinerten Fête galante als Liebesfest mit mythologischer Anspielung wird in der F. ch. der bäuerlich-pastorale Charakter des Landlebens hervorgehoben (→ Schäferspiele).

Fête galante (frz., ›Liebesfest‹), Liebesfest im Rahmen der höfischen Etikette des 18. Jh.s. Watteaus Bildtitel für die »Einschiffung nach Kythera« wurde 1717 bei der Annahme in der Akademie umgewandelt in den seither als Gattungsbegriff geführten Titel einer »Fête galante«. Die F. g. findet in einer parkähnlichen arkadischen Landschaft statt und drückt die Sehnsucht nach einem irdischen Paradies ewiger Liebe aus. Liebeswerbung und galante Unterhaltung, Tanz und Musik gehoren zur F. g., die im späten 18. Jh. nicht nur in der Malerei und im Porzellan, sondern auch als ›Gartenskulptur, z. B. in →Veitshöchheim, bildhaft umgesetzt wurde. →Kythera, →Liebesgarten.

Fiacrius von Meaux, irischer Eremit (gest. 670), der in Meaux (Frankreich) ein Waldstück durch Berühren mit seinem Stab in einen Garten verwandelt haben soll. F. wird als Schutzpatron der Gärtner verehrt. Dargestellt wird der Heilige als Bauer, Gärtner oder Eremit mit einer Schaufel als Attribut.

Finlay, Ian Hamilton (geb. 1925) →Stonypath, Little Sparta

Flora (von lat. *flos* ›Blume‹), römische Göttin des Frühlings, der Blumen und Wiesen. Von dem Namen der Göttin als botanischer Sammelbegriff abgeleitet, meint F. auch die Gesamtheit aller Pflanzen in einem bestimmten Gebiet.

Florenz, Boboli-Garten, der von einem reichen Florentiner Kaufmann mutmaßlich nach einem Entwurf von Brunelleschi erbaute Palazzo Pitti wurde 1549/50 von Cosimo I. de' Medici erworben. Der Bildhauer und Architekt Niccolò →Tribolo, der zur gleichen Zeit auch mit Garten und Villa in →Florenz-Castello beschäftigt war, wurde mit der Erweiterung des Baus und der Anlage der Gärten beauftragt. Seine Nachfolger Bartolomeo →Ammannati und Bernardo →Buontalenti vollendeten die Gartenanlage bis

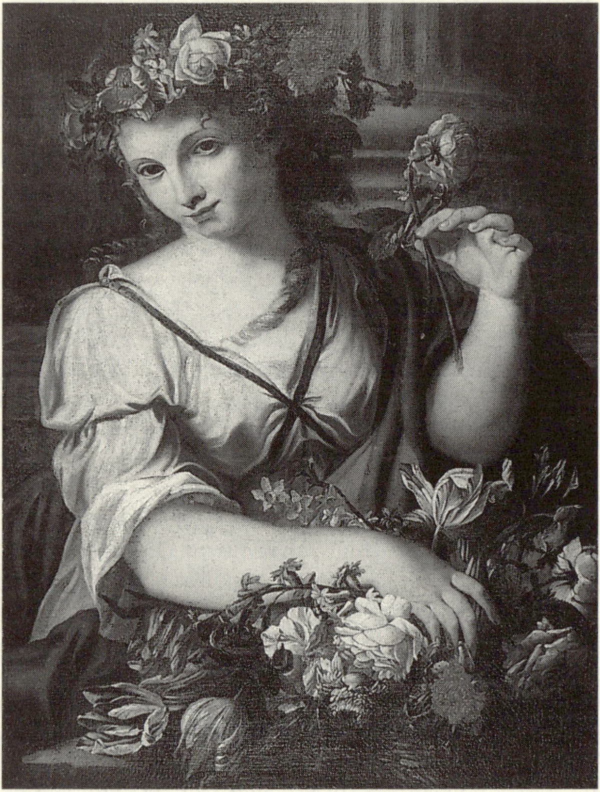

Guglielmo Cortese (Guillaume Courtois), gen. Il Borgognone (1628–1679): Flora. Ölgemälde

(Stiftung Schloss und Park Benrath, Museum für Europäische Gartenkunst)

zum Jahre 1595. Der Garten liegt auf einem Hügel zwischen dem Palazzo Pitti und der Festung (Forte del Belvedere). Die Lage ermöglicht den Blick auf die Stadt und auf das Arnotal und verleiht dem Palazzo durch diese landschaftliche Einbindung den Charakter einer Villa suburbana (→Villa). Durch einige perspektivische Kunstgriffe erscheinen die weitverzweigten, sich quer zum Palast erstreckenden Gärten größer, als sie in Wirklichkeit sind. Zu diesem Eindruck trägt insbesondere die Anlage der steil aufsteigenden Hauptachse bei, die auf den Isolotto, einer in einem Wasserbecken gelegenen drehbaren Insel mit dem Oceanus-Brunnen des Giambologna zuführt. Unter der Ausstattung des gebäude- und statuenreichen Gartens sei die 1583 entworfene Grotte Buontalentis hervorgehoben, welche die erschaffenden und zerstörenden Naturkräfte zum Thema hat.

Florenz-Castello, Villa Medicea di Castello, Großherzog Cosimo I. de' Medici beauftragte 1538 den Bildhauer und Architekten Niccolò →Tribolo mit dem Umbau und der Gestaltung der Gärten seiner Villa in Castello bei Florenz, die sich schon seit 1477 im Besitz der Medici befand. Das hinter der Villa ansteigende Gelände nutzte man zur Anlage von Terrassen. Der sanft ansteigende untere Garten mit den →Parterres und dem Herkulesbrunnen (1550 von →Ammannati nach einem Entwurf des Tribolo geschaffen) wird von einer Substruktionsmauer abgeschlossen, die den oberen Garten, das →Boskett, mit der Personifikation des Winters in einem Becken im Zentrum abstützt. In der Stützmauer befindet sich eine Orpheus-Grotte mit lebensgroßen Tierfiguren (um 1570/80). Der Garten von Castello gilt als der erste manieristische Garten in Italien. Für ihn ist das älteste umfassende →Skulpturenprogramm in den Künstlerviten des Giorgio Vasari überliefert. Die Hauptthemen waren neben Natur und Kosmos das Mäzenatentum und die Tugenden der Familie der Medici als Auftraggeber.

Florenz-Castello, Villa Medicea La Petraia, unweit der Villa Medicea di Castello liegt am Hang mit einem grandiosen Blick über das heute stark zersiedelte Arnotal die Villa La Petraia. 1575 wurde Bernardo →Buontalenti von den Medici mit dem Umbau der Villa beauftragt. Der Labyrinth-Brunnen mit der Bronzefigur der »Fiorenza« (1545) von Niccolò →Tribolo (Original in der Villa aufgestellt) wurde ursprünglich für die Villa di Castello geschaffen und 1788 nach La Petraia verbracht. Tribolo gilt auch als der Entwerfer der Gartenanlagen, die sich vor der Villa in drei Terrassen den Hang hinunterziehen. Umgestaltungen des Gartens, insbesondere auf der Ebene der Villa, erfolgten unter König Vittorio Emanuele II. seit 1859 und veränderten mit weiten Rasenflächen und Teppichbeeten das ursprüngliche Aussehen des Gartens im Sinne des 19. Jh.s.

Folie (frz., ›Verrücktheit, Lustschlösschen‹), Gartenschlösschen als selbständiger Baukörper in einer Gesamtanlage (→Gartenhaus, →Maison de plaisance).

Fontäne (frz. *fontaine* ›Quelle, Brunnen‹), hoher, starker Wasserstrahl in einem Springbrunnen (→Jet d'eau). F.n können sowohl direkt der Wasserfläche als auch einer Figur entspringen. Giovanni di Boccaccio (1313–1375) beschreibt im *Decamerone* (verfasst zwischen 1348 und 1353) eine F. als mächtigen Wasserstrahl, der in einem Marmorbrunnen aus einer Figur entspringt. Ausgeklügelte Techniken zur Erzeugung von Klang wurden seit der Renaissance im Zusammenhang mit F.n entwickelt. Prominentestes Beispiel sind die zahlreichen Fontänen in der Villa d'Este in →Tivoli bei Rom, darunter die »Fontana dell'Ovato« als der größte Springbrunnen des Gartens, der direkt vom Wasser des Flusses Aniene gespeist wird. →Brunnen, →Wasserspiele.

Fontainebleau, Schlossgarten (Frankreich), das Schloss wurde 1528 durch Franz I. als Jagdschloss unter Einbeziehung älterer Teile in der südlichen Île-de-France errichtet und von Katharina von Medici um 1550/60 weiter ausgebaut. Schon Franz I. ließ um das Schloss weitläufige Gärten und ein großes Bassin anlegen, das der Fischzucht diente. Ein kleiner, in vier Beete aufgeteilter Ziergarten liegt als Privatgarten hinter dem Schloss. Die Anlage wird von einem Wassergraben umschlossen, der seit Beginn des 16. Jh.s als wichtiges Gestaltungs- und Befestigungsmotiv in die französische Schlossbau- und Gartenkunst der Renaissance aufgenommen worden war. Diese von Gräben umfassten Gärten, die heute zum Teil stark verändert sind, werden in dem Stichwerk von Jacques Androuet du →Cerceau, den *Plus Excellent Bastiments de France* (1576–79), überliefert. Neben F. zählt dazu auch das von Diane de Poitiers, der Geliebten Franz' I. und Heinrichs II., errichtete Schloss Anet und seine Gärten.

Francini, Tommaso und Alessandro, italienische Architekten und Ingenieure, die bekannt waren für ihre Wasserwunder, →Automaten, Wasserorgeln und →Wasserspiele (giochi d'acqua). Die Brüder wirkten bei der Ausgestaltung der Gärten der Katharina von Medici mit, unter deren Regentschaft der Einfluss italienischer Gärten auf die französische Gartenkunst an Bedeutung gewann. In →Saint-Germain-en-Laye errichteten sie unter den Terrassen des auf mehreren Ebenen sich abstufenden Gartens berühmte wassermechanische Kuriositäten, die von denjenigen der Villa d'Este in →Tivoli beeinflusst sind, darunter die Grotte des orgelspielenden Mädchens und die Grotte des Orpheus, die in Stichen und Beschreibungen überliefert sind (André Duchesne, *Les antiquitez et recherches des villes, chasteaux et places plus remarquables de toute la France*, Paris 1609).

Französischer Garten, s. u. »Gartenstile Europas« S. 25–29.

Frascati, Garten der Villa Aldobrandini (Latium, Italien), die Villa Aldobrandini in Frascati bei Rom, 1598 nach dem Entwurf von Giacomo della Porta für den Kardinal Pietro Aldobrandini begonnen und 1602 von Carlo Maderna und Giovanni Fontana fortgeführt, ist kunstvoll über Treppen und Terrassen herausgehoben an einem Hang gelegen. Während sich vor der Villa ein geometrischer Garten mit →Parterres ausbreitet, lag hinter dem Gebäude das »wilde«, ungestaltete →Boskett, das sich den Berg hinaufzieht und über Treppen und Rampen in der Hauptachse zur Villa erschlossen wird. Über →Kaskaden und →Brunnen wird das Wasser vom Berg zu dem vis-à-vis zur Gartenfassade gelegenen Wassertheater geleitet, dem Kernstück der mannigfaltigen Wasserspiele, die heute nur noch teilweise in Funktion sind. Kaskade und Theater wurden von Maderna entworfen, die Ingenieursarbeiten der zugehörigen Wasserwerke entwickelte Fontana, der schon für die Wasserspiele der Villa d'Este in →Tivoli verantwortlich war.

Freimaurer, ursprünglich als »freie Maurer« von der Zunft freigegebene Maurer, die als »Fremdarbeiter« bei großen Kirchenbauten benötigt wurden. Das durch vielfältige Eindrücke erworbene Wissen machte sie zu kritikfähigen und zunehmend wenig obrigkeitsgläubigen Gebildeten, die sich zu geheimen Gesellschaften (»Logen«) zusammenschlossen. Im 18. Jh. war die Mitgliedschaft in freimaurerischen Logen, als Gesellschaften von gebildeten und einflussreichen Künstlern und Politikern, begehrt. Viele freimaurerische Landadelige Englands (»Whigs«), aber auch Mitglieder des Hochadels (»Tories«) forcierten in ihrer Ablehnung der Gartenkunst des französischen Hochadels, insbesondere derjenigen des Ancien régime, die Entwicklung des englischen Landschaftsgartens als Ausdruck einer liberalen Gesellschaftsform. Ein Beispiel für eine freimaurerisch beeinflusste Gartenanlage auf dem Kontinent findet sich in →Bayreuth, wo sich Erbprinz Friedrich in der bestehenden Eremitage (Baubeginn 1715) einen »Tempel des Schweigens« errichten ließ.

Freizeitpark →Vergnügungspark

Friedhof, ursprünglich eingefriedete Begräbnisstätte, meist außerhalb der Siedlung gelegen, oft mit parkähnlicher Gestaltung. Im Mittelalter überwogen die steinernen Friedhöfe, etwa nach dem Vorbild des Campo Santo in Pisa. Seit der Antike sind einzelne Grabmäler in Gärten überliefert. Auch das Grab Christi lag in einem Garten (→Gärtner). Der Klosterplan von →Sankt Gallen aus karolingischer Zeit zeigt Gräber der Mönche im →Baumgarten. Ein F. als Gartenanlage wird erstmals in →Furttenbachs *Architectura civilis* von 1628 erwähnt. Seit dem 18. Jh. ist die F.s-Gestaltung Bestandteil der Gartentheorie: Friedhöfe werden als weihevolle, besinnliche Orte angesehen, die als Gartenanlage gestaltet werden sollen (vgl. →Hirschfeld, der *Gärten bey Begräbnissörtern* beschreibt). John

→ Loudon forderte für den F. eine eigene, unverwechselbare gärtnerische Gestaltung, die sich durch Klarheit der Gliederung und Einfachheit der geordneten Bepflanzung auszeichnet. Gerade Wegeführung sei einer geschwungenen vorzuziehen, die nur bei hügeligem Gelände angelegt werden sollte. Kein lieblicher, sondern ein feierlicher Ort sei anzustreben, so dass auch auf Blumen möglichst zu verzichten sei. So entstehen im frühen 19. Jh. weiterhin von Hecken und Bäumen eingefasste Friedhöfe (z. B. der 1809 angelegte und 1826 durch Maximilian Friedrich → Weyhe umgestaltete Melaten-F. in Köln), die zwar parkähnlich ausgestaltet, jedoch im Gegensatz zu späteren F.-Anlagen vom englischen → Landschaftsgarten noch nicht beeinflusst waren. Als Beispiel für die Gestaltung eines F.s im englischen Stil ist die Anlage des F.s Père Lachaise in → Paris zu nennen. Da die städtischen Friedhöfe schnell zu klein wurden, war deren spätere Nutzung als Park oft schon bei der Anlage eingeplant (siehe Johann Michael Voit, *Über die Anlegung und Umwandlung der Gottesäcker in heitere Ruhegärten der Abgeschiedenheit*, Augsburg 1825). Die Gestaltung des F.s als Landschaftsgarten in der Art eines großräumigen öffentlichen Parks wurde prägend für Nordamerika, wo sich der sog. *rural cemetry* (auch *lawn cemetry*) in der ersten Hälfte des 19. Jh.s herausbildete (etwa Mount Auburn 1831). Von dort gelangte dieser Typus des *lawn cemetry* nach Europa, insbesondere nach England und in andere protestantische Länder. Der Park-F. entwickelte sich als bedeutende Aufgabe für Gartenarchitekten des 19. und 20. Jh.s, da mit dem Wachstum der Städte die Friedhöfe immer wieder an den Stadtrand verlegt werden mussten.

Fülck, Johann David (Lebensdaten unbekannt), Gärtner und Gartenarchitekt. F. war 1715–20/21 Hofgärtner der Grafen Schönborn-Wolfsthal zu Wiesentheid in Unterfranken. Er veröffentlichte zwei Kupferstichwerke, die *Allerhand Neue parterre und Blumen Stuck* (Nürnberg, [o. J.]), in denen er Entwürfe für Parterres, Vasen, Terrassen u. A. vorstellte, und die 1720 in Augsburg erschienene *Neue Gartenlust*, die im Übrigen von →Danreiter in seinem *Lust-Stück der Gärten* als Teil 2 angehängt wurde.

Furttenbach, Joseph (1591–1667), Baumeister und Gartenarchitekt aus Ulm. Sein Stichwerk *Architectura privata* (Ulm 1641, reprogr. Nachdr. Hildesheim / New York 1971) wirkte vorbildhaft für die Anlage eines Patrizierhauses und der dazugehörigen Gärten. Von Bedeutung ist das Werk auch wegen seiner detaillierten Beschreibung der Pflanzordnung und Blumensorten im bürgerlichen Garten der Renaissance (→Pflanzprogramme). F. legte den Blumengarten in Hochbeeten an, die mit Holzplanken eingefasst und mit Tulpen, Kaiserkronen, Lilien, Narzissen, Hyazinthen, Ranunkeln und anderen für die Renaissance charakteristischen Blumen in hierarchischer Ordnung bepflanzt waren. Neben der Komposition der unterschiedlichen Blumensorten legt F. besonderen Wert auf den Kontrast und die Vielfalt der Blumenfarben. Wieweit F.s Beschreibungen und Darstellungen der Realität entsprechen konnten, ist fraglich, da die zusammengestellten Blumen nur nacheinander im Wechsel der →Jahreszeiten erblühen. Seine Gärten sind daher sicherlich eher als Idealgärten der Renaissance anzusehen.

G

Gärtner, Gärtnerin, 1. Berufsbild: urspr. Bezeichnung für jeden, der im Garten arbeitend bzw. gestalterisch tätig ist. Als Berufsbild mit Lehrjahren und geregelter Ausbildung ist der Beruf des G.s erst mit der Wiedergeburt des »Gartens als Kunstwerk« seit der italienischen Renaissance definiert. Die körperlichen und charakterlichen Voraussetzungen für einen G. beschreibt Jacques →Boyceau in seinem Gartentraktat von 1638. Er sollte ein guter Arbeiter, aber auch als Zeichner und Entwerfer in den Künsten bewandert sein. Im Zuge der botanischen Erforschung und Systematisierung der Pflanzen trennt sich das Berufsbild des G.s in drei Wege: denjenigen des Architekten (→Gartenarchitekt) und Gartengestalters, des botanischen Wissenschaftlers sowie des Pflegers und Kultivierers von Pflanzen als der eigentlichen Aufgabe des G.s. Während die Pflege von Nutzgärten von jeher als hausfrauliche Pflicht angesehen wurde, erfolgte eine professionelle Ausbildung von Frauen zur G.in erstmals in England in der Glynde School for Lady Gardeners, gegr. 1904 von Lady Frances →Wolseley. **2.** Der G. in bildender Kunst und Literatur: Häufig sind Darstellungen der →Flora und anderer mit Natur und Garten im Zusammenhang stehender Göttergestalten als G. bzw. mit den Attributen des G.s wie Spaten, Rechen, Sichel u. a. m. Als Verkleidung gehört das Kostüm des G.s zu den höfischen →Schäferspielen und findet sich daher in zahlreichen Variationen in der Malerei, in der →Gartenskulptur und im Porzellan des 18. Jh.s. Dem entspricht der Topos des G.s als skurriler bis dämonischer und erotisch bis pornographischer Sonderling in der

Literatur seit dem 18. Jh. (z. B. in Joseph von Eichendorffs *Leben eines Taugenichts*, D. H. Lawrence' *Lady Chatterley*). Bis hin zum fragwürdigen Bild des G.s, der »immer der Mörder« ist, zeigt sich hier die Ambivalenz eines scheinbar unkontrollierbaren Berufsstandes, der trotz harter und kultivierender Arbeit eine große und beneidenswerte Freiheit in der Natur unter der Schirmherrschaft des →Pan zu genießen scheint. In der sakralen Kunst ist neben Darstellungen von Heiligen und Schutzpatronen als G. (→Fiacrius) das Bild von Christus als G. (Noli me tangere) zu nennen. Nach dem Evangelium des Johannes (Joh. 20,15) erscheint der auferstandene Christus der Maria Magdalena an seinem Grab, das in einem Garten liegt. Sie erkennt ihn nicht und hält ihn für den G. In Darstellungen (z. B. Dürers *Kleine Holzschnittpassion*) wird Christus daher mit G.-Hut bzw. -Kappe und Spaten gezeigt. In übertragenem Sinne meint das Bild auch Christus als »Seelengärtner«.

Garavicchio, Skulpturengarten der Niki de Saint Phalle (südl. Toskana, Italien), die französische Bildhauerin Niki de →Saint Phalle gestaltete das ihr von Freunden überlassene Gelände bei Grosseto in den Jahren 1979–94 unweit von →Bomarzo zu einem Skulpturenpark um. Il Giardino dei Tarocchi, der Tarotgarten, ist von den Motiven und Symbolen der Tarotkarten beeinflusst, ohne dass der Besucher sich vor den sinnenfreudigen Gebäuden, →Brunnen und Skulpturen zwingend mit Kabbala oder Zahlenmystik auseinandersetzen müsste. Die begeh- und bewohnbaren Riesenskulpturen, Sphingen, Monster u. a. Gestalten scheinen mit Motiven des manieristischen Gartens zu spielen und übersetzen diese in die bunte Formenwelt der 60er und 70er Jahre. Die bestimmenden Elemente sind Keramik und Glas, die als Mosaik die Außenhaut der Skulpturengebäude bilden. Brunnen und →Kaskaden beleben mit Wasser als dem seit jeher wichtigsten gärtnerischen Gestaltungsmittel die Anlage, in deren künstlicher Welt sich die Pflanzen und Bäume angesichts der phantastischen und durch die Verspiegelung in Bewegung versetzten Skulpturen unterordnen. Mehr als ein Skulpturengarten ist dort eine phantastische Gartenstadt mit Kapelle, Wohnhaus u. a. entstanden.

Garnier d'Isle, Jean-Charles (1697–1755), französischer Architekt. 1730 erhielt G. einen Vertrag als Hofgartenzeichner am französischen Hof. Sein Werk ist z. T. umstritten und wird auch mit dem damaligen Hofarchitekten Ange-Jacques Gabriel (1698–1782) in Zusammenhang gebracht. Für Madame de Pompadour plante G. 1748–50 eine →Eremitage in Versailles. Der in einem Plan überlieferte Garten ist ein typisches Beispiel für Gartenanlagen des Rokoko um 1750, die u. a. durch die in Halbkreisen und Segmentbögen konstruierte, ein orthogonales Raster vermeidende Wegeführung im →Boskett gekennzeichnet werden. In den Diensten der Pompadour gestaltete G. zudem die Gartenanlage des Schlösschens Bellevue bei Paris und den Garten von Schloss Crécy, der größten Anlage im Besitz der Pompadour, die Ludwig XV. ihr 1746 schenkte. Der Garten ist überliefert in dem Buch des Comte de Reiset, *Le Chateau de Crécy et Madame de Pompadour*, Chartres 1876.

Garten (vermutl. aus got. *gards*, *garda* ›Gerten‹), ursprünglich das durch Zäune aus Gerten vor der umgebenden Wildnis eingehegte und bestellte Land. Durch Zäune, Gräben oder Mauern werden (Nutz-)Tiere und Angepflanztes ebenso wie die (sesshaften) Menschen selbst vor Gefahren von außen geschützt. Ein G. kann sowohl Nutz- als auch Zierpflanzen enthalten. Mehr oder weniger künstlerisch oder aufwendig gestaltet, ist der G. immer ein vom Menschen künstlich angelegtes und der Pflege bedürftiges Landstück, das durch die Gestaltung, ebenso wie durch die Einfassung, von der es umgebenden »natürlichen« Landschaft abgegrenzt wird. Zur Unterscheidung der Begriffe G. und Park siehe →Park.

Gartenarchitekt, auch Landschaftsarchitekt, Berufsbezeichnung für einen →Gärtner bzw. Gartengestalter im 20. Jh. mit einem Studium als Zweig der Architektur. Zu Beginn des 20. Jh.s wurde die Forderung nach einem eigenständigen Ausbildungsgang für die Gartengestaltung erhoben, die jedoch erst 1929 mit einem Lehrstuhl für Gartenarchitektur in Berlin (für Erwin →Barth) eingelöst wurde. In früherer Zeit gab es keine reglementierte künstlerische Ausbildung. G.en kamen aus den unterschiedlichsten Berufen, zumeist aus der Architektur oder Bildhauerei. Als Planer und Entwerfer unterschieden sie sich von den ausführenden →Gärtnern, für die jedoch ebenfalls seit dem 17. Jh., z. B. durch →Boyceau, eine solide künstlerische Ausbildung gefordert wurde.

Gartenbauausstellung →Ausstellungsgarten

Gartendenkmalpflege, als erhaltenswerte Denkmäler unterliegen historische Gärten und Parks im Hinblick auf die notwendig durchzuführende Pflege, Erhaltung und Restaurierung besonderen Kriterien. Im Gegensatz zur Substanz anderer Baudenkmäler ist das pflanzliche Material, aus dem sie vorwiegend bestehen, einer natürlichen Veränderung unterworfen. Ohnehin ist die Lebensdauer zumindest der Pflanzen zeitlich begrenzt. Von einzelnen Bäumen mit einer besonders hohen Lebenserwartung abgesehen, entspricht der Pflanzenbestand eines historischen →Gartens deshalb kaum mehr dem ursprünglichen. Ein Garten ist mit Blick auf seinen »fertigen« Zustand schwerlich präzise zu datieren. Gärten sind zudem stärker noch als Bauwerke den Veränderungen späterer Epochen und deren wechselnden Moden und Vorlieben unterworfen. Zahlreiche barocke Gärten sind schon im 19. Jh. ganz oder teilweise in Landschaftsgärten umgewandelt worden. Die Rekonstruktion von Gärten oder Gartenteilen nach erhaltenen Plänen oder anderen Quellen ist nicht unumstritten, da die Historizität angezweifelt werden kann. Bestenfalls entsteht in der Rekonstruktion ein Idealbild eines Gartens einer bestimmten Epoche allerdings ohne Anspruch auf Authentizität (z. B. der Garten von →Villandry bei Tours). Andererseits müssen in der Struktur größtenteils erhaltene Partien eines Gartens oder einzelner Teile als Denkmal bewahrt werden. Eine behutsame Rekonstruktion bzw. Rückführung kann nur aufgrund genauer Befunduntersuchungen erfolgen. Wiederherstellungsmaßnahmen (beispielsweise das Beschneiden oder das von Fall zu Fall notwendige Erneuern des Baumbestandes insbesondere in geometrischen Gartenanlagen) werden aktuell oft aus ökologischen Beweggründen erschwert. →Parkpflegewerke für einzelne Anlagen sind trotz langfristiger und aufwendiger Investitionen zur Erhaltung historischer Gärten unabdingbar.

Gartenfeste, Feste im Freien bzw. im →Garten sind seit der Antike überliefert, wo v. a. Bankette im Garten beliebt waren (Beschreibungen bei →Plinius und →Varro).

Der fürstliche Garten ist aufgrund seiner Größe und Pracht ein idealer Festraum, in dem sich der Herrscher angemessen inszenieren konnte. Bankette unter freiem Himmel oder in Zelten in der Nähe von →Brunnen und Wasserbecken, Feuerwerke und aufwendige Illuminationen, →Spiele und Turniere, Kutschfahrten und →Jagden, Theater- und Opernaufführungen, Konzerte und Bälle in den Kabinetten des →Bosketts oder in den Gartengebäuden gehörten zu den zahlreichen Programmpunkten eines höfischen G.s. Noch vor den berühmten Gartenfesten Ludwigs XIV. in Versailles, die Maßstäbe für die Festinszenierungen an den europäischen Herrscherhäusern setzten, feierte Philipp IV. (1605–1665) mit aufwendigen Maschinerien betriebene Gartenfeste und -spektakel im Park von Buen Retiro in →Madrid. Der Garten als Festplatz lebt im bürgerlichen 19. Jh. in den →Volksparks weiter, wo Restaurants und Ballhäuser, →Pavillons für Konzerte, Sport- und Spielplätze errichtet wurden.

Gartengeräte, sind schon in prähistorischer Zeit nachgewiesen (altsteinzeitliche Höhlenmalereien in Frankreich, Pflanzstöcke von Neandertalern) und abgebildet auf altägyptischen Wandreliefs und in illustrierten Manuskripten aus dem Mittelalter. Ausgrabungen belegen altgriechische und altrömische G. Die Ausgestaltung und Vielfalt von G.n reicht von einer zunehmenden Spezialisierung für bestimmte, eng begrenzte Aufgaben seit der Renaissance bis hin zur Massenproduktion im 19. Jh. Als Attribute für allegorische Figuren mit Bezug zur Gartenkunst schon von frühesten bildlichen Darstellungen bekannt, geht ihre Gestaltung mit der Nobilitierung von Landwirtschaft und ländlichem Leben (→Fête champêtre)

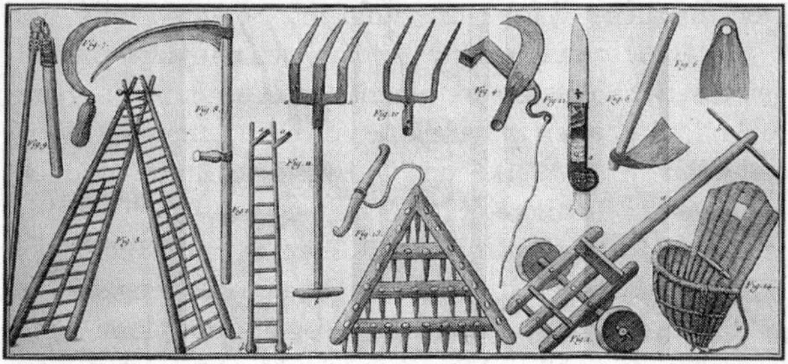

Gartengeräte

Aus: *Dictionnaire du Jardinage. Relatif à la Théorie & à la Pratique de cet Art. Par M. D. Dézallier d'Argenville*, 1777

auf die Schmuckprogramme von Schlössern und Landhäusern über (→Maison de plaisance). →Pflanzgefäße.

Gartenhaus, kleines Gebäude innerhalb eines →Gartens, sowohl als Nutzgebäude zur Unterbringung und zum Schutz von →Gartengeräten und Pflanzen (→Orangerie) als auch als Aufenthaltsort für Gesellschaften und Festlichkeiten (→Pagode, →Pavillon, →Teehaus) erbaut. Als kleinere, intimere Wohngebäude wurden Lustschlösschen als Ergänzung und in Abgrenzung zum Hauptschloss errichtet (→Casino, →Eremitage, →Trianon, →Folie). Als Aussichtsplatz und Schießstand diente das →Belvedere am Rand einer Gesamtanlage.

Gartenkunst, die G. nimmt in der Hierarchie der bildenden Künste keinen der Malerei, Skulptur oder Architektur vergleichbaren Rang ein. Erst im 17. Jh. forderte man eine Gleichstellung der G. mit den übrigen freien Künsten (zuerst durch Jean La Fontaine 1671). Im 18. Jh. wird die

Gartenkunst neben den anderen Künsten als Personifikation oder Allegorie dargestellt. Sie gilt, dem Fürstenspiegel folgend, als eine der nobelsten Beschäftigungen für einen Herrscher. Bis heute wird die G. primär in Theorie und Praxis als ein Zweig der Architektur bearbeitet. In der Kunstgeschichte gewinnt die G. als eigenständiges Forschungsgebiet in jüngster Zeit an Beachtung. Darüber hinaus trifft die G. auf zunehmendes öffentliches Interesse für bestehende Organisationen (z. B. dem »Bund Deutscher Landschaftsarchitekten«, der »Deutschen Gesellschaft für Gartenkunst und Landschaftskultur«), institutionelle Neugründungen (z. B. der Forschungsstelle für Geschichte der Gartenkunst und experimentelle Landschaftsarchitektur an der Universität Hannover) oder für eigens eingerichtete Museen (im Jahr 2000 wurde im Schloss Fantaisie bei Bayreuth das erste Gartenkunst-Museum eröffnet, 2002 folgte das Museum für Europäische Gartenkunst im Ostflügel des Schlosses Benrath bei →Düsseldorf).

Gartenmöbel, mit der Einbeziehung des →Gartens als zusätzlichem Wohnbereich »unter freiem Himmel« entsteht schon früh der Wunsch nach Möblierung, um Bequemlichkeiten auch im Außenbereich zu gewährleisten. Vom →Rasensitz des mittelalterlichen Gartens zu Bänken, Stühlen und Tischen aus bearbeitetem Holz, Stein, Gusseisen und Plastik erlebt das Gartenmobiliar stilistisch eine parallele Entwicklung zum Mobiliar des Innenraums. Gleichwohl ist aber auch eine eigenständige Entwicklung von Formen und Typen festzustellen, die wetterfeste Verarbeitung und größere Stabilität mitbringen. Im Gegensatz zu den Räumen im Schlossinneren, wo es bis ins 19. Jh. keine fest eingerichteten Speiseräume gab, sondern die Tafel bei Bedarf aus Holzböcken und -platten aufgebaut wurde, sind dauerhaft installierte Tische im Garten keine Seltenheit. Als Beispiel sei der rechteckige, von steinernen Hockern umstellte Tisch in Schloss Hellbrunn bei →Salzburg genannt. Steinerne, z. T. kunstvoll skulptierte Gartenbänke (z. B. im Hofgarten in →Veitshöchheim) gehörten zu den wichtigen bildhauerischen Aufgaben im Garten des 18. Jh.s. Nichtmobile »Möbel« (z. B. Steinbänke, Tische, →Pavillons, etc.) sind in Zusammenhang mit ihrem gartenkünstlerischen Umfeld im öffentlichen oder herrschaftlichen Garten zu sehen. Dagegen kommt es im 19. Jh. – verbunden mit der Zunahme von →Bürgergärten – zu einem Boom der G.-Produktion aus Gusseisen, der vergleichbar ist mit dem Erfolg von G.n aus Plastik im 20. Jh. Neue Typen von G.n, die im kleineren Wohngarten einer geforderten Mobilität und platzsparenden Funktionalität entsprechen, wie der Liegestuhl oder der Sonnenschirm, setzen sich durch. Mit der ab Beginn des 19. Jh.s wachsenden Vorliebe für Wintergärten ziehen G. in den inneren Wohnbereich ein und verstärken mit ihren gartenspezifischen Merkmalen den Eindruck, sich in einem Garten aufzuhalten.

Gartenpalais, zahlreiche G. entstanden als sommerliche Residenzen am Wiener Hof und durch den Wiener Adel in und um Wien nach Beendigung der Türkenbelagerung seit 1683. In den Gärten wurden französische und italienische Vorbilder gleichermaßen verarbeitet. Als bedeutendes Beispiel sind Schloss und Garten des Palais Schönborn in Wien, das Johann Lukas von →Hildebrandt 1706–11 für Friedrich Karl von Schönborn errichtete, zu nennen. Jean →Trehet entwarf den Garten des Palais

Liechtenstein, das Domenico Martinelli 1698–1711 für Fürst Johann Adam Andreas von Liechtenstein erbaute. Der Garten des Palais Schwarzenberg, ursprünglich erbaut für Graf Mansfeld Fürst Fondi durch Lukas von Hildebrandt (um 1705 vollendet), stellt mit der Terrassierung und dem besonderen Akzent auf den Wasserspielen ein charakteristisches Beispiel eines Wiener Adelsgartens vor, wie er für die herrschaftlichen Gärten in Europa vorbildhaft wurde.

Gartenplatz, neben städtischen Parkanlagen (→Stadtpark) gewinnen Gartenplätze innerstädtisch im Zuge der Industrialisierung und des Wachstums der Großstädte seit dem 19. Jh. an Bedeutung. Die Anlagen wurden mit Bäumen und Blumenbeeten bepflanzt und erhielten durch Denkmäler und Statuen einen repräsentativen Charakter. Zusammen mit →Alleen und →Promenaden dienen die kleinen grünen Inseln in der Stadt als Spiel- und Ruheplätze der alltäglichen Erholung. Charakteristische Beispiele für die Anlage von begrünten Stadtplätzen gibt Gustav →Meyer in seinem *Lehrbuch der schönen Gartenkunst* von 1860. Für einen G. vorrangig als einen innerstädtischen Ort der Erholung und nicht der Repräsentation plädierte im frühen 20. Jh. v. a. Fritz →Encke (vgl. auch Abb. S. 109).

Gartensaal, auch *Sala terrena*. Ebenerdig zur Gartenseite hin ausgerichteter Festsaal eines Schlosses, der sich in seiner Ausstattung und Dekoration auf die Themen →Garten, Natur oder →Jagd bezieht. Große Fenstertüren öffnen sich zum Garten hin und stellen den Bezug zwischen außen und innen her, bei dem oftmals auch die →Achsen des Gartens in der Ausrichtung der Fenster aufgenommen sind. Im G. der Würzburger Residenz (1749/1750) zeigt das Deckengemälde von Januarius Zick ein

Festmahl der Götter sowie die Jagdgöttin Diana mit ihrem Gefolge. In den kleinen Gewölbefeldern des Umgangs stellen Putten Allegorien der Tageszeiten, der → Jahreszeiten und der vier → Elemente dar. Daneben konnte ein G. auch als Grottensaal mit Felswänden und Muschelwerk ausgestattet sein (→ Grottenwerk). → Gartenzimmer.

Gartenschau, G.en wurzeln in Pflanzenschauen des privaten Pflanzenliebhabers und des Erwerbsgärtners. Die ersten öffentlichen G.en fanden in Dresden (1887) und Hamburg (1896) statt, organisiert von den Städten als Ausstellungen für professionelle und private Gartengestaltung. Die G.en wurden kontinuierlich fortgesetzt bis Ende der 30er Jahre (Stuttgart 1939) und nach dem Zweiten Weltkrieg erstmals 1950 wieder ausgerichtet als Bundesgartenschau in Stuttgart (Hamburg 1953, Kassel 1955, Köln 1957). Man einigte sich auf einen Ausstellungsrhythmus von zwei Jahren. Die enormen Zerstörungen durch den Krieg und die damit verbundenen brachliegenden Flächen sollten auch als Neubeginn der Gartenkunst genutzt werden. Im Abstand von 10 Jahren finden internationale Gartenbauausstellungen statt. Als dritter Typ von G.en wurde die Landesgartenschau eingeführt, auch diese mit staatlicher Zuwendung. Trotz der enormen Kosten für die ausrichtenden Städte werden die G.en als Gewinn für Neuerungen im urbanen Bereich empfunden, da sie dort neue und verbleibende Grünflächen mit aktuellen Gestaltungsmöglichkeiten erschließen. Die Idee wurde vom übrigen Europa übernommen.

Gartensiedlung → Gartenstadt

Gartenskulptur, vgl. auch → Skulpturenprogramme. Bereits in der Antike wurden Figuren, Vasen und Reliefs im Garten aufgestellt. Aufstellungsort für Statuen waren neben den →Villengärten (zu nennen wäre hier als ein spätes Beispiel die Villa des Hadrian in Tivoli, 125–136 n. Chr.) auch die Stadtgärten, wie z. B. der Garten des Dichters Sallust (1. Jh. v. Chr.) auf dem Pincio in Rom, der eine berühmte Sammlung von Kunstwerken beherbergte. Diese Tradition lebte durch das Antikeninteresse und die Rezeption antiker Autoren in der Renaissance wieder auf. Die Antikenbegeisterung zog eine Sammelleidenschaft antiker Skulpturen nach sich, die in der Anlage von Antikengärten ihren Ausdruck fand. Um der großen Nachfrage nach antiken Skulpturen entsprechen zu können, führte man Grabungen durch und plünderte antike Monumente, wie z. B. die Villa des Hadrian. Figurengeschmückte →Brunnen gehörten zu den ersten eigens angefertigten G.en in der Neuzeit. Das erste bekannte umfassende Skulpturenprogramm für einen Garten entwarf nach →Vasari der Florentiner Philosoph Benedetto →Varchi für die Medici-Villa in →Florenz-Castello (Ausstattung ab 1538 durch Niccolò →Tribolo). Seither war die Aufstellung von figürlicher Skulptur wie Statuen und Figurengruppen, Hermen und Büsten sowie von plastischem Ornament und Zierat wie Obelisken, skulptierten Vasen und Trophäen, Gartenbänken u. a. Bestandteil und Grundlage jeder Gartengestaltung. Als Material für die G. wurde die kostbare und witterungsresistente Bronze, aber auch als deren preiswerter Ersatz Blei sowie Marmor und andere Steinarten, Holz und →Terrakotta verwendet. Weiche Materialien wie Sandstein oder Holz wurden lackiert, um sie vor Witterungseinflüssen zu schützen und um Marmor oder Porzellan zu imitieren. Üblich waren weiß gelackte und/

oder goldgefasste Skulpturen, die sich vor dem Grün der Hecken besonders gut abhoben. Auch die eher ungewöhnlichen bunten Fassungen – z. B. die Figuren für den manieristischen Garten von →Bomarzo oder die (nicht mehr erhaltenen) Figuren der Commedia dell'arte für das Heckentheater des Rokoko-Gartens in →Veitshöchheim – sind belegt. Heute ist die Fassung meist entfernt, da seit dem 19. Jh. Wert gelegt wurde auf eine vermeintlich authentischere Materialsichtigkeit bei Skulpturen, die dem ursprünglichen Zustand jedoch oft nicht entspricht. Im 19. Jh. ermöglichte die Erfindung des Zinkgusses seit 1830 eine relativ preiswerte serielle Produktion von Gartenskulpturen. Im Sinne des Stilpluralismus im Historismus wurden Abgüsse unterschiedlicher Epochen angeboten, die man nach Katalogen der entsprechenden Gießereien bestellen konnte. Zur G. im 20. Jh. siehe →Skulpturengarten.

Gartenstadt, Siedlungsform, die um die Jahrhundertwende und im frühen 20. Jh. zunächst in England (Ebenezer Howard, *Garden Cities of Tomorrow*, London 1898) und später auch in Deutschland entwickelt wurde. Siedlungen am Stadtrand waren zunächst auf billigem Bauland und durch die serielle Planung und Ausführung kostengünstiger als das einzelne Einfamilienhaus. Soziale Beweggründe des billigen und gesunden Wohnens in der Natur (Nutzgärten mit Tierställen zur Selbstversorgung) konnten allerdings nicht oder kaum eingelöst werden, da die Wohnungen und Häuser oft unerschwinglich für den normalen Arbeiter waren, wenn sie nicht von den Arbeitgebern in der Industrie selbst bereitgestellt wurden, wie z. B. 1912 mit der Gartensiedlung in Essen-Margarethenhöhe von der Firma Krupp. Dagegen konnte sich das bekannteste und früheste Beispiel einer G., Hellerau bei Dresden (ab 1907, →Muthesius), aufgrund des zu exklusiven Anspruchs im Sinne der modernen Reformbewegung in Architektur und Inneneinrichtung nicht durchsetzen. Die künstlerische Ausführung fiel daher bei späteren Gartenstädten in der Regel zugunsten preiswerter Lösungen weg. Als Beispiel dafür sei die sog. G. Garath in Düsseldorf genannt, die jedoch eher als Trabantenstadt der 60er Jahre zu bezeichnen ist. Erst in jüngster Zeit stehen ökologische und wohn-reformerische Ideen wieder im Vordergrund. Zu nennen wäre hier als ebenso gelungenes wie relativ kostengünstiges Projekt eine anlässlich der documenta 1982 entstandene Siedlung in Kassel (documenta urbana).

Gartenteppich, orientalische Teppiche, in deren Mitte ein viergeteilter →Garten abgebildet ist. Im Zentrum befindet sich ein Wasserbecken, das durch vier von Bäumen oder Blumen gesäumten Kanälen durchschnitten wird. Kleinere Wasserstraßen untergliedern die Felder in schmalere →Kompartimente. G.e gelten als recht getreues Abbild eines islamischen Gartens, siehe →Granada, Gärten der Alhambra und der Generalife.

Gartentheater, Bühne unter freiem Himmel im →Boskett eines Gartens für die Aufführung von Theater, Oper und Konzert. Wände und →Kulissen der Bühne wurden aus hintereinandergestaffelten Hecken gestaltet und bisweilen mit einem →Skulpturenprogramm, beispielsweise den Figuren der Commedia dell'arte, ausgestattet (Beispiele in →Hannover Herrenhausen, →Veitshöchheim bei Würzburg). Neben den grünen Heckenkulissen konnte der Bühnenraum auch als →Grotte (→Salzburg, Hellbrunn) oder als künstliche →Ruine (Ruinentheater im Felsengarten Sanspareil bei →Bayreuth, Franken, 1747) gebildet werden.

Gartenzimmer, Innenraum eines Gebäudes, dessen illusionistische Landschaftsmalerei dem Betrachter panoramaartig Decken und Wände öffnet, so dass er sich in eine Gartenlandschaft versetzt fühlt. Die frühesten Beispiele stammen aus der antiken Wandmalerei in Pompeji, Herkulaneum und Rom. Das G. in der Villa der Livia in Primaporta aus augusteischer Zeit suggeriert einen ringsum wie ein Gartenpavillon offenen Raum, der einen Ausblick auf den Garten bietet. Hinter einem Zaun aus Gitterwerk und Pergolen befindet sich ein dichter, mit zahlreichen naturgetreu dargestellten Vögeln bevölkerter Bewuchs aus Bäumen und Blumen aller →Jahreszeiten – ein wilder, naturbelassener, paradiesischer Garten, dessen Anlage mit den überlieferten Gärten weder der römischen Stadthäuser noch der ländlichen Villen einhergeht. Erst in der Barockmalerei wird wieder ein ähnlicher Illusionismus erreicht. Im Spätbarock und Rokoko öffnen sich Decken und Wände nicht nur in Architekturprospekten, sondern auch in Gartenlandschaften. Im Charlottenburger Schloss (Vorzimmer Friedrichs II.) sind die Wände mit Fresken von Antoine Pesne (1683–1756) geschmückt, die ein Maskenfest im Park als monumentale Aufnahme einer →Fête galante zeigen. Gesteigert wird dieser Illusionismus in den G.n in Schloss Schönbrunn in →Wien (Guys-Appartements, 1765), wo der Maler Johann Bergl (1718–1789), ein Schüler Paul Trogers, Landschaftsfresken mit orientalischen Motiven und Figuren schuf, die durch treillagenartige Phantasiearchitekturen im Vorder-

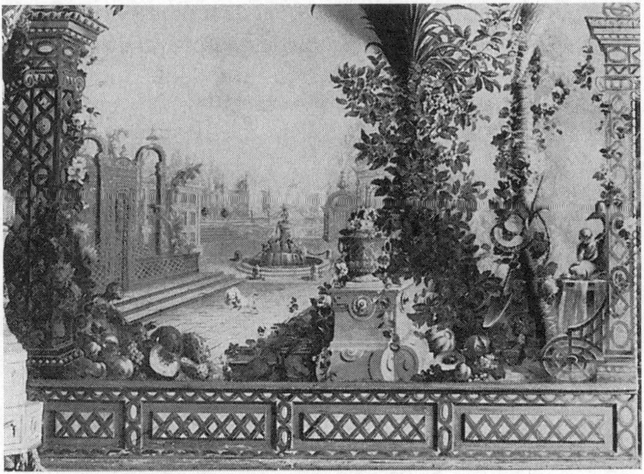

Wien, Schloß Schönbrunn
Gemalte Tapeten von Johann Bergl im Gartensaal des Guys-Appartements, 1774

grund den Blick auf weite Landschafts- und Architekturprospekte freigeben. In den Gartenräumen der französischen Schlösser von Montreuil und Rambouillet wird die Illusion, sich in einem Garten aufzuhalten – wie schon in der Antike –, durch fehlende Fenster verstärkt; das Licht fällt von oben ein. Dazu kommt eine entsprechende Möblierung aus →Grottenwerk und anderen rustikalen Materialien. →Gartensaal, →Panorama.

Gartenzwerg, Zwerge sind im Verhältnis zur Größe des Menschen winzige Phantasiegestalten, die in Märchen und Sagen auftauchen. In den Gestaltungen zum Garten- und Parkzwerg wurden die Erd-, Bergmännlein und Gnome entzaubert und verkitscht. Die Herstellung von Porzellanzwergen durch die Kaiserliche Hofmanufaktur Wien erreichte zwischen 1744 und 1750 ihren Höhepunkt. Ende des 18. Jh.s produzierte die Firma Derby in England eine Serie von Gartenzwergen. Nach dem allmählichen Verschwinden des Zwergenwesens in architektonischen Gärten des Barock taucht es als menschenfreundliches Wesen im Bürgergarten wieder auf. Als ihr Erfinder gilt Sir Charles Edmund Isham (1819–1903). Ausdrücklich empfohlen wird die Belebung eines Gartens mit Zwergenfiguren von John Claudius →Loudon in seiner *Encyclopedia of Gardening* von 1850. Berühmt ist das »Zwergenreservat« von North-Devon in Südengland mit über 1000 Zwergenfiguren. Vgl. zu den Zwergenzyklen in der Gartenskulptur auch →Callotzwerge.

Gaudí y Cornet, Antonio (1852–1926) →Barcelona, Park Güell

Gemüsegarten →Potager

Gewächshaus, rundum aus Glasscheiben erbauter Skelettbau mit einer Holz- oder Eisenkonstruktion. Mit ihrem günstigen Klima, unterstützt durch Beheizung und regelmäßige Bewässerung, sind Gewächshäuser unverzichtbar für die Sammlung und Pflege von lebendigen Pflanzen (→Hibernaculum, →Orangerie) und haben nicht selten den Charakter eines Pflanzenmuseums. Die erstmals von Sir George Stewart Mackenzie entworfenen und von John Claudius →Loudon weiterentwickelten Gebäude erlangten im 19. Jh. eine noch größere Bedeutung als sie die →Orangerie im architektonischen Garten des Barock besessen hatte. Die Konstruktion einer Vielzahl von Gewächshäusern in England wie auf dem Kontinent ist im

Zusammenhang zu sehen mit der Einführung neuentdeckter Pflanzen: zwischen 1784 und 1814 wurden in Kew Gardens etwa 7000 neue Pflanzen aufgelistet (→Treibhaus). Die Konstruktionen von Gewächshäusern im späten 18. und 19. Jh. demonstrieren erstaunliche Ingenieursleistungen, insbesondere bei der Berechnung der Statik. Vorbild für die großen Konstruktionen aus Glas und Stahl ist der für die Weltausstellung 1851 in London von dem Gärtner und Ingenieur Joseph →Paxton entworfene Kristallpalast, in den die schon vorhandenen Bäume des Hyde Parks integriert wurden. Eines der frühesten Gewächshäuser Deutschlands in einer Eisen-Glas-Konstruktion ist dasjenige im Park von →Kassel-Wilhelmshöhe (1822). →Palmenhaus.

Giardino segreto (ital., ›geheimer Garten‹), abgeschiedener, privater →Garten in der Nähe des Wohngebäudes oder Schlosses, der, von einer Mauer umgeben (→Hortus conclusus), vor Blicken von außen geschützt und nur für die Bewohner zugänglich ist.

Giochi d'acqua (ital., ›Wasserspiele‹) →Wasserspiele

Girard, Dominique (gest. 1738), französischer Gartenarchitekt und Ingenieur der Wasserkünste. G. war ein Schüler André →Le Nôtres. Während seiner Beschäftigung in den Gärten von St. Cloud wurde der Kurfürst Maximilian von Bayern auf G. aufmerksam und nahm ihn als Gartendirektor in →München in seine Dienste, wo er die Gärten von Nymphenburg und Schleißheim planen sollte. G. gestaltete zusammen mit Matthias →Diesel die Gärten in Nymphenburg und war dort insbesondere für die Errichtung der bedeutenden Wasserspiele zuständig. In Zusammenarbeit mit Lukas von →Hildebrandt wirkte er bei der Anlage der Gärten des Belvedere in →Wien mit. 1728/29 legte G. – wie in München wiederum gemeinschaftlich mit François Cuvilliés d. Ä. – die Gärten von Schloss Augustusburg in →Brühl an. Ein Gartenplan von 1728 für Brühl wird G. zugeschrieben.

Girlande →Feston

Gitter →Ziergitter

Giverny, der Garten mit Landhaus von G. umfasst etwa 1 ha Grundfläche. Das gesamte Areal ist durchschnitten von Straße, Eisenbahn und einem Flussarm der Epte. Claude Monet (1840–1926), einer der Hauptvertreter der impressionistischen Malerei, mietete von 1883 bis 1890 das Landhaus (Atelierhausnutzung) mit Obstgarten; nach dem Kauf im Jahre 1890 erwarb er zusätzliche Landflächen, die er mit der bereits vorhandenen zu einem Blumengarten mit Wasserrosenteich umgestaltete. Lattenwerke (Laubengang) mit Kletterrosen, einen mit weißen Glyzinien überwachsenen Bogen einer japanischen Brücke ließ Monet zu einer üppigen Farbkomposition gestalten. Ab etwa 1892 diente ihm der Garten als Inspirationsquelle für zahlreiche Bilder (Serie der Nymphéas, Ansichten der Japanischen Brücke). Die üppige Bepflanzung mit Hortensien, Iris, reichblühenden Stauden wurde vorbildlich für Anlagen von →Künstlergärten in impressionistischem Stil, wie in →Yerres, deren Einfluss bis weit ins 20. Jh. reicht (→Hombroich, Museumsinsel).

Glashaus →Gewächshaus

Gloriette, offener Tempel oder →Pavillon im architektonischen →Garten oder Landschaftsgarten als Bekrönung einer Anhöhe. Beispiele sind die triumphbogenartige G. im Schlosspark von Schönbrunn bei →Wien und die

G. in Form eines Rundtempels im Park Wilhelmshöhe in →Kassel.

Goethe, Johann Wolfgang (1749–1832), war zunächst beeinflusst von den Ideen des englischen Landschaftsgartens. Er verfolgte mit Interesse die Gestaltung des Parks von →Weimar nach englischem Muster, so dass er sogar als der Initiator des Parks angenommen wird. 1776 erhielt G. von Herzog Carl August, mit dem er mehrere Besuche des Parks von →Wörlitz unternahm, ein Haus mit Garten an der Ilm in Weimar zum Geschenk, dessen Gestaltung er sich mit Hingabe widmete. Dort entstand u. a. das sog. Luisenkloster (1778) als Eremitage, in der G. ein Fest zu Ehren des Namenstages der Herzogin Luise abhielt. In den Jahren nach 1783 nimmt G. Abstand von den »naturspäßigen« Formen des Landschaftsgartens zumindest in seiner sentimentalen deutschen Ausprägung und würdigt den barocken geometrischen Garten. Dennoch steht die Anlage eines Landschaftsgartens im Zentrum des 1808 vollendeten Romans *Die Wahlverwandtschaften*. Seit 1776 hatte sich G. intensiven botanischen Studien gewidmet. Die Suche nach der »Urpflanze« als der sich selbst reproduzierenden Urform aller Pflanzen hatte ihn auf seiner Italienreise beschäftigt. 1794 war G. maßgeblich am Aufbau des Botanischen Gartens in Jena beteiligt.

Gotikmode, der neogotische Baustil wurde wie der chinesische (→Chinoiserien) für →Gartenhäuser und →Ruinen verwendet. Erste neogotische Bauten in Parks entstanden in England seit den 40er Jahren des 18. Jh.s, so z. B. die gotische Mühle im Park von Rousham nach Entwürfen von William →Kent oder die Eremitage von Stourhead, Wiltshire. Führend in der Bewegung war Horace →Walpole, der sich seit 1749 seinen Wohnsitz Strawberry Hill in neogotischen Formen errichten ließ. Die G. ging mit der Wiederentdeckung des Ritterromans und einer idealisierten Vorstellung des Mittelalters als Vorbild für Kunst und Politik im damaligen England einher. Beispiele in Deutschland sind das »Gotische Haus« im Schlosspark von →Wörlitz (1786/87) und die »Löwenburg« im Wilhelmshöher Schlosspark in →Kassel (1793–1798; siehe Abb. S. 254).

Granada, Alhambra (Andalusien, Spanien), ab 1238 begann der Sultan von Granada Mohammed ben Alhamar mit dem Ausbau eines alten Schlosses zu einem weiträumigen, befestigten Palast auf einem Hügel über der Stadt. Wie die Gärten und Paläste der Generalife in →Granada bestehen auch diejenigen der Alhambra (= rote Burg) aus locker aneinandergefügten Gebäuden und bepflanzten Innenhöfen (→Patio), die an die →Peristylgärten römischer Wohnhäuser erinnern. Von den Gartenhöfen, deren wichtigsten Bestandteil die →Brunnen darstellen, sind heute noch vier erhalten. Der bekannteste, der sog. »Löwenhof«, der heute keinerlei Bepflanzung mehr aufweist, befindet sich im Zentrum der Anlage. Die anderen, auch heute noch reich bepflanzten Höfe – darunter der Patio de los Arraynes (Myrtenhof) als der größte – werden von schmalen Kanälen durchzogen und sind mit großen Wasserbecken und →Brunnen besetzt. Der mit Blumen und Orangenbäumen bepflanzte, kreuzgangähnliche Patio de la Linderaja gehörte einst zum Harem der Anlage.

Granada, Gärten der Generalife (Andalusien, Spanien), die Gärten der Generalife – einer im frühen 14. Jh. auf einem Hügel oberhalb der Alhambra von →Granada errichteten Sommerresidenz der Sultane von Granada – gelten als der Inbegriff des arabischen Gartens schlechthin, obwohl sie nach dem Abzug der Araber größere Veränderungen erfahren haben. Bewässerung und Wasserführung, die in den Gärten vorbildlich angelegt sind, waren Hauptanliegen der arabischen Gartengestaltung. Die Gärten bestehen aus mehreren terrassenförmig an einem Hang angelegten Innenhöfen (→Patio) mit schattigen →Pavillons. Der Patio de la Acequia (Hof des Wassergrabens) als der größte zwischen zwei Pavillons errichtete Hof wird von schmalen kanalartigen, blumengesäumten Wasserbecken durchzogen. Die flankierenden Blumenbeete waren ursprünglich teppichartig versenkt. In schematischer Form begegnen uns die von Kanälen durchzogenen islamischen Gärten in Darstellungen auf den →Gartenteppichen wieder.

Griechischer Garten →Kepos; s. u. »Gartenstile Europas«, S. 9–11.

Grotte (ital. *grotta* ›Höhle‹), G.n sind als einfache wie als bizarre Nachgestaltungen von Höhlen oder als künstlerisch gestaltete Nymphen-G.n seit der Renaissance, insbesondere im Manierismus, beliebt. Sie werden erstmals bei Leon Battista →Alberti erwähnt. Gerade in Italien gewährleisteten sie im Sommer durch ihre Kühle einen angenehmen Aufenthalt. Zur Ausgestaltung des Innern kamen Muscheln, Schnecken und Mineralien in natürlicher und künstlicher Form (→Grottenwerk) zur Anwendung: Austern-, Perl- und Jakobsmuscheln, Tritonshörner, Tuffstein (→Spugne), Erzstufen, farbige Schmelze. Bekannte G.n sind zu sehen in der Villa d'Este in →Frascati, der Villa Lante in →Bagnaia, den Boboli-Gärten in →Florenz. Be-

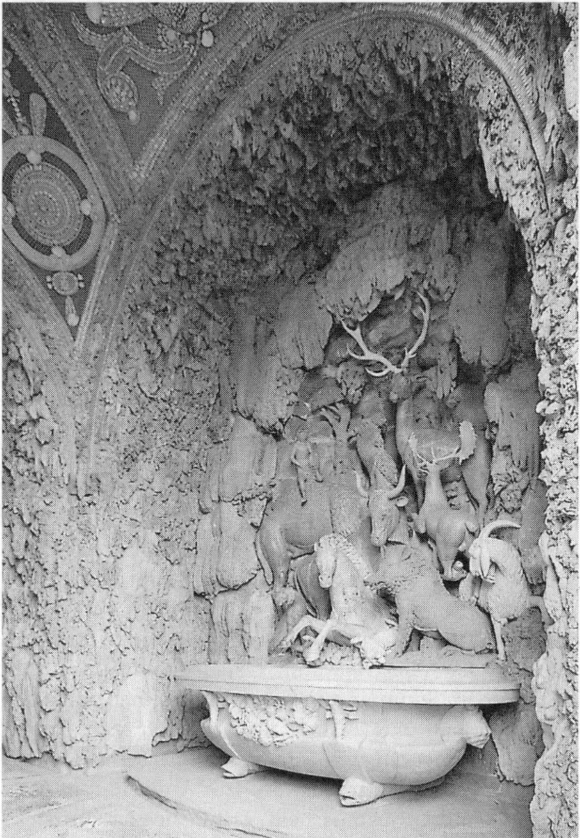

Florenz-Castello, Villa Medicea di Castello
Orpheusgrotte von Giovanni di Paolo Fancelli (?), um 1570/80

sonders naturgetreu waren die G.n nur in der Beschreibung nach Entwürfen von Bernard →Palissy im 16. Jh., die mit nachgebildetem Getier, wie Eidechsen und Fröschen bevölkert waren. Manieristische G.n waren mit →Automaten und Wasserspielen bestückt. Die berühmtesten Beispiele hierfür befanden sich in →Pratolino. Weitere bekannte G.n sind beispielsweise die Thetis G. in →Versailles, Alexander Popes G. in Twickenham, →Stourhead (Wiltshire). Vielfach inspirierte die französische Vorliebe für G.n die Gestaltung von →Einsiedlerklausen, die bei Fehlen von »echten« Eremiten mit Skulpturen oder Plastiken aus Wachs bevölkert wurden. Diese Mode gelangte im 18. Jh. nach England.

Grottenhaus, eine besondere Form des →Gartenhauses stellt das sog. G. dar, wie es z. B. im Rokokogarten von →Veitshöchheim erbaut wurde. Aus einer künstlich gestalteten Felsengrotte mit bizarren Tierskulpturen erhebt sich dort ein achteckiger →Pavillon, dessen klassizistische Wandgliederung innen und außen mit farbigem Glas, Steinen und Muscheln inkrustiert ist; die Stukkaturen und die Inkrustationen stammen vom Würzburger Hofstuckateur Materno Bossi (1772/73).

Grottensaal →Gartensaal

Grottenwerk, bezeichnet die Übernahme der künstlich erzeugten Materialien einer →Grotte (Fels, Muscheln, Moose) als Dekoration im Innenraum, wie sie v. a. in →Gartensälen Verwendung fand.

H

Ha-ha → Aha

Hameau (frz., ›Dörfchen‹), Marie-Antoinette ließ sich ab 1783 in der Nähe des Petit Trianon in → Versailles ein künstliches → Dorf (H. de Trianon) aus elf strohgedeckten Häuschen errichten, die als Mühle, → Meierei und Stallungen auch wirklich betrieben werden konnten und von Nutzgärten umgeben waren. Sie bildeten die Kulisse für die bei der Königin so beliebten → Schäferspiele. Vorbilder waren das Dörfchen des Prinzen Louis-Joseph in Chantilly (1774) sowie das »Englische Dörfle« mit rund 60 Gebäuden und Tempeln, das Herzog Carl Eugen von Württemberg nach 1776 für seine Mätresse Franziska in Hohenheim bei Stuttgart erbauen ließ, und das Friedrich → Schiller programmatisch zu einer deutschen Sonderform des englischen Gartens erhob. → Ornamental farm.

Hannover, Königliche Gärten Herrenhausen, als einer der ersten Barockgärten Deutschlands entstand in den Jahren 1682–1714 der sog. »Große Garten« unter Herzog Ernst August und seiner in den Niederlanden aufgewachsenen Gemahlin Sophie unter Mitwirkung des französischen Gartenarchitekten Martin Charbonnier. Dieser war für Sophie bereits in der Residenz von Osnabrück tätig gewesen. Nach holländischem Vorbild (→ Het Loo bei Apeldoorn) von einer Gracht umflossen, breitete sich der rechteckige Garten symmetrisch vor dem nicht erhaltenen Schlossgebäude aus, das von zwei kleineren Privatgärten flankiert wurde. Additiv wurden rechteckige Kompartimente in einer klaren Gliederung aneinandergefügt. Unter den Gartenräumen ist insbesondere das Heckentheater mit seinen bleiernen, vergoldeten Figuren hervorzuheben, das vorbildhaft wurde für die Heckentheater der Barock- und Rokokogärten in Deutschland (→Veitshöchheim).

Hardouin-Mansart, Jules (1646–1708), französischer Architekt, Großneffe des Architekten François Mansart (1598–1666). H.-M. wurde 1674 zum Königlichen, 1685 zum Ersten Königlichen Architekten ernannt. Seit 1699 hatte er die Leitung aller königlichen Bauvorhaben inne. Unter seiner Ägide wurde seit 1678 das »Projekt« Versailles vollendet. Er schuf dafür im Boskett von →Versailles die berühmte *Colonnade* und den *Dôme*. Weitere Werke für die Gartenanlagen innerhalb seiner architektonischen Tätigkeit, u. a. in St-Cloud und in →Marly-Le-Roi, sind das Boskett in Marly, das Trianon und das innere Becken der Kaskade von St-Cloud. Über die Aufgaben am königlichen Hof hinaus schuf H.-M. zahlreiche Schlösser und Paläste für private Auftraggeber.

Hausgarten, zum privaten Wohnhaus gehörender →Garten (→Wohngarten). Der bürgerliche Garten ist ein Thema des 19. Jh.s, seine Gestaltung wird in vielen Publikationen erörtert, z. B. von John Claudius →Loudon, der darüber hinaus auch den einfachen Garten für den Arbeiter und Tagelöhner behandelt, oder von Hermann Jäger (*Der Hausgarten*, Weimar 1867). →Gartenstadt, →Villengarten.

Hecke (von ahd. *hag* ›Einfriedung‹), diente ursprünglich als aus natürlichen Pflanzen gebildete Einfriedung dem Schutz vor Gefahren von außen. In der Gartenkunst trennt die H. – als zu einfachen grünen Wänden oder auch zu kunstvollen geometrischen Formen geschnittenes Buschwerk in unterschiedlicher Höhe – die einzelnen Gartenräume voneinander. Als Baumaterial aus der Natur haben H.n die Funktion von Wänden und → Kulissen. Sie dienen der Umfassung von Beeten und Gartenräumen. Bevorzugte Pflanzen für niedrigere Hecken waren der → Buchs bzw. für höhere Hecken, die bis zu 3 Meter hoch geplant waren, die schnell wachsenden Eiben. → Ars topiaria.

Heckentheater → Gartentheater

Heemstede bei Utrecht, Schlossgarten (Niederlande), der Garten wurde seit 1680 für den Utrechter Staatsmann Diderick van Veldhuysen angelegt, wobei eine beratende Tätigkeit des französischen Gartenarchitekten Daniel → Marot angenommen wird (→ Het Loo bei Apeldoorn). Den Kern des Gartens bildet das Wasserschloss von 1645, um das sich die langgestreckte und streng spiegelsymmetrische Anlage gruppiert. In der für den holländischen Garten charakteristischen Weise wird das Areal von Wasserwegen durchzogen, die das Raster der holländischen Kulturlandschaft mit seinen Grachten und Kanälen aufnehmen (→ Kanalgarten). Ausblicke aus dem durch Baumalleen von der umliegenden Landschaft abgeschirmten Garten werden nicht geschaffen, vielmehr konzentriert sich der Blick auf das Innere der Gärten, das sich durch eine besonders abwechslungsreiche, farbige Ausschmückung der → Parterres und → Bosketts auszeichnet. Einen wichtigen, auch flächenmäßig bedeutenden Teil nehmen im holländischen Garten die Nutzflächen ein, die neben dem Obstanbau auch der Blumenzucht gedient haben.

Herbarium (von lat. *herba* ›Pflanze, Kraut‹), seit der Spätantike bis ins 16./17. Jh. wurde mit H. auch ein → Pflanzenbuch als medizinische bzw. botanische Abhandlung bezeichnet. Als bekanntes Beispiel sind die ko-

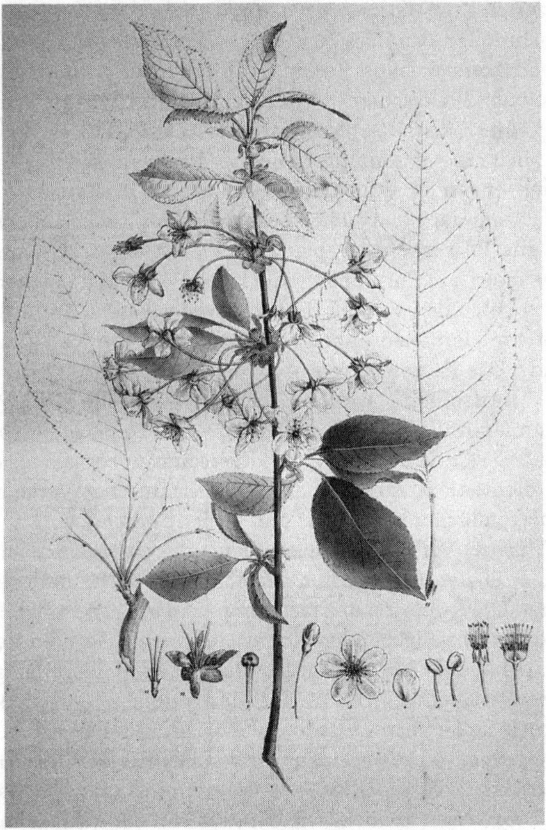

Aimé Henry: Cerasus dulcis Borkh (Süßkirsche)

Aus: Theodor Fr. Nees von Esenbeck, *Plantae Medicinales oder Sammlung offizineller Pflanzen [...]*, Düsseldorf 1828–29

lorierten Kupferstiche von naturgetreuen Pflanzen in dem prachtvollen Band des *Hortus Eystettensis* des Nürnberger Apothekers Basilius Besler (1561–1629) zu nennen. Das erstmals 1613 erschienene Buch bezieht sich auf die Pflanzen eines Eichstätter Privatgartens. In späterer Zeit meint H. auch eine Sammlung gepresster Pflanzen, die mit entsprechenden Klassifikationsmethoden der systematischen Erfassung der Flora für wissenschaftliche Zwecke diente. Da die Pflanzen auf Papier aufgebracht wurden, konnte eine solche Sammlung getrockneter Pflanzen auch als Buch gebunden werden. Die umfangreichsten Sammlungen von Herbarien finden sich im Garten von Kew (England). Das H. von Kew mit aktuell rund 7 Mio. Pflanzen wird fortlaufend erweitert durch professionelle Pflanzensammler in aller Welt (→ Glashaus, → Pflanzenjagd). Insbesondere seit dem 17./18. Jh. und verstärkt nochmals im 19. Jh. dienten Herbarien und andere botanische Werke als Vorlagenbücher für Malerei und Kunsthandwerk.

Herme, Verbindung einer Büste oder eines Kopfes mit einem Pfeiler oder Pilaster, der sich meist nach unten verjüngt. Die frühesten Beispiele sind aus der Antike mit dem Bild des namengebenden Gottes Hermes als Gott der Reisenden überliefert. In antiker Zeit wurden Hermen als Wegweiser eingesetzt. Im architektonischen Garten des Barock findet man deshalb die Zugänge zu den sich verzweigenden → Laubengängen oft von H.n flankiert, die thematisch auf das jeweilige → Skulpturenprogramm des Gartens verweisen können, wie z. B. die H.n der Mänade und des Pan mit dem Bezug zu Musik und Tanz im Rokokogarten von → Veitshöchheim.

Hesperiden, Garten der H., im griechischen Mythos

sehnsüchtig besungener Garten der Götter jenseits des Okeanus, im Westen gelegen. In ihm bewachen die H., Töchter der Nyx oder des Atlas, gemeinsam mit dem Ungeheuer Ladon einen Baum mit goldenen Äpfeln. Zu den Heldentaten des Herkules gehörte der Auftrag, die Äpfel zu rauben. Der Heldenmut und die Stärke des Herkules sind eng mit der Herrscherikonographie des Barock verbunden. Die Äpfel der H. setzte man schon in der Antike mit den »goldenen« Zitrusfrüchten (→Pomeranze) gleich, die sowohl wegen ihres Sinngehalts als auch wegen ihres Dufts und Geschmacks begehrt waren und als exotische Gewächse kultiviert wurden (→Zitrusbäumchen, →Orangerie).

Het Loo bei Apeldoorn, Schlossgarten (Niederlande), Wilhelm III. von Oranien (1650–1702), der seit 1689 König von England war, ließ den bedeutendsten Barockgarten Hollands seit 1685 durch den Hugenotten Daniel →Marot anlegen. Ein Gesamtplan um 1700 zeigt eine streng achsensymmetrische Anlage nach französischem Vorbild. Der sich angliedernde Jagdstern (→Jagdgarten) – Het Loo war nicht zuletzt als Jagdresidenz geplant – orientiert sich ebenso an französischen Anlagen wie die für den holländischen Garten untypischen, künstlich geschaffenen Höhenunterschiede in den verschiedenen Gartenebenen. 1970–84 wurden die Veränderungen des 19. und 20. Jh.s rückgängig gemacht und der Garten nach Stichvorlagen und weiteren historischen Quellen des 17. Jh.s rekonstruiert.

Hibernaculum (lat., ›Winterquartier‹), mittelalterlicher und frühneuzeitlicher Begriff für ein »Pflanzenüberwinterungshaus«, das später als →Orangerie bezeichnet wurde. Ein H. war z. B. dem →Hortus medicus, einem medizinischen Universitäts- und Studiengarten, in Altdorf bei Nürnberg angegliedert. In dem beheizbaren Haus (erbaut 1656) überwinterten die empfindlichen exotischen Pflanzen, während es im Sommer als Hörsaal für die Medizinstudenten genutzt wurde.

Hildebrandt, Johann Lukas von (1668–1745), neben Johann Bernhard Fischer von Erlach (1656–1723) war H. der bedeutendste Architekt der österreichischen Barockkunst. Nach einer Ausbildung in Rom war H. seit 1701 als kaiserlicher Hofingenieur in Wien tätig. Er schuf im Zusammenhang mit seinen architektonischen Projekten auch die dazugehörigen Gartenanlagen. Zu seinen ersten Bauvorhaben gehören Schloss Schönborn bei Göllersdorf und das Palais Schönborn in Wien. Die terrassenförmig angelegten Gärten des Unteren und Oberen Belvedere in →Wien zeugen von der Synthese italienischer und französischer Stilelemente. H. wirkte mit bei dem Umbau von Schloss Mirabell in →Salzburg.

Hildegard von Bingen (1098–1179), Ordensfrau, die als die erste deutsche Naturforscherin und Ärztin gilt. Seit 1147 war H. Äbtissin in einem Kloster auf dem Ruppertsberg bei Bingen. Neben theologischen Schriften veröffentlichte sie auch zwei naturwissenschaftliche Werke: *Causea et curae: Liber compositae medicinae* und *Physica: Liber simplicis medicinae* (1147), Bücher über die Heilpflanzen und Erkenntnisse der Volksmedizin, in denen erstmals auch neben den lateinischen die deutschen, umgangssprachlichen Pflanzennamen verwendet wurden. Lilie, Rose und Veilchen werden darüber hinaus nicht nur als Heilpflanzen, sondern auch als Zierpflanzen ausgewiesen, was auf die Existenz von →Blumengärten bereits im Mittelalter hinweisen könnte.

Himmelsstrich, Baumschnitt in →Alleen. Exakter Zuschnitt zwischen den Kronen der beiden Baumreihen einer Allee, der die Wegeachse in einer genauen Bahn gegen den Himmel nachzeichnet und damit gleichzeitig eine exakte Lichtführung ermöglicht.

Hippodrom (griech. *hippos* ›Pferd‹, *dromos* ›Lauf‹), mit doppelter Bahn und halbkreisförmigem Abschluss als »Reit- und Rennbahn« ursprünglich ein antikes Motiv, das in Gärten der italienischen Renaissance in Form einer Arena häufig als Schmuckform eingesetzt wurde. Erstmals nachweisbar ist ein H. in der Neuzeit in den Planungen Raffaels für die Villa Madama (ab 1518). Als Vorbild für die französischen Gärten des Barock muss der H. gelten, den Maria von Medici am Palais du Luxembourg durch Jacques →Boyceau ab 1612 anlegen ließ. Zahlreiche Beispiele, u. a. im Park von Schloss Benrath, →Düsseldorf, belegen die weite Verbreitung dieses Gartenraums. Als antikes Vorbild ist die Gartenanlage der Villa Tusci des →Plinius d. J. zu nennen, deren größter Teil aus dem sog. »Hippodromus« bestand, ein ähnlich der Circusanlagen für Pferderennen langgestreckter Garten mit an einem Ende halbkreisförmigem (→Exedra), am anderen Ende rechteckigem Abschluss.

Hirschfeld, Christian Cay Laurenz (1742–1792), Philosoph und Gartentheoretiker. Als Professor für Philosophie in Kiel beschäftigte er sich in Lehrveranstaltungen und Veröffentlichungen auch mit der Gartenkunst. 1780 war eine Vorlesung sogar allein der Gartenkunst gewidmet. 1784 wurde H. mit dem Aufbau der Königlich-dänischen »Fruchtbaumschule« in Düsternbrook bei Kiel betraut, die er auch leitete. 1788 veröffentlichte er ein *Handbuch zur Fruchtbaumzucht*. Bereits 1779–85 erschien sein Hauptwerk, die *Theorie der Gartenkunst*, in 5 Bänden als erstes umfassendes Regelwerk zur Gartenkunst in deutscher Sprache. H. tritt darin für den Landschaftsgarten ein, ohne jedoch dabei den geometrischen Garten kategorisch abzulehnen. Für den Landschaftsgarten beruft er sich auf englische Gartentheoretiker wie →Addison, →Bacon und →Chambers. Zudem bemüht sich H. in seiner Schrift um eine Aufwertung der Gartenkunst als akademische Disziplin und ihre Aufnahme unter die schönen Künste.

Historistischer Garten, s. u. »Gartenstile Europas« S. 32f.

Höhle →Grotte

Hoge Veluwe, Nationalpark bei Otterlo, Niederlande. Der ausgedehnte, etwa 5500 ha umfassende Park diente den Besitzern Kröller-Müller seit Ende des 19. Jh.s als Jagdgebiet. Ein von Henry van de Velde entworfenes Museum wurde 1938 eröffnet und beherbergt seitdem eine umfangreiche, von Helene Kröller-Müller (1869–1939) angelegte Sammlung mit Werken des 19. und 20. Jh.s (Arbeiten von Vincent van Gogh, Piet Mondrian, Georges Seurat, Pablo Picasso, Georges Braque, Fernand Léger u. a. m.). Der unmittelbar am Van-de-Velde-Museum gelegene Skulpturenpark zeigt auf 21 ha Skulpturen und Plastiken von Auguste Rodin, Henry Moore, Richard Serra, Jean Dubuffet, Claes Oldenburg, Ian Hamilton →Finlay u. a. 1935 wurde H. V. dem niederländischen Staat gestiftet.

Holländischer Garten, s. »Gartenstile Europas« S. 19–21.

Hombroich, Museumsinsel, ursprünglich ein Landschaftsschutzgebiet an der Erft (Kreis Neuss) mit einem verwilderten Park in englischem Stil, einer Villa (1816) und Nebengebäude (1906). Am 6. September 1982 erwarb der Sammler Karl-Heinrich Müller die Insel (später Zuerwerb von Land); er wurde damit zum Initiator und Gründer der Idee »Museumsinsel Hombroich«. Erklärter Leitsatz für die Gestaltung und das Anliegen der Insel ist »Kunst parallel zur Natur«. Das von den Armen der Erft und stehenden Gewässern durchsetzte Areal wurde von dem Landschaftsplaner Bernhard Korte mit sichtbarem Respekt vor der niederrheinischen Auenlandschaft erarbeitet. Auf der Insel liegen zum Teil versteckt Bauplastiken, entworfen von Erwin Heerich, in denen die umfangreichen Sammlungen von Karl-Heinrich Müller präsentiert sind, darunter Kunstwerke aus Europa (Klassische Moderne und zeitgenössische Arbeiten), dem frühen China und Fernost, Persien, Afrika und Ozeanien, Südamerika (Exponate aus Peru). Ältestes Gebäude des Anwesens ist das »Rosa Haus« von 1816, das nur zu besonderen Anlässen geöffnet wird. 1996 wurde die Museumsinsel in eine Stiftung überführt.

Hortikultur (lat. *hortus* ›Garten‹), Begriff für Gartenkultur und Gartenkunst.

Hortulus (lat. Diminutiv von *hortus* ›Gärtchen‹), Titel eines von dem Abt Walahfrid Strabo (gest. 849) verfassten Gedichts, in dem er die Gärten des Klosters auf der Insel Reichenau (→ Kräutergarten) beschreibt sowie die dort angebauten, zu medizinischen Zwecken verwendeten Pflanzen. → Karolingische Gartenkultur.

Hortus (lat., ›Garten‹), Bezeichnung der Römer für den Nutzgarten im Gegensatz zum Lustgarten (→ Viridarium). Zum antiken römischen Garten s. u. »Gartenstile Europas« S. 11–18.

Hortus conclusus (lat., ›geschlossener Garten‹), fester Begriff im Zusammenhang mit dem Bild des von einem Zaun umgebenen und mit einem Tor geschlossenen Blumengartens (»Paradiesgärtlein«, »Madonna im Rosenhag«, → Rose) in Mariendarstellungen. Das bildhafte Motiv eines »verschlossenen Gartens« stammt aus dem Hohelied Salomons (4,12 f.), in dem als Hochzeitsgesang die Schönheit zweier Liebender gepriesen wird. In der christlichen Deutung stand das Hohelied für die Verbindung Christi mit der Kirche und mit Maria als der Mutter und Braut Christi. Der Leib Mariens wird in der Übertragung mit einem »verschlossenen Garten« gleichgesetzt (unbefleckte Empfängnis). Der Begriff war bereits in der religiösen Literatur durch die Gleichsetzung Marias mit dem → Paradies vorgeprägt und fand seit dem 14. Jh. Eingang in die Kunst. Die Darstellung Mariens innerhalb eines ummauerten → Gartens auf einer mit Blumen bewachsenen Wiese, auf oder vor einer → Rasenbank sitzend, war v. a. in der Grafik, insbesondere den volkstümlichen Andachtsblättern, stark verbreitet.

Hortus deliciarum (lat., ›Garten der Wonnen‹), der Titel H. d., eines heilsgeschichtlichen Kompendiums, das von der Äbtissin Herad von Landsberg (um 1125/30–1195) zusammengestellt wurde, belegt die Verknüpfung des christlichen Heilsgedankens und der Paradiesesvorstellung mit dem Garten als Sinnbild (→ Hortus conclusus, → Paradiesgärtlein). Gleichzeitig wird jedoch in der Schrift, die sich neben den theologischen Inhalten auch mit enzyklopädischen Themen wie Garten- und Ackerbau auseinandersetzt, der Garten und seine Freuden mit Verderbtheit und Lasterhaftigkeit in Verbindung gebracht, eine Doppeldeutigkeit, die während des gesamten Mittelalters für den Garten gilt. → Liebesgarten.

Hortus medicus (lat., ›Doktorgarten‹), die → Botanik als Hilfswissenschaft der Medizin ließ im Zusammenhang mit den Universitäten Lehrgärten für den medizinisch-pharmakologischen Unterricht entstehen. So wurde beispielsweise in Altdorf bei Nürnberg, wo die Stadt Nürnberg 1623 eine Universität gründete, für die medizinische Fakultät 1626 ein »Doktorgarten« für Arzneikräuter mit einem → Hibernaculum (1656) zur Pflanzenüberwinterung angelegt. → Botanischer Garten.

Hortus palatinus (lat., ›Pfalz-, Palastgarten‹), Garten der kurpfälzischen Residenz in Heidelberg, geplant 1620 von Salomon → de Caus. Der Begriff wurde auf den deutschen Garten der Renaissance übertragen. Im frühen 16. Jh. entstanden zahlreiche Palastgärten, so z. B. der Garten Rudolfs II. in Prag. Als Inbegriff des fürstlichen Lustgartens galt der Garten von Schloss Ambras in Tirol, den Erzherzog Ferdinand 1564 seiner Gemahlin schenkte.

Hortus sanitatis, unter diesem Titel erschienen mehrere Arzneimittelbücher des Mittelalters und der frühen Neuzeit, so z. B. 1485 in Mainz der von Bernhard von Breidenbach angeregte und von Johannes Wonnecke von Kaub zusammengetragene *Hortus sanitatis oder Gart der Gesundheit*. → Botanik.

Hügel, im Gegensatz zur → Terrasse mit ihren Kanten, rechten Winkeln und stabilen Belägen schaffen natürliche wie künstlich angelegte H. weiche Übergänge bei Höhenunterschieden. Bevorzugt wurden H. in englischen Landschaftsgärten als Gestaltungsmittel eingesetzt.

Hypnerotomachia Poliphili → Colonna

I

Idylle (griech., ›kleines Bild, ausschnitthaftes Stück‹), ursprünglich Bezeichnung für Hirtendichtung (→Bukolika, →Pastorale), später allgemein verwendet für die idealisierende Darstellung glücklichen Lebens in der Zurückgezogenheit aus weltlichem Geschehen. Die I. wird häufig gleichgesetzt mit einem →Locus amoenus und kann als Matrix für die Anlage von Gärten bezeichnet werden. →Paradiesgärtlein.

Irrgarten, Garten im →Garten, dessen Wegeführung durch Kreuzungspunkte bestimmt ist, die in die »Irre« führen und zur Umkehr zwingen, um einen neuen Weg zu suchen, der zu einem unterschiedlich gestalteten Ziel oder zum Ausgang führt. Die »Wände« (→Hecken) rechts und links der Wege sind in der Regel übermannshoch, um das Erkennen der Wegeführung zu verhindern. Vorbildlich und spielerisch gestaltet wurden Irrgärten sowohl im Barockgarten als auch im Landschaftsgarten, so z. B. im →Boskett von →Versailles oder im Garten von →Wörlitz. →Labyrinth. Siehe Abb. S. 163.

Italienischer Garten, s. u. »Gartenstile Europas« S. 21–24.

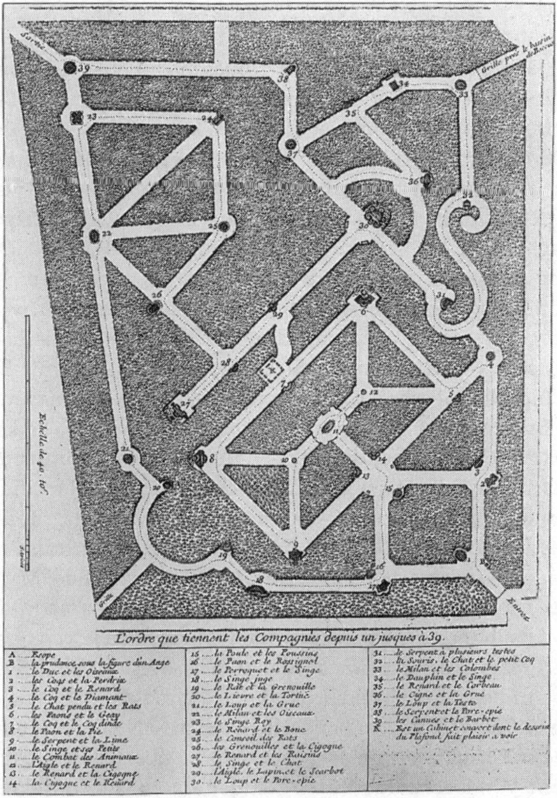

Gabriel Perelle (um 1603–1677): »Plan du Labirinthe de Versailles«. Kupferstich

(Stiftung Schloss und Park Benrath, Museum für Europäische Gartenkunst)

J

Jagd (Waidwerk), das in vorgeschichtlicher Zeit wurzelnde Recht zum freien Tierfang wurde ab dem 6./7. Jh. durch Einforstungen beschränkt, d. h. zunächst unter den Merowingern, dann verstärkt unter den Karolingern war die J. in Bannforsten dem König vorbehalten. Erstmals wird eine solche *silva regalis* im Jahr 590 erwähnt; Amtsträger, sog. *forestarii*, bewachten die königlichen Forsten. Das königliche Vorrecht wurde seit dem 9. Jh. auch auf nichtköniglichen Grundbesitz ausgedehnt. Seit dem 10. Jh. wurde das J.-Recht zunehmend an weltliche und geistliche Fürsten verliehen. In der Stauferzeit wurde die J. als Bestandteil höfischer Kultur mit genaueren Regeln sowie J.-Bräuchen weiterentwickelt. Hiervon geben die J.-Traktate (im Wesentlichen seit dem 12. Jh.) Zeugnis, darunter das berühmte Falkenjagdbuch Friedrichs II. Höfische J.en dienten der Festigung der aus unterschiedlichen Adelsgruppen bestehenden Gesellschaft; die J. galt dem Adel auch als Einübung kriegerischer Fertigkeiten. Die wachsende Macht der Landesfürsten führte dazu, dass diese ab ca. 1500 das J.-Ausübungsrecht beanspruchten und auf den jeweils ganzen Herrschaftsbereich ausdehnten (J.-Regal). Die »Hohe J.« auf besondere Wildarten, das »Hochwild«, war Privileg des Königs, dann der Landesfürsten; die »Niedere J.« blieb meist Berufsjägern, niederem Adel u. a. überlassen. Gestiegene Wildbestände führten seit dem 15. Jh. zu Konflikten, da die Landbevölkerung durch J.-Frondienste und die Beschädigung der Feldfrüchte (Wildverbiss und die J. selbst) zunehmend belastet wurde. Herrschaftliche J.en entwickelten sich seit dem 16. Jh. zu prunkvollen Ereignissen im

Rahmen höfischer Feste; sie konnten auch diplomatischen Belangen zwischen J.-Herr und J.-Gast dienlich sein. In der Epoche des Absolutismus wurde für die unterschiedlichen J.-Arten (Parforce-J., eingestellte J., Beiz-J. u. a. m.) erheblicher Aufwand getrieben. So wurden Wälder durch offene Schneisen für eine effektivere J. strukturiert; auch wurden Hecken angelegt, so dass man das Wild gezielt den Jägern zutreiben konnte. J.-Schlösser wurden eingerichtet, von denen einige später zu Residenzen (so in Versailles) oder größeren Anlagen ausgebaut wurden. Das J.-Schloss Clemenswerth im Emsland, Mittelpunkt eines sternförmig angelegten J.-Gartens, ist ein Beispiel für die bau- und gartenkünstlerische Ausprägung der fürstlichen J. – Das Wort *Forst* geht wie frz. *forêt* und engl. *forest* auf das im 7. Jh. n. Chr. aufkommende lat. *forestis* zurück (vermutlich zu *foris* ›draußen‹).

Jagdgarten, umgrenzter Bezirk als Teil einer Gartenanlage bei einem Jagdschloss oder weiter außerhalb gelegen, der dem Vergnügen eines Herrschers und seinem Gefolge an der →Jagd vorbehalten ist. Als ein frühes Beispiel für die Verbindung von Lust- und Jagdgarten ist die Anlage der Villa Lante in →Bagnaia zu nennen, wo sich an den architektonischen Garten ein →Parco als ein natürlich belassenes, aber von Schneisen durchzogenes Wäldchen für die Jagd anschloss. Der Demonstration von Ordnung und Disziplin galt die Einhaltung von Jagdritualen und -gesetzen. Im 17. und 18. Jh. war der J. Ort für das »Fest« der Jagd, an dem aktiv teilnehmen zu dürfen eine hohe Auszeichnung bedeutete. Die Jagdparks in →Benrath und →Schwetzingen stehen am Ende einer Reihe von Jagd- und Waldgärten (bedeutende frühere Beispiele sind Göllersdorf bei

Wien, 1715–19, Karlsruhe, ab 1715, Werneck, 1733, Clemenswerth, 1742 sowie →Seehof bei Bamberg), die in Deutschland in der ersten Hälfte des 18. Jh.s zahlreich vertreten sind. In Seehof schloss sich an den Schlossgarten ein Jagdrevier an, das fest installierte Futterstellen, Salzlecken und Jagdschirme zum Anlocken und Beobachten des Wildes aufwies. In Schwetzingen beispielsweise wurde der J. nach dem Typus der radialen Jagdanlagen in der Art des von Germain Boffrand 1704 entworfenen Jagdschlosses Bouchefort konzipiert (vgl. →Etoile). Der J. in Benrath (→Düsseldorf) wurde als eine Verbindung von →Boskett (petit parc) und →Jagdstern (grand parc) als Quadrat angelegt, das von einem Wegesystem aus einem diagonalen und einem orthogonalen Kreuz durchzogen wird. Das strahlenförmige Schneisen- oder Alleensystem, das die meisten Jagdgärten auszeichnet, eignete sich v. a. zur Parforcejagd, die im Gegensatz zum eingestellten Jagen, bei dem das Wild zum Abschuss herangetrieben wurde, als Hetzjagd zu Pferde mit einer Hundemeute auf ein einzelnes Wild betrieben wurde.

Jagdpark, Jagdrevier, das von einem Schneisensystem durchzogen ist, jedoch keine darüber hinausgehende Gestaltung (z. B. →Boskett) erfährt. →Jagdgarten.

Jagdstern, von einem zentralen Platz ausgehendes Schneisensystem im →Jagdpark. →Jagdgarten.

Jahreszeiten, werden vielfach allegorisch dargestellt in →Skulpturenprogrammen des Gartens (z. B. durch Putti mit Attributen von Blumen, Getreide, Früchten, wärmendem Feuer etc.) oder szenisch-genreartig durch die jahreszeitlichen Arbeiten (Aussaat, Getreideernte, Weinlese, →Jagd). Seit der Antike können auch Personifikationen von Göttern die J. verkörpern, z. B. →Flora als Göttin der Blumen den blühenden Frühling, →Ceres als Göttin des Getreides den Erntesommer, Bacchus als Gott des Weines den Herbst, Diana als Jagdgöttin den Winter. Innerhalb der Gartenskulptur von →Veitshöchheim beispielsweise werden Götterpersonifikationen mit Monatsarbeiten kombiniert. Die J. werden mit unterschiedlichen botanischen Mitteln und einem speziellen Gartenschmuck in eigens für bestimmte J. charakteristisch angelegten Gärten betont sowie mit saisonal wechselnden →Pflanzprogrammen unterstrichen. Sie gehören wie die →Elemente zu den kosmologischen und enzyklopädischen Themen innerhalb der Gartenkunst.

Japonismus →Chinoiserie

Jardin chinois-anglais (frz., ›chinesisch-englischer Garten‹), auch jardin anglais-sinois. Ausgehend von England und den Schriften William →Chambers' verbreitete sich der J. ch.-a. seit 1750 in Frankreich und Deutschland. Der Begriff bezieht sich auf die vermeintliche Vorbildhaftigkeit des chinesischen Gartens bzw. der Gartendarstellungen in der chinesischen Bildkunst des 17. und 18. Jh.s auf den englischen Landschaftsgarten (→Chinoiserie). Entscheidende Anregungen brachte der Missionar Matteo Ripa aus China mit. Seine selbstgefertigten Kupferstiche der kaiserlichen chinesischen Residenz Jehol zeigte er nach seiner Rückkehr aus China in London 1724 dem englischen König. Unmittelbar danach erfuhren Lord Burlington und William →Kent davon, die beide gerade mit der Anlage für Chiswick in einem neuen Stil befasst waren. Anders als in England wurden die J.s ch.-a. in Frankreich und Deutschland nicht eigenständig geplant, sondern waren zunächst nur Anhängsel der üblichen geometrischen Gartengestaltung. Erst in der zweiten Hälfte des 18. Jh.s entstanden in Frankreich Landschaftsgärten nach englischem Vorbild, wie der Park Monceau bei Paris oder der Park des Marquis de Girardin in Ermenonville, den dieser nach den Vorgaben Jean-Jacques →Rousseaus formte. →Landschaftsgarten.

Jardin potager →Potager

Jardinière (frz., ›Blumenständer‹), auch »jardin portatif« (tragbarer Garten), Tisch oder Ständer aus Metall oder Holz für Pflanzen und Blumen. J. bezeichnet darüber hinaus auch eine längliche Blumenschale aus Glas oder Porzellan, die seit dem 18. Jh. zum Tafelservice gehörte. Die J. diente als Tafelaufsatz und -schmuck. Da im Gegensatz zu heute natürliche Blumen als Tischschmuck wegen ihres intensiven, die Speisen übertönenden Dufts bei Tisch lange Zeit eher verpönt waren, kam die J. erst seit dem 19. Jh. in Mode. Vorher bevorzugte man bei Tisch künstlichen Blumenschmuck aus Porzellan, Glas, Metall oder Zuckerwerk.

Jarman, Derek (1942–1994) →Dungeness

Jekyll, Gertrude (1843–1932), als Malerin an Henry Coles Kensington School ausgebildet, betätigte sich J. unter dem Einfluss von William →Morris, John Ruskin und der Arts & Crafts-Bewegung auch als Kunsthandwerkerin. Seit 1878 widmete sie sich aus Interesse für die Gartenkunst ausschließlich ihren gartenkünstlerischen Aktivitäten. Sie legte in Munstead Wood in Surrey einen eigenen Garten an, den sie fotografisch dokumentierte. J. verfasste 14 Bücher und über 2000 Artikel zum Thema Garten, u. a. für die Zeitschrift *The Garden* von William →Robinson.

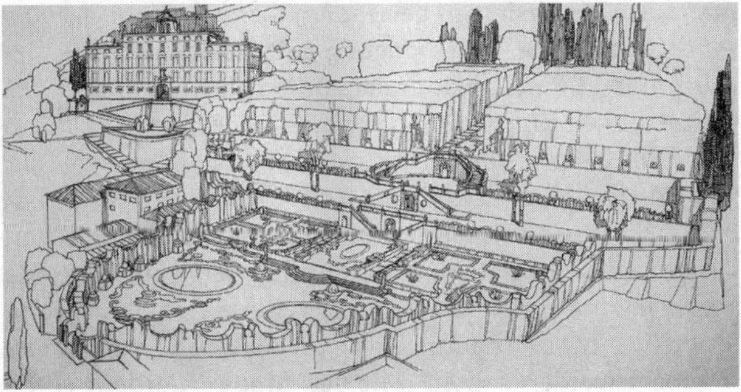

J. C. Shepherd: Villa Garzoni, Collodi (1652)
Federzeichnung, 1925

Ihre Entwürfe (kolorierte Zeichnungen) für über 350 Gärten spiegeln ihre Ausbildung zur Malerin und ihre gründlichen botanischen Kenntnisse wider. 1889 lernte sie den jungen Architekten Edwin → Lutyens kennen, mit dem sie in der Folgezeit eng zusammenarbeitete. Ihre Schirmherrschaft trug zum Erfolg einer der ersten Gartenschulen für Frauen bei: der Glynde School for Lady Gardeners, gegründet 1904 von Lady Frances → Wolseley. Ihre gartenkünstlerische Ästhetik beeinflusste in hohem Maße die Gestaltung von Gärten, die nach farbkompositorischen Prinzipien konzipiert waren (→ Olbrich).

Jellicoe, Geoffrey Alan (1900–1995), englischer Architekt und Gartenarchitekt. Nach seinem Examen 1923 ermöglichte ihm ein Reisestipendium das genaue Studium der italienischen Renaissancegärten, die er zusammen mit J. C. Shepherd in maßstabsgetreuen Zeichnungen dokumentierte (publiziert in den *Italian Gardens of the Renaissance*, 1925). Die Beschäftigung mit der Geschichte der Gartenkunst durchzieht das gesamte Leben und Werk des weitgereisten Künstlers. Zusammen mit seiner Frau Susan veröffentlichte er *The Landscape of Man*, London 1975 (dt.: *Die Geschichte der Landschaft*, Frankfurt a. M. / New York 1988), ein Buch, in dem er sich mit den mythologischen Ursprüngen der Gartenkunst auseinandersetzte. Als eine seiner letzten Aufgaben plante er seit 1984 die Anlage der Moody Gardens, die am Golf von Mexico (Texas, USA) realisiert werden sollten. Mit den Moody Gardens sollte die Geschichte der gesamten europäischen und asiatischen Gartenkunst veranschaulicht werden. Weitere Schriften: *The Guelph Lectures on landscape Design*, Ontario 1983, *The Landscape of Civilisation created for the Moody Historical Gardens designed and described by Geoffrey Jellicoe*, Suffolk 1990.

Jet d'eau (frz., ›Wasserstrahl‹), einzelner, senkrecht aus einem Bassin hochschießender Wasserstrahl. →Fontäne.

Jeu d'oie (frz., ›Gänsespiel‹) →Spiele

Jones, Inigo (1573–1652), englischer Landschafts-, Bühnen- und Kostümmaler, Architekt. Nach einer Italienreise um 1600 war J. als Maler in London tätig. Seit der zweiten Italienreise 1613/14, insbesondere nach Venedig, Vicenza und Rom, beschäftigte er sich mit Entwürfen für Architektur. Er wandte sich vom Tudorstil ab und folgte motivisch dem Vorbild →Palladios, an dessen Rezeption in England er maßgeblich beteiligt war. Zahlreiche große Bauprojekte in London (Banqueting House in Whitehall 1619, Queens Chapel 1623, Covent Garden 1630er Jahre) begründeten seinen weitreichenden Einfluss auf die englische Architektur des 17. Jh.s. Ungesichert bleibt dagegen seine Beteiligung an vielen Landschlössern und ihren Parkbauten, die mit ihm in Zusammenhang gebracht wurden. Sicher war er beim Entwurf von Wilton House bei Salisbury (um 1633–40) maßgeblich beteiligt, wie nicht zuletzt das von J. häufig verwendete Palladio-Motiv am Eingang der Gartenfront zeigt.

Jugendstil-Garten, s. u. »Gartenstile Europas« S. 33 f.

K

Kaffeehaus, wie das →Teehaus für Festlichkeiten und Gesellschaften genutztes →Gartenhaus. Der deutsche Begriff wurde bisweilen im Italienischen übernommen, so z. B. für das sog. »Kaffeehaus« im Boboligarten in Florenz oder das »Caffeaus« in den Quirinal-Gärten in Rom.

Kanal, künstlich angelegte Wasserstraße. In Gartenanlagen betont ein K. v. a. die vom Schloss ausgehende →Achse. Die lange Spiegelfläche reflektiert das Licht und die Architektur. Das bekannteste Beispiel und Vorbild für viele nachfolgende Gärten ist der Große Kanal im →Versailler Schlosspark. →Kanalgarten, →Wasser als Gestaltungsmittel.

Kanalgarten, von Kanälen umgebene und durchkreuzte Gärten der französischen Hochrenaissance (→Fontainebleau). Kanäle werden auch für die holländischen Gärten bestimmend; s. u. »Gartenstile Europas« S. 19–21.

Karolingische Gartenkultur, s. u. »Gartenstile Europas« S. 16–19. Nördlich der Alpen gab es etwa 200 Jahre nach Abzug der Römer in der Folge der Missionsfeldzüge seit Beginn des 7. Jh.s Klostergründungen mit Namen wie ›Waldkirch‹ und ›Klosterwald‹, die inmitten der Übergangszonen zwischen gerodeten und bewaldeten Flächen Gartengestaltungen ermöglichten. Die auf den Nutzgarten hin orientierte Feld- und Gartenarbeit als Teil mönchischer Arbeit führte im Laufe der Zeit zu einer Ausdifferenzierung der Gärten zu Gemüse-, Gewürz-, Kräuter-, Obst-, Hopfen- und Weingärten. Zeugnisse für die k. G. liegen vor in der Schrift →*Capitulare de villis* (etwa 800 n. Chr.) Karls des Großen, dem Klosterplan von →Sankt

Gallen (um 825 n. Chr.) und dem →*Hortulus* des Reichenauer Abtes Walahfrid Strabo (etwa 830 n. Chr.). Über das große Interesse an Land- und Gartenbau hinaus ist durch Schriften des kaiserlichen Biographen Engelbert belegt, dass Karl der Große bei seiner Kaiserpfalz in Aachen einen Ziergarten pflegen ließ, dessen Pracht – Engelbert spricht von einem »Paradies« – unter anderem Pflanzengeschenken des Kalifen Harun zu verdanken war. Ob und in welchem Ausmaß man in profanen Hauswesen dem *Capitulare* und dem Vorbild des kaiserlichen Ziergartens folgen konnte, ist mangels entsprechender Fundstellen kaum belegbar. Bis heute kann angenommen werden, dass gartenkünstlerische Anlagen des Mittelalters in Klöstern ihren Ursprung haben. Offenbar dem *Capitulare* folgend, beschreibt Walahfrid Strabo in seinem *Liber de cultura hortorum* (→*Hortulus*) mehr als die dort aufgeführten Pflanzen. Einige davon sind ausgesprochen wärmeliebend, doch ist ihr Gedeihen auf der klimatisch günstig gelegenen Insel Reichenau im Bodensee durchaus möglich. Walahfrid Strabo, um 809 Abt im Kloster Reichenau, dessen Lehrgedicht er dem Abt Grimaldus von St. Gallen als freundschaftliches Geschenk übermittelte, war ebenso der Lehre verpflichtet wie seine Mönchsbrüder. »Per pedes apostolorum« unterrichtete man die Landbevölkerung in Gemüsebau- und Obstzucht, sammelte neue Pflanzen und sorgte für deren Verbreitung, von der auch die Herrensitze bzw. Burgen profitierten (→Burggarten). Als die wichtigste Bildquelle der k.n G. ist der berühmte Klosterplan von →Sankt Gallen anzusehen, der die verschiedenen klösterlichen Nutzgärten (→Baumgarten, →Kräutergarten, →Wurzgarten) vorführt.

Kaskade (von ital. *cascata* ›Fall, Sturz‹), in der Gartenkunst gebräuchlicher Begriff für eine Wassertreppe, bei der das Wasser über natürliche oder künstlich geformte Stufen herabfällt. Je nach Verschiedenartigkeit der Stufenlänge und -höhe ergeben sich bestimmte rieselnde bis rauschende Klangfolgen. Die K. war in italienischen Gärten des 16. Jh.s beliebt (→ Catena d'acqua) und wurde von dort in die architektonische Gartenkunst Frankreichs übernommen. Späte Beispiele für eine monumentale K.n-Anlage sind die K.n im Schlosspark von → Caserta in Süditalien und im Park von Schloss Wilhelmshöhe in → Kassel. Wie im italienischen Garten des 16. Jh.s bilden die K.n dort wieder den Abschluss einer weitausgedehnten Gartenanlage.

Kassel, Schlosspark Wilhelmshöhe, auf seiner Italienreise 1699–1700 hatten Landgraf Carl von Hessen-Kassel unter den italienischen Gärten insbesondere diejenigen der Villa Aldobrandini in → Frascati beeindruckt. Er verpflichtete den römischen Architekten Giovanni Francesco Guerniero, der 1701 einen Entwurf für eine große Terrassenanlage anfertigte, die am Fuße des Jagd- und Sommerschlosses Weißenstein in steiler Hanglage, dem sog. »Karlsberg«, am Rande des Habichtswaldes vor den Toren Kassels errichtet werden sollte. Die sich über mehrere Terrassen ergießende, von Wasserbecken unterbrochene und von Treppen begleitete Wasserkaskade nahm ihren Ausgang an einem Oktogon, einer über einer künstlichen → Grotte errichteten, offenen Pfeilerhalle, die von einer kolossalen Herkulesstatue als Symbol der Herrschertugenden bekrönt wird. Die Pläne Guernieros, der 1715 Kassel verließ, konnten aus Kostengründen nicht in vollem

Umfang verwirklicht werden. Ein Schlossneubau, den Carl plante, wurde erst gegen Ende des 18. Jh.s (seit 1791 nach Plänen Heinrich Christoph Jussows) umgesetzt. Zunächst sollte es als gotische Ruine errichtet werden, ein romantischer Gedanke, der schließlich jedoch nur in der »Löwenburg« (1793–98) als Gartenschlösschen im Park realisiert wurde (s. Abb. S. 254). Bereits unter Landgraf Friedrich II., insbesondere aber unter seinem Nachfolger Wilhelm I. nach 1785 wurde der Park im Sinne des englischen →Landschaftsgartens umgestaltet. Das vorher terrassierte, steile Gelände wurde in einen →Bergpark mit teils jähen Felshängen und Böschungen umgewandelt. In Schlossnähe entfernte man die geometrischen Gartenanlagen und formte eine hügelige, malerische Landschaft mit →Clumps, →Teichen und einer natürlich gewundenen Wegeführung. Bezeichnenderweise ließ man aber die Wasserkaskaden des frühen 18. Jh.s, die sich gut in das wildromantische Bild des neuen Bergparks fügten, weitgehend unangetastet.

Kent, William (1685–1748), englischer Maler und Architekt. K. lernte 1714 während seiner Italienreise den Architekten Richard Boyle, Third Earl of Burlington, kennen, der ihn in seinen architektonischen und gartenkünstlerischen Talenten förderte. 1719 folgte er einer Einladung Burlingtons nach England. Nachdem seine Bemühungen als Maler scheiterten, versuchte sich Kent in der Innen- und Gartenarchitektur und schließlich auch in der Baukunst, deren weitere Entwicklung in England er maßgeblich beeinflusste. 1727 veröffentlichte er die Zeichnungen Inigo →Jones. Mit Beginn der 30er Jahre galt K. als erster Gartenarchitekt des Landes. Bedeutung erlangte er u. a.

mit seinen Gärten in →Stowe, →Chiswick und →Rousham. Die Entwürfe und Zeichnungen zu Gärten führte er seiner Ausbildung gemäß in malerischer Art aus. Wie Lancelot Capability →Brown, der K.s Gestaltungsweisen weiterführte, hinterließ er keine theoretischen Ausführungen zur Gartenkunst.

Kepos (griech., ›Garten‹), →Philosophengarten; s. u. »Gartenstile Europas« S. 9–11.

Kienast, Dieter (1945–1998), Professor für Landschaftsarchitektur in Zürich. Ausgangspunkt für die gestalterische Arbeit von K. war stets die Erkundung des Ortes und dessen ihm innewohnenden Möglichkeiten. Die historischen Sedimentierungen freizulegen, ist nach K. die Voraussetzung, um die Grundkonzeption für einen Garten zu finden. K. greift darauf zurück, dass die Schrift der Sprache vorausgeht, insofern, als die Wirklichkeit umfassendes Bild für die in Schrift eingelagerte und zum Zeichen verkürzte Wirklichkeit ist. Vor diesem Hintergrund bezieht sich K. auch auf die Inschrift als traditionelles Gartenmotiv und entwickelt sie weiter. Monumentale Schriftzüge aus Beton zitieren als ›Wort-Ding‹ z. B. aus dem Garten von →Bomarzo: *Ogni pensiero voi* … In Bomarzo wandelte Orsini Dante ab zu »Lasst, die ihr eintretet, jeden *Gedanken* fahren!«. Gärten und Parks haben insofern eine kritische, politische, hedonistische und utopische Funktion. Im Sinne des tradierten *Et in arcadia ego* (lat., ›Und in Arkadien bin ich‹, d. h., »Selbst ich, der Tod, bin in Arkadien«) dienen Widersprüche der Akzeptanz und Sinnaufschließung von wirklichkeitsbestimmender Dualität. Hierzu gehören auch der Einsatz von Materialien wie z. B. Cortenstahl, der mit seiner rostbraunen Oberfläche sowohl Vergänglichkeit anmahnt als auch den Gegensatz von Organischem und Unorganischem so verbindet, dass das Miteinander als möglich sichtbar gemacht ist. Große Beachtung fand K.s Garten für das Gartenfestival in → Chaumont-sur-Loire 1996.

Kiosk (von pers. *kušk*), aus dem persischen Garten (z. B. Serail in Istanbul) stammender offener → Pavillon, der als freistehendes → Gartenhaus in die europäische Gartenkunst aufgenommen wurde. Variierend konnte der K. über rechteckigem oder polygonalem Grundriss als ein- oder zweigeschossiger Bau errichtet werden, der sich rundum in Säulen- oder Bogenstellungen öffnet. Der 1762 bei einem Feuerwerk abgebrannte, als orientalisches Lusthaus im Garten des polnischen Königs Stanislas im lothringischen → Lunéville gebauter K. ist in einem Stichwerk des Architekten Emmanuel Héré von 1752 überliefert. Der Begriff hat sich im heutigen Sprachgebrauch auf einen Verkaufsstand für Zeitungen und Getränke übertragen.

Klassisch-moderner Garten, s. u. »Gartenstile Europas« S. 33 f.

Klostergarten, seit dem 8./9. Jh. wurde der Gartenbau insbesondere vom Orden der Benediktiner betrieben, da sich nach deren Ordensregel die geistige mit der körperlichen Betätigung verbinden sollte. Nutzgärten (Obst-, → Gemüse- und → Kräutergarten) wurden angelegt, um die Autarkie des Klosters als Selbstversorger zu gewährleisten, aber auch um die Kontemplation und Meditation im Garten zu ermöglichen. Den → Baumgarten als Begräbnisort überliefert der Klosterplan von → Sankt Gallen aus karolingischer Zeit sowie der Plan des Abtes Wibert (Christ Church, Canterbury) aus dem 12. Jh. Als ein Sonderfall sind die Gärtlein des die Isolation in der Gemeinschaft praktizierenden Ordens der Karthäuser zu nennen, zu deren Häuschen auch ein Garten gehörte, den sie selbst bestellen mussten. Beispiele sind die Certosa in Florenz und in Parma. Im 17. und 18. Jh. entstanden in den reichen Klosteranlagen analog zu der Bauleidenschaft weltlicher Fürsten ebenfalls bedeutende Gartenanlagen und Gartenplanungen, wie z. B. in Kloster Camp am Niederrhein, Ebrach in Franken oder in den Plänen des Johann Lukas →Hildebrandt für das Stift Göttweig bei Krems (Niederösterreich).

Klostergarten auf der Reichenau →Botanik, →Hortulus, →Karolingische Gartenkultur

Knot (engl., ›Knoten‹), erscheint als Gartenmotiv erstmals im 15. Jh. Die Knoten bestehen aus einander überschneidenden Bändern unterschiedlicher Pflanzen. Bevorzugt wurden niederes Buschwerk oder Kräuter wie Rosmarin, Majoran und Lavendel, die sich problemlos schneiden lassen. Berühmt sind die Elisabethanischen K.en-Gärten, die im 16. Jh. entstanden, nachdem für Blumen gesonderte Gärten angelegt wurden. Zu Beginn des 17. Jh.s wurden die K.en-Beete (engl. *knotted beds*) allmählich verdrängt durch →Broderie aus →Buchs. Man unterscheidet zwischen offenem oder geschlossenem K.en. Die Zwischenräume sind ausgefüllt mit farbigen Kieseln, bunten Erden, gemahlenem Gestein und gestoßenem Glas, das mit seinem Glitzern besondere Effekte erzeugt.

Kompartimente (frz. *compartiment* ›Abteilung, Feld‹), durch →Achsen klar voneinander geschiedene Abteilungen innerhalb einer Gesamtanlage.

Kräutergarten, die römische Gartenkultur wurde im Norden zunächst v. a. in den mittelalterlichen →Klostergärten mit der Zucht von Heilkräutern, Küchenkräutern und Gemüsen (→Potager) übernommen. Der erste K. – *herbularius* genannt – ist auf dem Klosterplan von →Sankt Gallen aus karolingischer Zeit (um 825) überliefert. Er lag dort bezeichnenderweise in der Nähe des Arzthauses und enthielt außer Heilkräutern auch Blumen wie Rosen und Lilien, die ebenfalls zu Arzneien verarbeitet wurden. Kräutergärten waren – wie alle Nutzgärten – immer Bestandteil einer Gartenanlage bis ins 18. Jh. Es ist deshalb fraglich, ob sich, wie öfter angenommen wird, aus dem K. der →Blumengarten bzw. das →Parterre entwickelt hat. Siehe auch Giardino dei →Semplici.

Kreuzgang, Hof mit überdachten Wandelgängen in einem Kloster für Gebet und Kontemplation. Architekturgeschichtlich hat sich der K. aus dem →Peristyl entwickelt. Der Hof eines K.s war bepflanzt und wurde als →Garten angesehen, wie z. B. die Bezeichnung »Lusamgärtlein« für den Kreuzgang des Neumünsters in Würzburg zeigt. Der Begriff K. ging als Bezeichnung für einen Gartenraum im →Boskett in die Gartenkunst über. →Cloître.

Kübelpflanzen, nicht frostfeste Pflanzen tropischer oder subtropischer Herkunft, die im Winter witterungsgeschützt untergebracht werden müssen (→Orangerie, →Gewächshaus). Die bekanntesten sind →Ananas, →Zitrusbäumchen, Granatapfel, Jasmin, Myrte, Lorbeer und Oleander, die wegen ihres Dufts begehrt waren. Die K. wurden im Sommer in Kübeln im Garten platziert oder mit den Kübeln eingegraben. →Pflanzgefäße.

Küchengarten →Potager

Künstlergarten, privater Rückzugsort von Künstlern als Inspirationsquelle, Herausforderung zum kreativen

Umgang mit einem Thema, das ständigem Wandel unterliegt, oder auch genutzt als privater Ausstellungsort für Skulpturen und Objekte unter freiem Himmel (→ Skulpturengarten). Die wechselseitig wirksame Beeinflussung von gartenkünstlerischem Tun und künstlerischer Arbeit ist in Werken zahlreicher Künstler besonders augenfällig (→ Garavicchio, → Giverny, → Stonypath). In der fernöstlichen Tradition Chinas und Japans waren Gartengestaltung und bildkünstlerisches Tun seit jeher untrennbar miteinander verbunden. Der zeitgenössische Künstler Isamu Noguchi (1904–1988) setzte sich in seinen Skulpturengärten mit dieser Tradition auseinander und entwickelt sie in minimalistischer Bildsprache weiter.

Kulisse (von frz. *coulisse* ›Falz, Schnurrinne‹), aus der Bühnenkunst und Theaterdekoration stammender Begriff, der ursprünglich die über Bodenleisten verschiebbaren Bühnenwände bezeichnete, die seit dem frühen 17. Jh. in Gebrauch waren. Die K.n bestanden wie die Hecken eines → Gartentheaters aus hintereinander gestaffelten Scherwänden – leicht versetzbare Scheidewände aus Holz und ähnlichen Materialien –, die streng perspektivisch auf einen Fluchtpunkt in der Mitte gerichtet waren. Oft waren die Bühnenbilder illusionistisch als Gartenlandschaften gestaltet. → Gartentheater, → Scheinarchitektur.

Kythera, Insel vor der südöstlichen Spitze der Peloponnes. Der Sage nach ging Aphrodite nach ihrer Schaumgeburt aus dem Meer auf K. an Land. Auf der Insel entwickelte sich ein ausgeprägter Kult der Aphrodite. Seit Homers *Odyssee* wird die Göttin deshalb auch »Kythereia« genannt. K. wurde mit der Liebesinsel in der *Hypnerotomachia Poliphili* des Francesco → Colonna in Zusammenhang gebracht. Diese wird als eine kreisrunde, kunstvoll gestaltete, mit einem →Peristyl umgebene Insel der Venus dargestellt, ein paradiesischer Ort, der auf das Goldene Zeitalter und auf den Garten mit den goldenen Äpfeln der →Hesperiden – und damit auf die →Orangerie eines Gartens – verweist. Das Motiv ist in die Gartengestaltung eingeflossen, so z. B. in die runde, mit einem →Peristyl umgebene sog. *Colonnade* im Garten von →Versailles, oder im zentralen Gartenrondell im Hofgarten von →Veitshöchheim. Mit Watteaus Gemälde *Einschiffung nach Kythera* ist die sog. →Fête galante als eine eigenständige akademische Bildgattung entstanden, die u. a. mit dem Thema des →Gartenfestes eng verknüpft ist.

L

Labyrinth, ursprünglich in aller Welt und schon in prähistorischer Zeit vorkommendes Initiationsmotiv. In Gärten wurde es ebenerdig angelegt, mit zum Teil übermannshohen Hecken in die Höhe gepflanzt oder aus unterschiedlichsten Materialien (Stein, Sand, Mauern) gebaut. Das L. ist ein seit dem 17. Jh. häufig auftretendes Motiv in Gärten. Ein frühes Beispiel ist belegt für Heidelberg, →Hortus Palatinus. Das L. in →Hannover, Herrenhausen, geht auf einen Plan von 1674 zurück und wurde 1936/37 realisiert. Das von Henry →Wise trapezförmig angelegte L. in London, Hampton Court Palace, stammt aus dem Jahr 1690. In den Gärten des 18. Jh.s wurden spielerisch oft auch mehrere L.e im →Boskett angelegt. Die Begriffe L. und →Irrgarten werden oft synonym verwandt, obwohl man sich nach tradierter Regel in einem L. aufgrund der zwar vielfach gewundenen, jedoch kreuzungsfreien Wegführung im Gegensatz zum →Irrgarten nicht verlaufen kann.

Laeuger, Max (1864–1952), nach seiner Ausbildung an der Kunstgewerbeschule in Karlsruhe arbeitete L. als Professor für »Innenarchitektur und Gartenkunst« an der Technischen Hochschule in Karlsruhe. Er übte damit eine ähnlich umfassende Tätigkeit als Graphiker, Designer und Architekt aus wie Peter →Behrens. Wie dieser kann L. als Wegbereiter des modernen Gartens gelten, dessen klare, geometrische Ausformung im Gegensatz steht zu den Landschaftsgärten der sog. »Lenné-Meyer'schen Schule«. L.s Gärten und die darin integrierten Gebäude zeichnen sich durch eine an antiken Vorbildern orientierte Monumentalität aus. Als Beispiel sind die Gärten für die Jubiläumsausstellung in Mannheim 1907 anzuführen sowie der Entwurf für den Hamburger Stadtpark aus dem Jahre 1908.

Land Art, gegen Ende der 60er Jahre in den USA entwickelte Kunstrichtung, bei der in zumeist zivilisationsfernen Landschaften die Begegnung mit Natur gesucht wird. Im dialogischen Prozess wird Landschaft neu strukturiert, wie umgekehrt die Neustrukturierung mit und durch vorgefundene elementare Gestaltungsmittel zur L. A. wird. Die oft großräumigen Projekte sind nur indirekt vermarktbar und zudem programmatisch auf Vergänglichkeit hin konzipiert, da die (Wieder-)Überformung durch Natur zum künstlerischen Konzept gehört. Der gestalterische Prozess zielt letztlich auf eine zeitlich begrenzte ästhetische Begegnung mit dem mathematisch Erhabenen der Ausdehnung und dem dynamisch Erhabenen der Kraft der Natur (Kant).

Landschaftsarchitekt → Gartenarchitekt

Landschaftsgärtner, im Gegensatz zum → Garten- bzw. Landschaftsarchitekten geht der Beruf des L.s aus einer handwerklichen Lehre hervor. → Gärtner.

Landschaftsgarten, mit der Umgestaltung der Gartenanlage von → Blenheim in Oxfordshire entstand ab 1764 ein seitdem als klassisch geltender englischer L. als Gegensatz zum Garten der Renaissance und des Barock. Sein Schöpfer, der Landschaftsarchitekt Lancelot »Capability« → Brown, gilt bis heute als Mentor der englischen Gartenkunst. Auch der u. a. von ihm und William → Kent gestaltete Garten von → Stowe mit seinem architektonischen Beiwerk prägte die Ausformung dieses Gartentyps. Brown trat die Nachfolge von Kent an, der mit Beginn der 30er

Jahre als erster Gartenarchitekt des Landes galt. Als »Anti-Brownist« trat Sir William →Chambers in Erscheinung, der Elemente aus der chinesischen Gartenkunst in englische Anlagen einführte. Der anglo-chinesische Garten (→Jardin chinois-anglais) beeinflusste auf dem Kontinent zahlreiche Gartenanlagen, bevor er sich als reiner »englischer« Garten in ganz Europa durchsetzen konnte. Eine vermittelnde Position zwischen »Brownisten« und ihren Gegnern nahm der ab 1788 als Gartenkünstler tätige Humphry →Repton ein. Er verband geometrisch gestaltete Gartenelemente, z. B. Blumenbeete in unmittelbarer Nähe des Hauses, mit den Gestaltungselementen für die Weiträumigkeit des Landschaftsgartens; s. u. »Gartenstile Europas« S. 29–32.

Landschaftsgestaltung, die L. bzw. Landschaftsplanung befasst sich in Abgrenzung zur Gartengestaltung mit der Umformung der Landschaft unter ökologischen und landwirtschaftlichen Aspekten. Die Umwandlung der »wildwüchsigen« Ur-Landschaft in eine Agrar- bzw. Kulturlandschaft, die mit der Sesshaftwerdung des Menschen einhergeht, ist zunächst nicht frei von zerstörenden Faktoren (Landwirtschaft, Industrialisierung). Beispielsweise führten die Rodungen, die in römischer Zeit in Nordafrika durchgeführt wurden, zur Verkarstung und Ver-Wüstung des Gebietes. Im Mittelalter ist die Dreifelderwirtschaft und die damit verbundene Nutzbarmachung des Urwaldes, der weite Teile Europas überzog, als eine frühe Form der Kulturlandschaft zu nennen. Seit dem 18. Jh. steht die Landschaft Englands und des Kontinents unter dem Einfluss des englischen →Landschaftsgartens. Der scheinbar »natürliche« Zustand, der im Landschaftsgarten angestrebt

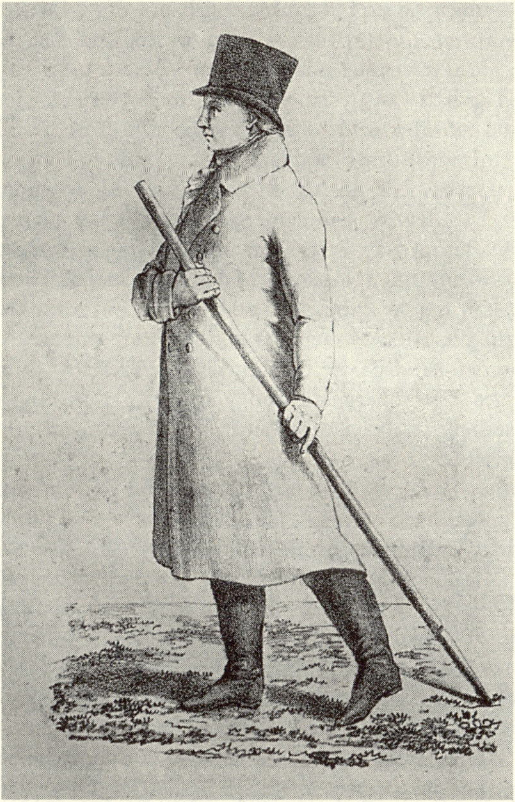

Der Landschaftsgärtner F. L. von Sckell beim maßnehmenden Abgehen eines Parkweges

Aus: F. L. von Sckell, *Beiträge zur bildenden Gartenkunst für angehende Gartenkünstler und Gartenliebhaber*, München 1825

wurde, übertrug und vermischte sich mit der Gestaltung der gesamten Kulturlandschaft v. a. in England. Die Formung größerer Landstriche nach dem Vorbild des englischen Landschaftsgartens wurde erstmals von Peter Josef →Lenné gefordert und bildete eine wichtige Grundlage für die L. im 20. Jh. insbesondere in den Städten. Einer der Vorreiter für die L. im frühen 20. Jh. ist Paul →Schultze-Naumburg. Bereits seit dem 19. Jh. versuchte man die Schäden der intensiv betriebenen Agrarwirtschaft und der Industrialisierung, insbesondere des Bergbaus, durch eine Neugestaltung der Landschaft zu beheben. Ein frühes Beispiel für die Anlage eines Parks unter Einbeziehung der heimischen Landschaft und Flora ist der von Fritz →Encke angelegte Klettenbergpark (1906/07) in Köln. In jüngerer Zeit stehen solche Umgestaltungen zunehmend unter ökologischen Vorzeichen.

Lange, Willy (1864–1941), Gärtner und Gartentheoretiker. L. war nach einer Gärtnerlehre als Lehrer an der Königlichen Gartenlehranstalt in Berlin-Dahlem sowie als freischaffender Gartenarchitekt für private Auftraggeber tätig. Er verfasste zahlreiche Bücher zur Gartengestaltung, darunter *Gartengestaltung der Neuzeit* (Leipzig 1907) und *Land- und Gartensiedlungen* (Leipzig 1910). Naturwissenschaftliche und soziologische Beweggründe für die Volksgesundheit bei der Gestaltung von öffentlichen und privaten Gärten stellt L. über ästhetische und künstlerische Fragen. Die im frühen 20. Jh. formulierten Rassen- und Hygienetheorien beeinflussten auch L.s Überlegungen zur Gartengestaltung, so dass er im Nationalsozialismus – vermittelt durch seinen Schüler Hans Hasler – zu einem Protagonisten deutscher Gartenkultur stilisiert werden konnte, obwohl L. selber aktiv seit 1927 weder als Gärtner noch als Publizist in Erscheinung trat. L. propagiert einen »Naturgarten« ohne die auf malerische Perspektiven ausgerichtete Weitläufigkeit eines Landschaftsgartens, der sich insbesondere auf nahsichtiges und kleinteiliges Zusammenspiel der Pflanzen und Farben beschränkt. Obwohl seine Entwürfe durchaus auch geometrische Elemente v. a. in der Wegeführung enthalten, setzt L. auf einen weitgehend »natürlichen« Einsatz von Pflanzen und anderen Materialien im Garten.

Lassus, Bernard (geb. 1929), Maler und Landschaftsarchitekt. L. legt mit Verweis auf berühmte Gartenkünstler und -architekten (→Le Nôtre, →Kent) großen Wert auf die künstlerische Ausbildung von Landschaftsarchitekten. Der Gartenkunst misst L. die größte Bedeutung innerhalb der künstlerischen Disziplinen in der Zukunft bei und fordert deshalb die »analyse inventive«. Wichtig sind ihm sowohl die Realisierung eines Projektes als auch die theoretischen Überlegungen hierzu. Besondere Aufmerksamkeit widmet L. dem Zusammenhang zwischen realem und abstrahiertem Raum, dem »espace propre«, der Einmischung in das alltägliche Leben, wenn er sich beispielsweise der Gestaltung von Autobahnrastplätzen und Autobahnausfahrten widmet. Der erste Garten (»Le jardin noir«) von L. entstand 1967. Sein »Parc de la Corderie Royale« und der »Jardin des Retours« in Rochefort-sur-Mer wurden 1993 durch das französische Kultusministerium ausgezeichnet. 1990–92 erhielt L. Einladungen zum Wettbewerb »Landschaftspark Duisburg-Nord«.

Laube, als L. wird eine offene Säulenhalle oder ein Gang an einem Gebäude bezeichnet. Die L. im →Garten ist ein beranktes, schattenspendendes Gerüst, das als offener Gang gebildet sein kann (→Laubenallee, →Pergola). Außerdem bezeichnet die L. ein kleines Gartenhaus aus Holz, charakteristisch für Kleingartenanlagen (→Schrebergarten), deren Konzeption Daniel Gottlieb Moritz Schreber (1808–1861) wegen seines Plädoyers für den gesundheitsfördernden Aufenthalt im Garten zugeschrieben wird. →Loggia.

Laubenallee, durch künstlichen Eingriff derart geschnittene und geführte Baumkronen einer →Allee (*couverte*), dass sie einen →Laubengang bilden.

Laubengang, in der Baukunst offene Halle oder Gang entlang einem Gebäude (→Laube). In der Gartenkunst meint L. einen überdachten Gang (→Allee couverte, →Berceau), der im Unterschied zur →Pergola, die dem schattigen Aufenthalt dient, als Gartenweg zu einem bestimmten Punkt führt.

Laubenkolonie →Laube, →Schrebergarten

Laxenburg, Schlosspark, unter den älteren kaiserlich-habsburgischen Gärten in Österreich, die seit dem Mittelalter genutzt wurden und im 18. Jh. eine Umwandlung erfuhren, ist der Park von Laxenburg bei Wien hervorzuheben. Bereits im 14. Jh. ließ Albrecht III. bei seinem Jagdschloss Laxenburg einen großen Wildpark anlegen. Das alte Schloss und seine Gärten wurden als sommerlicher Aufenthaltsort sowie als Festplatz für größere Feierlichkeiten genutzt. Maria Theresia ließ eine neue Schlossanlage errichten und die Gärten als Spiel- und Festraum neu anlegen. Bekannt war Laxenburg aufgrund der ausgefeilten Wassertechnik. Seit 1782 wurden die Laxenburger Gärten in einen Landschaftspark umgewandelt.

Le Nôtre, André (1613–1700), Gärtner und Gartenarchitekt. Der bedeutendste Gartenarchitekt des barocken französischen Gartens stammt aus einer berühmten Gärtnerfamilie. Sein Vater Jean (gest. 1655) war zunächst unter Claude →Mollet und später selbständig für die Tuileriengärten zuständig. Seit 1637 hatte L. N. die Stelle seines Vaters inne. Als Architekt war er ab 1657 Oberaufseher über die königlichen Bauten. Sein erster eigenständiger Auftrag für eine Gartengestaltung, der seinen Ruhm begründete und ihn für Versailles qualifizierte, war die seit 1656 für Finanzminister Fouquet gestaltete Anlage von →Vaux-le-Vicomte bei Melun. In der Folge lieferte er meist in königlichen Diensten zahlreiche Entwürfe für Gärten, darunter →Versailles, →Marly-le-Roi, Clagny, Saint-Cloud, Meudon, Sceaux oder →Fontainebleau. Die Gartengestaltung L. N.s gilt als der Inbegriff barocker Gartenkunst. Bestimmt werden die Anlagen durch eine strenge Achsensymmetrie, deren planerische Eintönigkeit auf dem Grundriss in der Wirklichkeit durch eine Vielzahl unterschiedlicher und abwechslungsreicher Gartenkabinette und Parterres aufgelockert wird. Die spielerische Mannigfaltigkeit wird erreicht durch die Ausstattung mit skulptierten →Brunnen, Bassins, →Wasserspielen, teils figürlich ausgestatteten →Grotten, Einrichtungen für →Spiele und andere Zerstreuungen. Eine sanfte Terrassierung des Geländes und eine Brechung der zentralen Mittelachse durch Nebenlinien tragen zur Milderung eines allzu starken perspektivischen Tiefenzugs bei.

Le Roy, Louis G., vertritt konsequent die von ökologischen Überlegungen geleitete gartenkünstlerische Position, die menschliche Eingriffe auf das Allernotwendigste beschränkt sehen will. L. R. betont, dass die Natur sich selbst zu ordnen weiß und entwickelt in seinem Buch *Natur ausschalten – Natur einschalten* (Stuttgart 1983) 12 Thesen dazu, wie die gestalterische Zusammenarbeit zwischen Mensch und Natur zukünftig möglich sein könnte.

Lenné, Peter Joseph (1789–1866), Gartenarchitekt. Aus einer Gärtnerfamilie stammend, erhielt L. u. a. Unterricht bei dem Gartenarchitekten Gabriel →Thouin in Paris. Nach Lehrjahren in Wien (1814) und im Rheinland (1815) wurde L. als Gärtnergeselle in Potsdam eingestellt (1816). 1824 erfolgte in Berlin die Ernennung zum Königlichen Gartendirektor, später Generalgartendirektor. Ab 1830 gestaltete L. die Anlagen in Charlottenburg und Schönhausen um, ab 1832 die Anlagen von Glienicke. Bis 1840 erfolgte die Umgestaltung des Berliner Tiergartens zum Volkspark. Viele Pläne und ausgeführte Projekte, gerichtet auf die Erweiterung und Verschönerung von Berlin, zeigen L.s ganzheitliche Betrachtungsweise, die in der Tradition →Thouins steht und von der gärtnerischen zur landschaftlichen Gestaltung strebt.

Lichtwark, Alfred (1852–1914), Kunsthistoriker und Sozialreformer. 1886 wurde L. als erster Direktor der Hamburger Kunsthalle berufen. Als Mentor der Reformpädagogik war L. neben Leberecht →Migge einer der wichtigsten Reformer der öffentlichen Gärten und des städtischen Grüns unter sozialen und erzieherischen Aspekten, die er auch in seinen Veröffentlichungen vertrat (»Die Zweckfrage bei öffentlichen Parkanlagen«, in: *Gartenkunst* 12, 1910, S. 75). Als Gartenreformer – z. B. beeinflusste L. tiefgreifend die Gartenbauausstellung in Hamburg von 1897 – wirkte er beratend und initiatorisch bei der Gestaltung von Gärten, wie z. B. dem 1912–14 von Fritz Schumacher angelegten Hamburger Stadtpark auf der Winterhuder Geest, mit. Beteiligt war L. u. a. auch an der Planung des Gartens von Max Liebermann (1847–1935) am Wannsee in Berlin. In zahlreichen Veröffentlichungen setzte er sich mit aktuellen Strömungen in der Gartenkunst um die Jahrhundertwende auseinander: *Park- und Gartenstudien, die Probleme des Hamburger Stadtparks*, Berlin 1909.

Liebesgarten, der auf antike Quellen (→Arkadien) rekurrierende Paradiesgedanke läßt schon im Mittelalter im Zusammenhang mit der höfischen Dichtung eine Verbindung von Garten und Erotik entstehen (→Rosenroman), die sich in der Renaissance fortsetzt (*Hypnerotomachia* des Francesco →Colonna). U. a. ist das Thema in der Druckgraphik des 15. Jh.s weit verbreitet (Meister der Liebesgärten, um 1440/50). Der Garten wird ein Symbol für die himmlische und die irdische Liebe gleichermaßen. Der L. ist sowohl positiv in seiner Verbindung mit dem marianischen →Paradiesgärtlein als auch negativ-moralisierend besetzt im Garten als Symbol der Liebestorheit und Unkeuschheit. Seit dem 16. Jh. setzt eine zunehmende Profanisierung des Paradiesgedankens unter positivem Vorzeichen ein. Das irdische →Paradies ersteht in arkadisch-pastoralen Vorstellungen in der Landschaftsmalerei. Beispiele in der Malerei reichen von Lucas Cranach über Giorgione und Tizian (*Das ländliche Konzert*) bis Rubens, dort u. a. als Allegorie der (ehelichen) Liebe, und Watteau (→Kythera, →Fête galante).

Ligorio, Pirro (um 1510–1583), italienischer Architekt, der vielfach auch für Gartenprojekte tätig war. Als Antiquar und Architekt im Dienst des Kardinal Ippolito d'Este

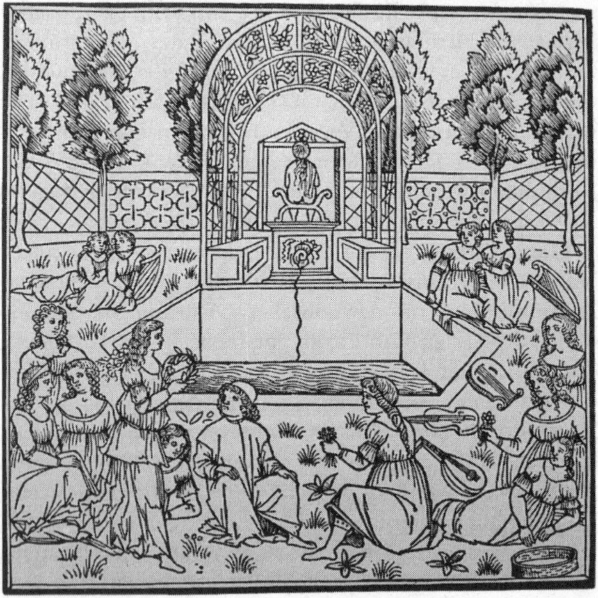

Der Liebesgarten

Aus: Francesco Colonna, *Hypnerotomachia Poliphili*, Venedig 1499 (reprogr. Nachdr. Padua 1964)

baute er seit 1550 dessen Villa in → Tivoli, die Villa d'Este, um. Er schuf dort für die Gartenanlage u. a. den »Wasserorgelbrunnen« und stattete Villa und Garten mit antiken Skulpturen aus, die vorwiegend aus der benachbarten Villa Hadriana stammten. Weitere Auftraggeber L.s in Rom waren die Päpste Paul IV. und Pius IV. Für Pius errichtete er seit 1558 das Casino in den Vatikanischen Gärten, das als Gartenhaus das von →Bramante in den Palast integrierte Belvedere ersetzen sollte. Die in sich abgeschlossene Anlage ist von den Gärten allerdings architektonisch isoliert.

Limonaia (ital., ›Zitronenhaus‹), italienischer Begriff für →Orangerie.

Linné, Carl von (1707–1778), schwedischer Arzt und Naturforscher. L. gründete ein Naturhistorisches Museum in Uppsala und legte ein großes privates Herbarium an. 1735 erschien sein Werk *Systema naturae*, das die Systematik der modernen Biologie begründete und lange Gültigkeit behielt. Grundlage dafür bildete eine auf die Fortpflanzungsorgane der Pflanzen bezogene Unterscheidung der Arten. Zahlreiche weitere Abhandlungen über Pflanzen (*Genera Plantarum*, 1737, *Philosophia botanica*, 1751, *Species Plantarum*, 1753) und die Erforschung von Pflanzen in bestimmten Regionen machen L. zum bedeutendsten Botaniker des 18. Jh.s.

Locus amoenus (lat., ›lieblicher Ort‹), der Topos einer paradiesischen Ideallandschaft entstammt der antiken Literatur (→Theokritos, →Vergil). Die Beschreibungen von »lieblichen Orten« in antiken und mittelalterlichen Schriften bündelte Ernst Robert Curtius zu der feststehenden Wendung »L. a.«. Bei Petrarca (*Vita solitaria*, verfasst 1346) wurde er als Gegenwelt zur Stadt und ihren Lastern entworfen. Der L. a. zeichnet sich aus durch seine Abgeschiedenheit und paradiesische Natur. Er wird beschrieben als ein Platz auf einem Hügel, mit klarem Wasser, sanftem Windhauch und einer blumenbewachsenen Wiese in ewigem Frühling. Der Bezug zur Liebesgöttin Venus wird von Francesco →Colonna in der *Hypnerotomachia Poliphili*

(1499) hergestellt (→Kythera). Colonna beschreibt einen lieblichen Ort, der für bukolische Hirtenszenen wie geschaffen scheint und einen Bezug des L. a. zu →Arkadien aufzeigt.

Loggia (ital., ›Laube‹), offene, freistehende Säulenhalle (z. B. Florenz, Loggia dei Lanzi) oder →Laube. Als Dach-L. ins Dach integriert, meint der Begriff heute oft auch einen überdachten Balkon.

Loudon, Jane (1807–1858), nach ihrer Heirat mit John Claudius →Loudon, dem in seiner Zeit berühmten Gärtner und Herausgeber zahlreicher Bücher und Gartenzeitschriften, entwickelte sich zwischen beiden eine erfolgreiche Zusammenarbeit. Jane Loudon wurde unabhängig von ihrem Mann bekannt mit der von ihr herausgegebenen Zeitschrift *The Ladies' Magazine of Gardening*.

Loudon, John Claudius (1783–1843), aus Schottland stammender, weitgereister Gartentheoretiker und Schriftsteller, Herausgeber zahlreicher Gartenzeitschriften und Bücher, darunter die *Encyclopaedia of Gardening*, London 1822 (Nachdr. der Auflage von 1835, New York 1982). L. unterschied drei Typen des natürlichen Gartens: den pittoresken, den gärtnerischen und den rustikalen. Er empfahl den von ihm bevorzugten »gärtnerischen Stil« mit kultivierten Pflanzen, weichem Rasen und (geschwungenen) Kieswegen für städtische Hausgärten, für die er sich besonders einsetzte. Beratend war er tätig bei der Anlage des Botanischen Gartens in Birmingham, für Friedhöfe in Southampton und zahlreiche private Gärten. Maßgeblich beteiligt an der Entwicklung des →Gewächshauses aus Glas.

Lunéville (Lothringen, Frankreich), die Gärten des 1735 abgedankten polnischen Königs Stanislaus I. Leszczyński –

neben den Gärten im lothringischen Lunéville errichtete er auch die Gärten von Malgrange und Commency – gehören zu den bedeutendsten Gartenschöpfungen Frankreichs außerhalb des Königshofes. In L. ließ Stanislaus seit 1737 die Gärten des Schlosses von seinem Architekten Emmanuel Héré umgestalten. Berühmtheit erlangte der Garten weniger durch seine Vielfalt an →Parterres, die sich in die unregelmäßigen Gartenkompartimente einfügten, als vielmehr durch seine Fest- und Lustgebäude. Ein von Héré errichteter orientalischer →Kiosk und der aufgrund seiner Kleeblattform »Le Trèfle« genannte →Pavillon, der vorbildhaft wurde für das Chinesische Teehaus in Sanssouci in →Potsdam, sind in einem Stichwerk von Héré (1752) überliefert. Berühmt war des Weiteren »Le Rocher«, eine riesige künstliche Felsenanlage, die ein ganzes →Dorf, seine Bauern und Handwerker darstellte und durch Maschinen mit Geräuschen und Musik zum Leben erweckt wurde.

Lustgarten, der L. wird von dem landwirtschaftlich betriebenen →Nutzgarten unterschieden und dient ausschließlich der Zerstreuung und dem Genuss (siehe auch →Blumengarten). Reine Lustgärten kannte bereits die Antike, während sie aus dem frühen Mittelalter zumindest nicht überliefert sind. Einen hochmittelalterlichen L. beschreibt →Albertus Magnus. Seit dem 16. Jh. werden Lustgärten in großem Maßstab angelegt und vom Nutzgarten – je nach Größe und Bedeutung des Gartens mehr oder weniger stark – räumlich getrennt. Fast immer werden jedoch bis ins 18. Jh. beide Gartenformen benachbart angelegt. Insbesondere in Deutschland wird die Trennung nicht in dem Maße vollzogen wie in Frankreich. Im Landschaftsgarten ist die Verbindung von L. und Nutzgarten umstritten. Während sich viele

Gartentheoretiker, wie Joseph → Addison oder Claude-Henri → Watelet für eine Integration des Nutzgartens und der Landwirtschaft im L. aussprechen, fordern andere wie Horace → Walpole ihre strikte Trennung.

Luststück, barocke Bezeichnung für ein → Parterre.

Lustwäldchen, barocke Bezeichnung für das → Boskett.

Lutyens, Edwin L. (1869–1944), englischer Architekt und Gartenarchitekt, Sohn des Landschafts- und Pferdemalers Charles Lutyens. Die Tektonik und Geometrie in seinen Gartenentwürfen sind charakteristisch für die Tendenzen in der Gartenkunst des ausgehenden 19. und frühen 20. Jh. (Beispiel: Buckhurst Palace, Sussex, 1903). L., der neben der Geometrie auch die Einheit von Haus und Garten im Sinne der → Arts & Crafts-Bewegung anstrebte, entwarf auch → Gartenmöbel und – als Architekt – Gartengebäude. L. war der bedeutendste Architekt im England der Vorkriegszeit. Er war eng befreundet mit Gertrude → Jekyll, die seine architektonischen Entwürfe umsetzte und mit der er etwa seit 1893 eng zusammenarbeitete (bekannte Gartenprojekte: Deanery Garden in Sonning, Berkshire, 1901, Folly Farm in Sulhamstead bei Reading, 1901–12). Im Gegensatz zu den viktorianischen Gärten waren die Gärten des → Arts & Crafts in edwardianischer Zeit durch eine lockere Fülle blühender Pflanzen gekennzeichnet, die mit der tektonischen Struktur der Anlagen in Einklang gebracht wurde.

M

Maaß, Harry (1880–1946), deutscher Gartenarchitekt. Von 1912 bis 1922 war M. in Lübeck tätig. Unter seinen zahlreichen Veröffentlichungen sind *Der deutsche Volkspark der Zukunft. Laubenkolonie und Grünfläche* (Frankfurt a. d. O. 1913), *Das Grün in Stadt und Land* (Dresden 1927), *Gartentechnik und Gartenkunst* (Nordhausen 1931) hervorzuheben. Für M. war der Garten vorrangig Ort sportlicher Betätigung und laien-gärtnerischer Erholung. Der Entwurf für den »Volkspark der Zukunft« besteht daher aus einer Mélange gemeinschaftlich genutzter Sport- und Spielplätze, um die sich Klein- und Laubengärten gruppieren. Die Ideen M.s basieren auf den Vorgaben Leberecht →Migges. Wie Willy →Lange propagiert auch M. einen heimatverbundenen Garten für die »deutsche, bodenständige Kultur«. Für den Wohngarten fordert M. Einfachheit und Zweckmäßigkeit, die sich in den von ihm entworfenen streng geometrischen Anlagen spiegeln. In seinem Buch *Kleine und große Gärten* (Frankfurt a. d. O. 1926) entwirft M. Gärten im Sinne des Expressionismus.

Madrid, Buen Retiro, Garten und Palast von San Jerónimo del Buen Retiro wurden ab 1632 im Auftrag des Herzogs Olivarez, einem Minister Philipps IV. (1605–1665), errichtet. Wie der →Escorial bei Madrid vereinte der Bau Palast, Kirche und Kloster. Der Palast verfügte in maurischer Tradition über zwei Gartenhöfe, während der Garten selbst in italienischer Manier als Terrassengarten angelegt war. Der Garten war mit dem Kloster des hl. Hieronymus verbunden und wies mehrere als Eremitagen errichtete Lusthäuschen auf, so dass ein von Buen Retiro ausgehender Impuls auf die Gartenhäuser in Form von →Eremitagen in anderen europäischen Gärten angenommen wurde. Aufgrund dieses Einflusses auf andere Gartenanlagen gilt der Garten, der wie die Gärten von →Aranjuez bei Madrid von dem Florentiner Gartenarchitekten Cosimo Lotti (seit 1628 in Madrid tätig) angelegt wurde, als wichtigster spanischer Beitrag zur europäischen Gartenkunst. Das ursprüngliche Aussehen jedoch kann nur durch Pläne und Beschreibungen rekonstruiert werden. Nur teilweise erhalten – auch das Schloss ist nicht mehr vorhanden – wird der reduzierte Park (erhalten haben sich aus dem 17. Jh. nur der große See sowie aus dem frühen 18. Jh. ein nach Plänen Robert de Cottes angelegtes Parterre) heute als öffentliche Parkanlage in der Hauptstadt genutzt.

Madrid (Umgebung) →Aranjuez, →Escorial

Mail-Spiel, auch Maille-Spiel. Neben eigens angelegten Kabinetten für das →Passspiel gab es in den architektonischen Gärten des Barock, z. B. im Nymphenburger Park, auch eine lange Bahn für das beliebte M., eine Art Bahnkrocket, das mit Holzkugeln und hölzernen Schlegeln gespielt wurde (→Spiele). Im südwestlichen →Boskett von →Marly-le-Roi wurde eine doppelte Bahn für das M. mit halbrundem Abschluss eingerichtet. Eine ungewöhnlich lange Mail-Bahn ließ Kaiserin Maria Theresia in den Gärten von →Laxenburg anlegen. Die schattigen Bahnen für das M. wurden oft als →Alleen (allée couverte) gestaltet.

Mainz, Schloss Favorite, die durch französische Revolutionstruppen 1792/93 zerstörten Anlagen sind – wie Schloss →Seehof bei Bamberg – durch Stiche Salomon Kleiners überliefert. Favorite – der Name spielt auf das kaiserliche Sommerschloss Favorita bei Wien (1687–90, Gartengestaltung durch Jean → Trehet) an – stellte die bedeutendste Schloss- und Gartenanlage des Kurfürsten Lothar Franz von Schönborn dar, der sich am Vorbild von → Marly-le-Roi orientierte. Der an der Mündung des Main in den Rhein gelegene Garten entstand wahrscheinlich nach Entwurfen des Architekten Maximilian von Welsch unter der Mitarbeit des leitenden Gärtners Johann Kaspar Dietmann seit etwa 1711 und war 1724 weitgehend fertiggestellt. Die Gesamtansicht auf dem Stich Kleiners zeigt einen parallel zum Rheinufer geführten, langgestreckten Garten, der nicht auf den eigentlichen Schlossbau am Rhein, sondern auf die Orangerie mit ihren angegliederten sechs → Pavillons hin komponiert wurde. Er gliedert sich in eine mit Wasserbecken bestückte → Broderiepartie vor der → Orangerie sowie in ein → Boskett mit verschiedenen Kabinetten seitlich der Orangerie. Die Aufteilung des Gartens in kleinteilige Kabinette war vorbildhaft für die Gartengestaltung des Spätbarock (→ Veitshöchheim).

Maison de plaisance (frz., ›Lusthaus‹), bezeichnet ursprünglich Landhäuser in der Île-de-France von unterschiedlicher Größe und Form, anfänglich politisch und geographisch ausgerichtet auf Versailles. Die M. d. p. wird zunächst ausschließlich definiert über die Nutzung als ländlicher Wohnsitz für einen zeitlich begrenzten Aufenthalt in Muße abseits der Pflichten und der streng reglementierten Lebensführung am Hof. Ab etwa 1660 beginnt die Ausformung eines eigenen Bautypus mit der Auflösung der Dreiflügelanlage in einzelne → Pavillons und der Ausbildung eines → Corps de logis anstelle eines einzelnen Hauptgebäudes. Unverzichtbar wird die Einbindung der

Gebäude in den Garten. Der Rückgriff auf das Vorbild italienischer Villen des 16. Jh.s erfolgte in der Baupraxis. Die Forderung, die »commodité« (Bequemlichkeit) über die Repräsentation zu stellen, unterstrich den Charakter der M. d. p. als ländliches Refugium. Nach Gründung der *Academie de l'Architecture* 1671 in Paris wurde der Bautypus der M. d. p. in Architekturtraktaten unter Einbeziehung der gartentheoretischen Schrift *La Théorie et la Pratique du Jardinage* von Antoine-Joseph →Dézallier d'Argenville, durch Jacques-François →Blondel und Charles-Étienne Briseux theoretisch aufgearbeitet. Die M. d. p. wurde beliebter Bautyp für Adel und aufstrebendes Bürgertum in ganz Europa, vorweggenommen in →Vaux-le-Vicomte (1657–60), variiert z. B. durch den Architekten Nicolas →de Pigage und vorbildlich erhalten in Schloss Benrath in →Düsseldorf (1755–65).

Manieristischer Garten, s. u. »Gartenstile Europas« S. 24 f.

Marly-le-Roi (Île-de-France, Frankreich), Ludwig XIV. ließ sich nach den Plänen von Jules →Hardouin-Mansart in den Jahren seit 1676 eine Eremitage in Marly bei Versailles errichten, deren Anlagen und Gebäude zu Anfang des 19. Jh.s weitgehend zerstört wurden. Von der ehemaligen Parkgestaltung sind heute nur noch die markanten Strukturen erkennbar. Als Hauptgebäude wurde ein →Pavillon über quadratischem Grundriss errichtet, von dem die Hauptachse des Gartens ausstrahlt. Diese wird durch mehrere Wasserbecken akzentuiert und von dreifachen, kunstvoll geformten →Alleen eingefasst. Jeweils sechs kleine Pavillons als Gästehäuser flankierten das langgestreckte Gartenrechteck, an das sich seitlich jeweils ein

→Boskett mit abwechslungsreichen Garten- und Spieleräumen, verbunden durch geometrische wie sich schlängelnde Wege, anschloss. Die großzügige, aber intime Anlage, als deren Vorbild das kleinere →Trianon de Porcellaine gilt, sollte dem König mit einer kleinen Gesellschaft den zwanglosen Aufenthalt nahe und doch fern dem Hofe garantieren. Der →Pavillon des »Sonnenkönigs« war dem Sonnengott Apoll gewidmet, der über den Kosmos herrscht, symbolisiert durch die zwölf Pavillons mit den zwölf Monaten bzw. Tierkreiszeichen. Die rundum von

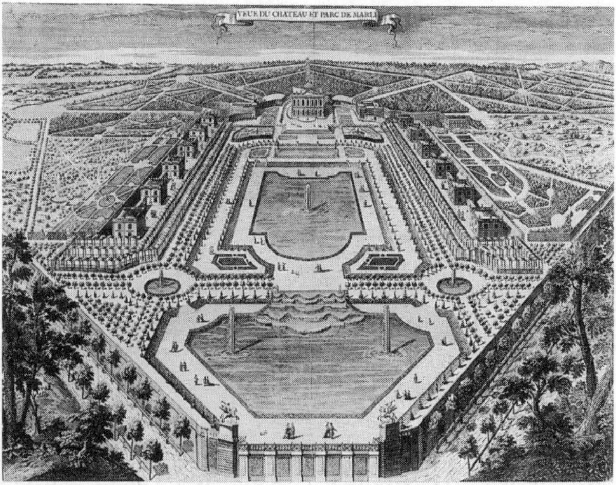

Pierre Le Pautre (um 1648–1716):
»Veue du Chateau et Parc de Marli«. Kupferstich
(Stiftung Schloss und Park Benrath, Museum für Europäische Gartenkunst)

Gärten umgebene →Maison de plaisance in Marly wurde vorbildhaft für zahlreiche Schlossbauten in Europa, darunter z. B. Schloss Benrath in →Düsseldorf.

Marot, Daniel (um 1663–1752), französischer Architekt, Zeichner und Kupferstecher, der nach Holland (Den Haag) emigrierte. Seit etwa 1690 stand er in Diensten Wilhelms von Oranien, für den er u. a. 1702 den Garten von →Het Loo bei Apeldoorn anlegte. Die Jahre 1695/96 verbrachte er in London, wo er für Hampton Court Teile der Inneneinrichtung und des Gartens entwarf. Bis zu seinem Tod war M. an zahlreichen Bauaufgaben in Den Haag beteiligt. Er hinterließ ein umfangreiches Stichwerk, das 1713 in holländischer Sprache als zweibändige Gesamtausgabe erschien (*De werken von Daniel Marot* ..., Amsterdam 1713). Insbesondere der zweite Band (Band 1 enthält vornehmlich Stiche zu Ornament und Interieur) beschäftigt sich mit Gartenausstattung. Es werden Beispiele für Vasen, →Parterres, →Berceaux, →Fontänen u. a. gezeigt. Sein Sohn Daniel M. d. J. (1695–1769) war zunächst Mitarbeiter des Vaters und widmete sich nach dessen Tod dem Malen von Grotten- und Brunnenansichten.

Maschinen →Automaten, →Wasser, →Wasserspiele

Maser, Villa Barbaro, gehört zu den Bauten, deren Entwicklung sich Andrea →Palladio im italienischen Veneto gewidmet hatte. Die von Palladio gestalteten und in seinen Architekturtraktaten theoretisch fundierten Villen richteten sich an gebildete und vermögende Bauherren. Die spezielle Agrarpolitik Venedigs mit einem neu erwachten Interesse an der Landwirtschaft fand bei diesen Villen starke Beachtung: die Villa sollte eine funktionale Einheit von Landwirtschaft und ländlichem Idyll sein. Die um 1556 von Palladio für Daniele Barbaro unmittelbar zu Füßen einer Berglandschaft gebaute Villa weist einen dem Haus zugehörigen Umraum auf, der organisiert ist wie das Proportionssystem im Innern der Villa. Auf dem leicht ansteigenden Weg zur Villa wird eine Statuen-Viale abgeschritten, die in eine vor der Fassade gelegene →Terrasse mündet. Vor der im Norden gelegenen hinteren Front der Villa liegt ein Gartenhof mit der zu einem Nymphaeum gestalteten →Exedra, die einen Fischteich umfasst und sich in eine →Grotte öffnet. Angesichts der nahegelegenen steilen Abhänge und der Art und Weise, wie Palladio den Zugang zur höhergelegenen Villa gestaltete, kann bei der Villa Barbaro von einer Vorwegnahme der terrassierten Gärten wie beispielsweise bei der Villa d'Este in →Tivoli gesprochen werden.

Massing (engl., ›anfüllen‹), Füllung eines Beetes mit einer einzigen Blumenart.

Mathematik, während bei konventionellen Formen architektonischer Gärten euklidische Elemente eine Rolle spielen, kommen bei der Berechnung unregelmäßiger Kurven und Flächen Differential- und Integralrechnung zum Tragen. Die →Serpentine als die maßstabsetzende Schönheitslinie im englischen Landschaftsgarten folgt mit Minimum und Maximum dem Verlauf einer klassischen Differentialkurve.

Mayer, Johann Prokop (1735–1804), der in Böhmen geborene M. war nach Lehr- und Reisejahren, die ihn zum Studium der Gartenkunst und des Obstanbaus u. a. nach Prag und Wien, Holland, Frankreich und England führten, in den Gärtnereien von Versailles tätig, bevor er ab 1771 als Hofgärtner an den fürstbischöflichen Hof nach Würzburg berufen wurde. Seinem Dienstherren, Fürstbischof Adam Friedrich von Seinsheim gewidmet ist die Abhandlung *Pomona Franconica oder natürliche Abbildung und Beschreibung der besten und vorzüglichsten Europäischen Gattungen der Obstbäume und Früchte ...*, Nürnberg 1776, die nicht nur ein umfassendes Werk zum Obstanbau, sondern auch eine Streitschrift gegen den englischen Landschaftsgarten darstellt. M. ist ein Verfechter des geometrischen Gartens als Ausdruck einer der städtischen Residenz angemessenen Würde. Er schuf den heute nur in Teilen erhaltenen Hofgarten in Würzburg und war wohl auch für die Gärten in →Seehof und →Veitshöchheim, wo er bereits 1761 seinen Gesellenbrief erhalten hattte, maßgeblich im Entwurf verantwortlich.

Meierei, Bauernhof für die Milchwirtschaft. Als Gartenhaus ist die M. bäuerliche Kulisse für →Schäferspiele im Rokokogarten, →Dairy. Sie kann im englischen Landschaftsgarten Bestandteil der →Ornamental farm sein.

Meister, George (1653–1713), vielgereister deutscher Gärtner und Botaniker. 1675/76 fand M. eine Anstellung bei dem sächsischen Feldmarschall von Eberstein. Er unternahm ausgedehnte Reisen durch Europa und war ab 1677 Gärtner in Batavia (Jakarta). In den Jahren 1682–87 konnte er im Dienst der niederländischen Ostindischen Kompanie zweimal Japan besuchen. Seit 1689 wirkte M. als Hofgärtner im »Türkischen Garten« am Dresdner Kurfürstenhof. Seine botanischen Studien – als einen der ersten Gärtner und Botaniker führte ihn allein sein botanisches Interesse in den Orient – veröffentlichte er in seiner Abhandlung *Der Orientalisch-Indianische Kunst und Lust-Gärtner* (Dresden 1692).

Ménagerie (frz., ›Tierpark‹), meist radial angelegtes Gehege zur Haltung von exotischen Tieren, oft am Rande oder außerhalb des Gartens gelegen. Die Tradition der M. im Garten lässt sich bis in die Antike zurückverfolgen. Nach dem Vorbild von →Versailles wurde beispielsweise 1752 auch im Schlossgarten von Schönbrunn bei →Wien eine M. angelegt. → Tiergarten

Merian, Maria Sibylla (1647–1717), Blumenmalerin und Naturforscherin. Maria Sibylla war die Tochter des Kupferstechers und Verlegers Matthäus Merian d. Ä. (1593–1650), der die bekannte *Topographia* mit Landkarten, Städtebildern und bedeutenden Bauwerken aus Deutschland, Frankreich und Italien herausgegeben hat. Von ihrem Stiefvater, dem Maler Jakob Marrel (1613–1681) erlernte sie die Techniken der Malerei. Ihre zahlreichen Blumenstillleben malte sie nicht in Öl, sondern in Aquarellfarben. Kenntnisse im Stechen und Drucken befähigten sie für ihre Arbeit als Herausgeberin ihrer eigenen Studien und Aquarelle. Zwischen 1675 und 1680 erschien ihr Blumenbuch als das erste von ihr selbst verlegte Buch in drei Folgen, die 1680 als *Neues Blumenbuch* in der Gesamtheit publiziert wurden. 1699–1701 unternahm die Künstlerin eine Reise nach Südamerika (Surinam), wo sie v. a. das seit ihrer Jugendzeit betriebene Studium der Insekten weiter verfolgte. Die Ergebnisse ihrer Forschungsexpeditionen im tropischen Urwald veröffentlichte sie in den *Metamorphosis insectorum Surinamensium* (Amsterdam 1705), in dem neben den Insekten auch exotische Früchte und Blumen dargestellt sind.

Meyer, Gustav (1816–1877), Gartenarchitekt und bevorzugter Schüler von Peter Joseph →Lenné. Als dessen Mitarbeiter wirkte er mit bei der Gestaltung der Potsdamer Anlagen und an zahlreichen anderen Projekten. Er war aktiv an der Entwurfsarbeit und an den theoretischen Schriften Lennés beteiligt. 1860 erschien sein eigenes, weit verbreitetes *Lehrbuch der schönen Gartenkunst*. Seit 1870 war M. Direktor der Städtischen Gärten von Berlin. Die Lenné-Meyer'sche Schule in der Nachfolge von Gabriel →Thouin hatte in Deutschland bis ins ausgehende 19. Jh. einen weitreichenden Einfluss.

Migge, Leberecht (1881–1935), Gartenarchitekt. M. war vorwiegend in Hamburg und Worpswede tätig, wo er in Kontakt stand mit Heinrich Vogeler, Bruno Taut und Martin →Wagner. M. war einer der ersten, der die Berufsbezeichnung Gartenarchitekt gegen den früheren Begriff des Gartenkünstlers setzte. Er forderte unter sozialen Prämissen eine Demokratisierung der →Gartenkunst, die in früheren Epochen ein ausschließlich aristokratisches Vorrecht war. Er plädierte für die Benutzbarkeit der Gärten und wandte sich gegen den repräsentativen Bürgergarten des 19. Jh.s. Insbesondere betrachtete er den städtischen Volksgarten als Ausgleich großstädtischen Elends und Garant für die Volksgesundheit. Daneben sollten nach M.s Vorstellung in den Städten Schrebergartensiedlungen entstehen, eine Idee, die Harry →Maaß aufgriff und direkt mit der Idee des →Volksparks verknüpfte. Seine teils leidenschaftlichen, teils polemischen Ansichten vertrat M. in vielen Veröffentlichungen, wie *Der Hamburger Stadtpark und die Neuzeit* (Hamburg 1909) oder umfassend in *Die Gartenkultur des 20. Jahrhunderts* (Jena 1913).

Mittelalterlicher Garten, s. u. »Gartenstile Europas« S. 16–19. →Burggarten, →Hortus conclusus, →Karolingische Gartenkultur.

Mixing (engl., ›mischen‹), auch »mingling«, Zusammenpflanzung von verschiedenen Blumen in verschiedenen Farben.

Moderner Garten, Garten der klassischen Moderne, s. u. »Gartenstile Europas« S. 33 f.

Mollet, Jacques (gest. um 1608) und **Claude** (um 1563 – um 1650), französische Gartenarchitekten. Jacques M. begründete eine Generation von Gartenarchitekten. Er war als königlicher Gartenarchitekt bis 1595 in Schloss Anet und noch 1608 am königlichen Garten in →Fontainebleau tätig. Sein Nachfolger wurde ab 1595 sein Sohn Claude. Dieser arbeitete u. a. in den Gärten der Tuilerien, von Versailles, Fontainebleau. In →Saint-Germain-en-Laye soll Claude nach den Vorgaben →Le Nôtres die Parterres gestaltet haben. 1652 erschien postum sein Werk *Théatre des Plans et Jardinages* (Paris 1652). Die Familie M. war bis ins 18. Jh. in der Gartengestaltung tätig.

Monopteros (griech., ›einflügelig‹), tempelartiger Rundbau mit einer einzigen, offenen Säulenstellung (*tholos*) und Kuppel, der sowohl im architektonischen Garten des Barock als auch im englischen Landschaftsgarten als →Gartenhaus verwendet wurde. Zahlreiche Beispiele sind bekannt, u. a. in →Schwetzingen, im Englischen Garten in →München, in →Wörlitz.

Monrepos (frz., ›meine Ruhe‹), verbreitete Bezeichnung für ein Lustschlösschen des 18. Jh.s (Friedrich der Große nannte Sanssouci in →Potsdam auch M.). →Maison de plaisance.

Morris, William (1834–1896) →Bexley, Red House Garden

Moschee (von arab. *masǧid*, frz. *mosquée*), Versammlungs- und Kultort in der islamischen Religion, der als dekoratives Bauwerk aufgrund einer Vorliebe für orientalische Formen und Ornamentik (→ Chinoiserie) in Europa als → Gartenhaus ausgebildet werden konnte, so z. B. im → Schwetzinger Schlosspark.

München, Englischer Garten, Kurfürst Karl Theodor von der Pfalz, der im Jahr 1789 von Mannheim nach München in seinen neuen Regierungssitz gezogen war, ließ einen großflächigen öffentlichen Park in englischem Stil anlegen, der in ersten Bauphasen für militärische Übungszwecke gedacht war. Zur Ausführung bestimmt wurde das langgestreckte Gebiet an den Isarauen, das sich über fünf Kilometer vom Hofgarten der Residenz nach Nordwesten zieht und dort in die ungestaltete Landschaft überging. Mit einer Gesamtfläche von 370 ha ist der Garten heute im Zentrum von München gelegen. Die Durchführung des Landschaftsparks lag zunächst in den Händen des Amerikaners Benjamin Thomson, später geadelt zum Grafen Rumford (1753–1814), und seit 1798 des Freiherrn von Werneck. Es entstanden die für das ausgehende 18. Jh. charakteristischen klassizistischen und exotischen Gartengebäude, wie der Rumford-Saal und der Chinesische Turm. Im Jahre 1804 übernahm der wohl schon an den Planungen beteiligte Friedrich Ludwig von → Sckell die Leitung. Seine Gestaltung machte den Englischen Garten zum Paradebeispiel des reinen, mit natürlichen Mitteln geformten Landschaftsgartens in Deutschland, der für die öffentlichen Parks des gesamten 19. Jh.s vorbildhaft wurde. Weitläufige Wiesenflächen, die von gebündelten Baumgruppen und Hainen umstellt werden, malerische Durchblicke und ein auf ruhige Fernsichten angelegtes, großzügiges Wegenetz bestimmen den Garten.

München, Schlosspark Nymphenburg, Kurfürst Max Emanuel von Bayern plante seit 1701 Nymphenburg als Sommerresidenz vor den Toren Münchens und lehnte sich damit an das Vorbild →Versailles an. Ein Wasserkanal führt auf das aus →Pavillonbauten gruppierte Schloss zu, eine →Achse, die als Wasserstraße auf der Gartenseite des Schlosses hinter dem →Parterre wiederaufgenommen wird. Zu seiten dieser Achse sind die Gärten (1715–30) symmetrisch angelegt. Hinter dem mit →Broderien ausgestatteten Parterre erstreckte sich das →Boskett, dessen Räume auf die Unterhaltung des Hofes durch Spiel und Theater ausgerichtet waren. Die Kabinette und ihre Funktion sind in dem Stichwerk der *Erlustierenden Augenweyde* von Matthias →Diesel festgehalten, der als Mitarbeiter des Hofgärtners Dominique →Girard die Gärten gestaltete. →Wasserspiele sowie zahlreiche →Brunnen und →Fontänen waren in dem schon im Namen auf antike Quellgottheiten anspielenden Nymphenburg großzügig angelegt. Seit 1715 entstanden im Park mehrere Garten- und Lusthäuser, wie die als Teepavillon erbaute Pagodenburg, die Badenburg als Badehaus, eine →Eremitage (Magdalenenklause) und das 1734 von →Cuvilliés erbaute Jagdschlösschen Amalienburg.

Muskau, Stadt an der Neiße, hier Familiensitz eines alten schlesischen Adelsgeschlechtes, dem Fürst Hermann Pückler-Muskau entstammte. Dieser legte einen Landschaftspark an, der sich zu beiden Seiten der Neiße erstreckt. Nach seiner ersten Englandreise im Jahr 1816 konnte der Fürst das Gelände durch Landkäufe erweitern, ausgedehnte Baumschulen entstanden um 1824. Pücklers

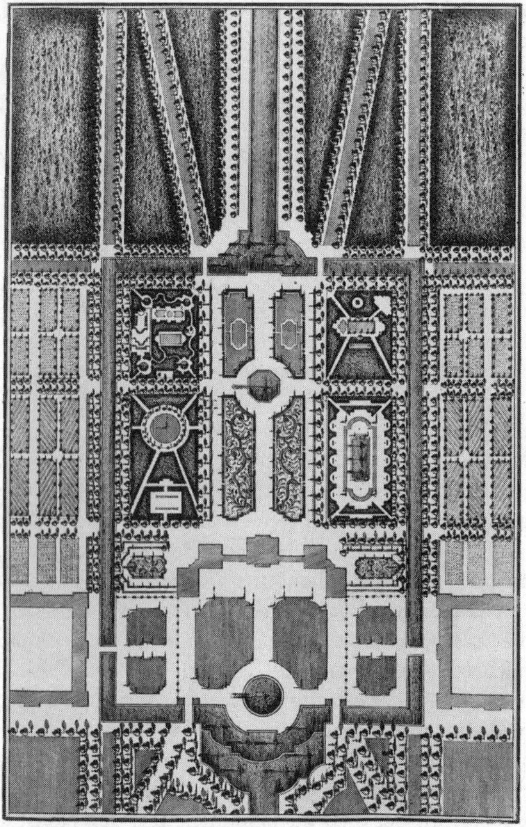

Matthias Diesel: »Grundriss deß halben Theils deß Churfürstl. Lustgarten zu Nymphenburg«. Kupferstich, 1723
(Stiftung Schloss und Park Benrath, Museum für Europäische Gartenkunst)

Pläne, von Humphry →Repton beeinflusst, wurden von dem Gärtner Jakob H. Rehder (1790–1852) ausgeführt. Wilhelm Schirmer zeichnete Parkansichten, die Pückler umzusetzen suchte; einige Architekturentwürfe von Schinkel blieben unausgeführt. 1845 musste der Fürst wegen hoher Verschuldung sein Anwesen veräußern. Sein Plan, die Stadt M. und das Schloss wie auch das gesamte Areal in ein ideales Parkbild nach Vorbild seines Lieblingsgartens →Stourhead zu verwandeln, war unvollendet geblieben. Friedrich Wilhelm, Prinz der Niederlande, übernahm M. und vergrößerte den Besitz in der Zeit nach 1852. Nach dem Tod Rehders führte Eduard →Petzold als Gartendirektor in M. die Pläne des Fürsten weiter aus. Die Anlage enthielt verschiedene eigenständig konzipierte Bereiche und eine große Anzahl von Architekturen. 16 Brücken und Viadukte verbanden einen Park von 545 ha zu beiden Seiten des heutigen Grenzflusses zwischen Polen und Deutschland. Schloss und Park erlitten 1945 schwere Schäden, der Park wird bis in die Gegenwart aufwendig restauriert.

Muslimischer Garten, s. u. »Gartenstile Europas« S. 13–16.

Muthesius, Hermann (1861–1927), arbeitete nach seinem Architekturstudium in Berlin (1882–87) drei Jahre in Japan. In seiner Eigenschaft als Architekt verfasste M. 1902 die Schrift *Stilarchitektur und Baukunst*. Darin wandte er sich gegen die seiner Ansicht nach formüberladenen Architekturen des Historismus und die ausufernde Formensprache des Jugendstils. In seiner radikalen Abwendung von allem Pittoresken argumentierte er im Sinne der Arts & Crafts-Bewegung, die zu studieren seine Aufgabe als Attaché für Bauwesen, zugeteilt der Deutschen Botschaft in London, war. Als Kenner des englischen Kunstgewerbes und der englischen Architektur trug er maßgeblich dazu bei, die Ideen des englischen Hauses (*Das englische Haus*, 1904–05) und der Gartenstädte auf dem Kontinent zu verbreiten. M. war einer der Initiatoren der →Gartenstadt Hellerau bei Dresden. Als Mitbegründer und maßgebender Theoretiker des Werkbundes (1907) formulierte M. das Problem neuer Gestaltungsaufgaben zwischen Baukunst und den neuen industriellen Produktionsmethoden. M. betrachtete die Gartengestaltung als eine der Architektur zugeordnete Disziplin und folgte der englischen Bewegung der Rehabilitation des formalen Gartens, die sich auf die Theorien des englischen Philosophen Francis →Bacon berief.

N

Nationalpark, Naturschutzgebiet, das nicht künstlerisch als →Park gestaltet, sondern meist aufgrund besonderer landschaftlicher Schönheit ausgewählt wurde, wie z. B. der Yellowstone-Park in den USA, der als erster N. schon seit 1872 besteht, oder in Teilen der Bayerische Wald. Zwar werden Flora und Fauna eines N.s unter besonderen staatlichen Schutz gestellt und freigehalten von landwirtschaftlicher oder sonstiger Nutzung, als Erholungsgebiet für den Menschen wird die Landschaft jedoch zumindest teilweise zugänglich gemacht.

Naturtheater → Gartentheater

Neophyten (griech., ›Neupflanzen‹), werden summarisch alle diejenigen Pflanzen genannt, die nach 1496 in Europa heimisch wurden.

Nutzgarten, auf Landwirtschaft und Ertrag hin angelegter Garten in Abgrenzung zum →Lustgarten. →Baumgarten, →Kräutergarten, →Potager.

Nymphaearium, der Begriff leitet sich von den Nymphaeaceen, den Seerosengewächsen her. Er bezeichnet eine Sammlung von Wasserpflanzen in Becken und Teichen, auch Aquarium genannt. Das N. ist Bestandteil eines →botanischen Gartens.

Nymphaeum (griech. *nymphaion*), den Wassernymphen geweihter kultischer Ort (Quelle), der in der griech. und röm. Antike überbaut wurde. Später wurden Nymphaeen an wichtigen Wasserzuleitungsorten angelegt als Säulenarchitekturen mit davorliegenden Bassins, tempelähnlichen Anlagen (Nîmes, Bad der Diana) oder Zentralbauten (Grundanlage des Baptisteriums im Lateran zu

Rom). Im 17. und 18. Jh. werden sie vielfach in eigenen Gestaltungen innerhalb der Gesamtanlage des Gartens aufgenommen. Meist besteht ein N. aus einem um einen →Brunnen errichteten, halbkreisförmigen Gebäude mit reichem Statuenschmuck, der sich auf die Jagdgöttin Diana, zu deren Gefolge die Nymphen gehören, bezieht. Das Bad der Diana, Diana und der Jäger Aktaion, Diana und die Nymphe Kallisto gehören zu den häufig dargestellten Themen.

O

Obelisk (griech., ›kleiner Bratspieß‹), freistehender, sich nach oben hin verjüngender Pfeiler mit einer pyramidalen Spitze. In Ägypten als Symbol des Sonnengottes zu kultischen Zwecken aufgestellt, gelangten zahlreiche O.en nach der Eroberung des Landes als Trophäen ins römische Reich. Seit der Renaissance werden O.en als emblematisches Zeichen für Weisheit und Ruhm (O. auf dem Elefanten von Bernini vor der Kirche S. Maria sopra Minerva in Rom), als eigenständige Elemente in Zusammenhang mit →Brunnen und Skulpturen verwendet oder als Zierform in die Bauskulptur aufgenommen. In der Gartenkunst zieren O.en häufig als Sonnenuhr die Mitte eines Kabinetts.

Olbrich, Josef Maria (1867–1908), Mitbegründer der Wiener Sezession (1898); hierfür entwarf O. das Sezessionsgebäude. 1899 wurde er zusammen mit Peter →Behrens an die Darmstädter Künstlerkolonie berufen und baute das Ausstellungshaus und den Hochzeitsturm auf der Mathildenhöhe (1907/08). O. wird als Vorkämpfer des Jugendstils betrachtet. Seine Entwürfe von Farbengärten für die Allgemeine Gartenbauausstellung in Darmstadt von 1905 sind inspiriert von englischen Vorbildern, insbesondere von Gertrude →Jekylls Gartenkompositionen.

Orangerie (frz., ›Orangenhaus‹), heute insbesondere Bezeichnung für das Gebäude, in dem die frostempfindlichen →Zitrusbäumchen, aber auch andere exotische Pflanzen, wie der Granatapfel, Jasmin oder Hibiskus, überwintert wurden. Im 17. und 18. Jh. wurde der Begriff auch für jeden Platz in einem Garten verwendet, an dem Orangen- und Zitrusbäumchen in mobilen Kübeln während der Sommermonate Aufstellung fanden. Neben den festen Gebäuden gab es auch sog. abschlagbare Gewächshäuser für empfindliche Pflanzen, die im Winter über den im Boden eingesetzten Pflanzen errichtet wurden. Die Konstruktion für ein solches »Pomeranzenhaus« überlieferte Salomon →de Caus für den Heidelberger Schlossgarten (um 1620). Nach heutigem Sprachgebrauch unterscheidet sich die O. durch die solide Bauart und die gesellschaftliche Nutzung als →Gartenhaus und Festsaal vom →Gewächshaus. Die ersten O.-Bauten waren in Frankreich in der zweiten Hälfte des 17. Jh.s errichtet worden. Die architektonisch meist eingeschossigen Anlagen mit Fenstertüren bilden in Deutschland oft den Abschluss einer Gartenanlage, so z. B. die exedraartige O. von Schloss Gaibach (1700). Das O.-Gebäude, das im Sommer leer stand und auch als Aufenthaltsort genutzt wurde, konnte den eigenständigen Charakter eines Lustschlosses annehmen. Bedeutende Beispiele hierfür sind der →Zwinger in Dresden, das Untere Belvedere in Wien, die sog. Orangerie in Kassel, Schloss Karlsaue (1703–11) oder die Orangerie von Fulda (1722–26). →Hibernaculum. →Palmenhaus.

Ornamental farm (engl., ›geschmücktes Bauernhaus‹, frz. *ferme ornée*), gleich einem Ziergarten oder Park gestaltetes landwirtschaftliches Anwesen. Der Begriff wurde von dem Dichter William Shenstone (1714–1763) eingeführt, der die Landwirtschaft mit der Gartenkunst in Verbindung bringen wollte. Diese Verbindung wurde von Humphry →Repton in seinen *Observations on the Theory* *and Practice of Landscape Gardening* (1803) scharf kritisiert. → Dorf, → Hameau.

Orto (ital., ›Garten‹), Obst- und Gemüsegarten. → Potager.

P

Page, Russel (1906–1985), englischer Landschaftsarchitekt. P. studierte u. a. Malerei und war nach seinen Studien in einem Londoner Büro mit Pflanzplänen für Vorstadtgärten befasst. Zwischen 1935 und 1939 arbeitete er mit Geoffrey →Jellicoe zusammen. Seine besondere Begabung lag in seinem Gespür für die Form der Pflanze; seine Gärten sind unter primär künstlerischem Aspekt konzipiert. P. steht damit in der Tradition von Gertrude →Jekyll. Zwischen 1945 und 1962 lebte P. in Frankreich, er erhielt internationale Aufträge.

Pagode, mehrstöckiger buddhistischer Tempelbau Ostasiens mit rechteckigem oder polygonalem Grundriss. Die Stockwerke von ungerader Zahl (3–9) werden jeweils von zeltartig ausschwingenden Dächern bekrönt. Als →Gartenhaus, meist als →Teepavillon, ist die P. im architektonischen Garten wie im Landschaftsgarten beliebt. Als Beispiel ist die über 50 m hohe Pagode (1762) in Kew Gardens von Sir William →Chambers anzuführen (→Chinoiserien).

Palamey-Spiel, in Gärten ausgeübtes Kugelspiel. →Spiele.

Palisade, Zaun aus Hecken oder Bäumen, die in geometrische Formen geschnitten sind. Beispiele für P.n führt →Dézallier d'Argenville an.

Palissy, Bernard (um 1510–1590), französischer Kunsthandwerker und Kunsttheoretiker. Neben seinem keramischen Werk ist die Gestaltung von →Grotten hervorzuheben, u. a. die Grotten für Maria von Medici in den Tuilerien. In seiner kunsttheoretischen Schrift *Recepte véritable par laquelle tous les hommes de la France pourront ap-*

prendre à multiplier et augmanter leur thrésors …, La Rochelle 1563, beschreibt P. einen manieristischen Garten mit teils bizarren und phantastischen Ausstattungsstücken, darunter lebensgroße, aus Ton gebrannte und glasierte Figuren, die dem Besucher täuschend echt erscheinen sollten. In den von ihm angelegten →Grotten sollten sich darüber hinaus zur Überraschung des Betrachters wie lebend wirkende Kriechtiere, Kröten, Eidechsen oder Schlangen tummeln, wie sie P. auch auf seinen Keramiken modellierte.

Palladianismus, vom Namen des italienischen Architekten Andrea →Palladio abgeleiteter Stilbegriff innerhalb des Klassizismus, der sich auf die stilistische und motivische Rezeption der Werke und Schriften Palladios außerhalb Italiens, insbesondere in England, bezieht. Wichtige Protagonisten palladianischer Architektur in der Gartenkunst sind Colen →Campbell und Inigo →Jones.

Palladio, Andrea (1508–1580), Architekt und Architekturtheoretiker, beeinflusst von →Vitruv, →Alberti und →Bramante. Die europäische Garten- und Schlossbaukunst des 17. und 18. Jh.s wurde maßgeblich beeinflusst von der durch P.s Bauten charakterisierten Villenkultur im Veneto (→Maser), die sich insbesondere auf die Bauform der →Maison de plaisance auswirkte. Sein theoretisches Hauptwerk *I quattro libri dell'architettura*, veröffentlicht erstmals 1570 in Venedig, wurde zur maßgeblichen Schrift für den sog. Neopalladianismus, der ganz Europa erfasste. Zu großer Wirkung in England führte die Rezeption palladianischer Architekturprinzipien und -motive ab etwa 1620 durch Inigo →Jones und Colen →Campbell. Insbesondere die Villa Rotonda bei Vicenza (um 1565) und die mit Loggien überbaute Brücke als Entwurf für die Rialto-

Brücke in Venedig sind Vorbild für Bauten in englischen Landschaftsgärten (u. a. in →Chiswick, →Stowe, →Stourhead; Brücken in Wilton, Wiltshire, 1737, und Prior Park, Bath, 1756).

Palmengarten →Palmenhaus

Palmenhaus, Begriff des 19. Jh.s für →Gewächshäuser, in denen exotische Pflanzen in Kübeln überwintert, aber auch direkt im Erdboden gezogen wurden. Palmenhäuser zeichnen sich durch einen von einer hohen Kuppel bekrönten Mittelbau aus, in dem die hochwachsenden Palmen kultiviert wurden. Als Beispiel sei das große P. im Schlosspark von Schönbrunn, →Wien (1880–82), genannt, das über eine bedeutende Sammlung seltener Pflanzen verfügte. Je nach dem Wärme- oder Feuchtigkeitsbedürfnis der Pflanzen wurden Warm- oder Kalthäuser sowie Tropenhäuser angelegt. Seit der Mitte des 19. Jh.s entstanden in den öffentlichen Parkanlagen Palmenhäuser, die für jedermann zugänglich waren und in denen neben der Zurschaustellung exotischer Pflanzen auch botanische Forschung betrieben wurde, z. B. das Glashaus im Regents Park, London, 1846. 2001 wurde das weltgrößte P. auf einer Länge von fast 1 km an der Südwestküste Englands (Cornwall) eröffnet. Das »Project Eden« schuf einen tropischen Regenwald unter einem transparenten Kuppeldach.

Pan (griech., ›all, alles‹) aus Kleinasien überlieferter, in →Arkadien beheimateter griechischer Schutzgott der Herden und Hirten, dem Hermes als Vater zugeordnet wird. Meist verharmlosend dargestellt als gehörnter und bocksbeiniger Naturgott, der auf der Panflöte (Syrinx) spielt oder Nymphen nachstellt. Tatsächlich vertritt er die allgewaltigen Kräfte der unbearbeiteten Natur außerhalb des

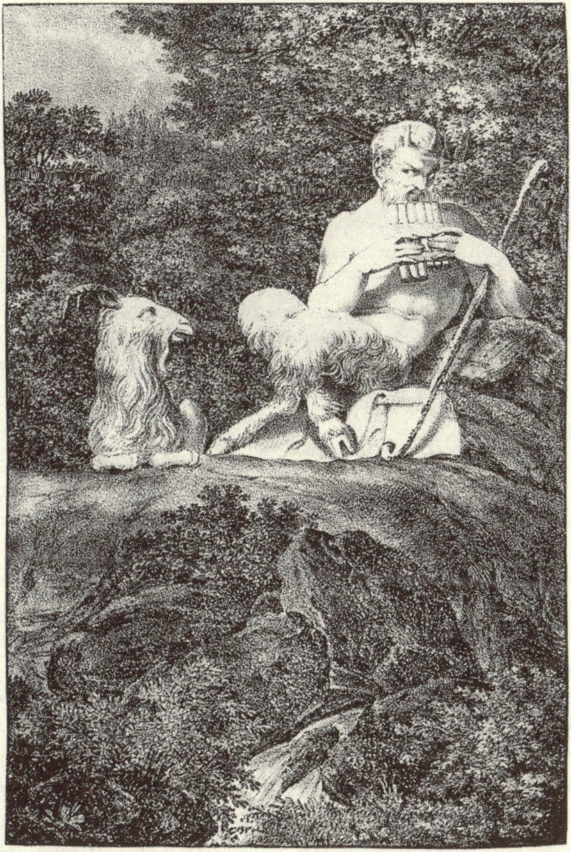

Pan. Lithographie

Aus: F. L. von Sckell, *Beiträge zur bildenden Gartenkunst [. . .]*, München 1825

Sozialen. Feste Figur im → Skulpturenprogramm der Gartenkunst.

Panorama (griech., ›Allschau‹), Rundblick. Im Innenraum bewirkte ein Gemälde bzw. Fresko oder eine P.-Tapete die allseitige imaginäre Öffnung der Wand in eine Landschaft oder einen Garten. Gegen Ende des 18. Jh.s wurden spezielle Rundbauten für Panoramen errichtet (Stadtansichten, Landschaften, später auch Schlachtenszenen), die während des 19. Jh.s eine beliebte Attraktion waren. → Gartenzimmer.

Pantheon (griech., ›allen Göttern [geweihter Tempel]‹), einzig vollständig erhalten ist das Pantheon in Rom, das 115–125 unter Hadrian erbaut wurde und vielfach in Gärten Vorbild war für Bauten in verkleinertem Maßstab (z. B. in → Stourhead).

Paradies (aus dem pers., griech. *paradeisos* ›Umzäunung, Garten, grüner Ort‹), architektonisch ein Vorhof vor der Vorhalle (Narthex) einer frühchristlichen Basilika, der im Sakralbau weitertradiert und verschiedenartig ausgebildet wurde. Xenophon (434–355 v. Chr.) bezeichnete mit »Paradeisos« die persischen Königsgärten. Im allgemeinen Sprachgebrauch ist das P. als neutestamentliches Synonym für den Garten → Eden das »Urbild« für den schönsten aller Gärten, in dem das erste Menschenpaar bis zum Sündenfall lebte (1. Mose 2,8–15). Im Neuen Testament bezeichnet das P. das Jenseits als Ort der Seligen, so z. B. in der Apokalypse (*Offenbarung des Johannes*, Offb. 2,7), wo es als das »Himmlische Jerusalem« beschrieben wird. In der bildenden Kunst wird das P. dargestellt als Gartenlandschaft mit einem Überfluss an Wasser (vier P.-Flüsse) und Nahrung (Lebensbaum).

Paradiesgärtlein → Hortus conclusus

Parc (frz., ›Park‹), in Frankreich seit dem Mittelalter angelegtes, von Mauern umgebenes Waldstück, in dem landwirtschaftliche Nutzflächen (Obstplantagen, Weingärten) angelegt wurden und Tierhaltung, oft auch von seltenen Tieren (→ Ménagerie), betrieben wurde. Man unterscheidet zwischen Petit P. als im weiten Sinne gestalteter Lustgarten (→ Parterre, → Boskett) und Grand P. als ebenfalls eingezäuntes, aber ausgedehnteres Waldgebiet für die → Jagd seit dem 17. Jh., eingerichtet z. B. in → Vaux-le-Vicomte oder → Versailles. → Park.

Parco (ital., ›Park‹), der Begriff bezeichnet in Italien seit dem Spätmittelalter ein eingezäuntes Jagdgehege, das sich oft an den gestalteten Garten einer Villa anfügt. Erstmals wurden → Jagdpark und Garten kombiniert im Garten der Villa Lante in → Bagnaia.

Paris, Cimetière du Père Lachaise, im heutigen Stadtteil Ménilmont gelegener Friedhofsgarten auf einem seit dem Mittelalter zum Weizen- und Weinanbau genutzten Gelände. Nach seiner Veräußerung durch den Bischof von Paris an die Jesuiten im Jahr 1626 erlebte das Areal eine wechselvolle Geschichte bis 1804. Die Stadt Paris hatte es erworben, um dorthin den Friedhof der Gemeinde Saint-Marguerite zu überführen. Beauftragt mit der Gestaltung wurde Théodore Brongniart (1739–1813), der die hügelige Landschaft in einen Park umwandelte. Er sollte den Lehren des von Brongniart verehrten Jean-Jacques → Rousseau folgend ein → Elysion werden. Der ursprüngliche Landschaftspark mit Zypressen, Pappeln und Trauerweiden und weit voneinander entfernt gelegenen Gräbern wurde schnell zu einem gesuchten Friedhof für

Reiche und Berühmte, so dass bald von dem ursprünglichen Park kaum noch etwas zu sehen war. Angesichts der vielen berühmten Verstorbenen ist der Père Lachaise heute noch eine Pilgerstätte insbesondere für Liebende, seitdem Abélard (1079–1142) und Héloïse (1101–1164), das berühmte Liebespaar des Mittelalters, 1817 hierher überführt wurden.

Park (von lat. *parcere* ›schonen‹), ein mit Bäumen bestandenes, meist eingezäuntes Gebiet, das im Gegensatz zum Wald oder Forst nicht landwirtschaftlich genutzt wird, sondern ausschließlich dem Aufenthalt im Grünen, der Bewegung und der Freizeitgestaltung gilt. Die Begriffe P. und →Garten werden meist synonym gebraucht (z. B. Schlossgarten oder Schloss-P., →Volksgarten oder Volks-P.), wobei der Begriff des Gartens eine »künstlichere« Gestaltung der Anlage im Sinne des geometrischen Gartens zu beinhalten scheint und meist eine kleinere Anlage meint. Eine strenge Unterscheidung beider Begriffe gibt es nicht. So wird der »natürliche« Landschaftspark nach englischem Vorbild auch als →Landschaftsgarten (→Englischer Garten) bezeichnet. Das Wort stammt aus dem italienischen Sprachgebrauch, wo seit dem 15./16. Jh. der →parco als Jagdgarten dem gestalteten Garten einer Villa angegliedert ist.

Parkpflegewerk, kontinuierliche Betreuung und Betriebsführung gartenkünstlerischer Anlagen. Intensive Bemühungen im Sinne gartendenkmalpflegerischer (→Gartendenkmalpflege) Maßnahmen zum Schutz und zur Erhaltung historischer Gärten beginnen in Deutschland um die Wende vom 19. zum 20. Jh. Schädigungen des ›Idealzustandes‹ durch Naturereignisse, Kriegsschäden, Veränderung von Standortbedingungen, mangelnde regenerative und restaurative Eingriffe, nachträglich vorgenommene ›falsche‹ Pflanzungen sowie Vernachlässigung im allgemeinen Sinne führten schließlich seit dem Ende der 50er Jahre zur Forderung nach P.en. Ein P. beinhaltet die Erforschung der Anlage, auf ihr gründende Bestandsgutachten, die Erstellung eines Leitbildes, Planwerkes und Arbeitsprogrammes, das auch langfristige Pflegeanweisungen samt Kostenschätzungen enthält. Ein P. ist unerlässliches Instrument zur Erhaltung einer denkmalwürdigen Anlage. Zur Lösung u. a. der Probleme im Zusammenhang mit P.en wurde 1963 von der »Deutschen Gesellschaft für Gartenkunst und Landschaftspflege« ein »Arbeitskreis für Historische Gärten« gegründet. Das Neu- bzw. Weiterbauen in historischen Gartenanlagen wird gegenwärtig zurückhaltend beurteilt. Dem steht die Forderung gegenüber, dass nicht ein bestimmter Zustand erhaltenswert ist, sondern die unterschiedlichen historischen Ausbildungen. Als problematisch werden heute Rekonstruktionen oder historisierende Neuschöpfungen beurteilt, nicht zuletzt, weil der ›Idealzustand‹ kaum bestimmbar ist.

Parterre (frz., ›am Boden‹), ebene, verschiedenartig gestaltete Fläche unmittelbar vor dem Schloss gelegen, die am besten von erhöhtem Blickpunkt aus zu übersehen ist. Nach Augustin-Charles → d'Aviler wurden P.formen ausführlich behandelt von → Dézallier d'Argenville. Danach unterscheidet man verschiedene Typen des P.s: (1) *P. à l'angloise*, ein von Blumen gerahmtes, großes, rechteckiges Rasen-P., mit breiteren Wegen gestaltet als das Blumen-P.; (2) *P. de broderie,* eine ebene Fläche mit so kunstvoll ange-

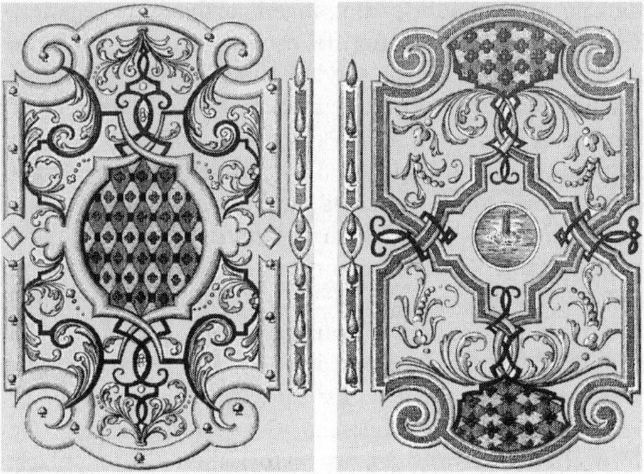

Parterre-Entwürfe von Johann David Fülck
»Ein par Terre von außen mit Grotesque und Mosaique« (l.);
»Ein gleichformiges par Terre von Proderie Grotesque und Mosaique, die rabatten mit Wasen garnirt« (r.)

Aus: Johann David Fülck, *Neue Gartenlust [...]*, Augsburg 1720 (reprogr. Nachdr. Worms 1994)

legten Beeten, dass sie an Stickmuster erinnern (→Broderie), von 1620 bis 1720 ist diese Form das wichtigste Gestaltungsmittel des architektonischen Gartens: die Muster setzen sich aus bunten Kies- oder Sandflächen zusammen und werden mit niedrigem →Buchs eingerahmt. (3) *P. de broderie melée de massifs de gazon* (kurz P. melée), mit massigen, verschiedenartigen Rasenstücken eingefasste Broderien. (4) *P. de compartiment*, mit Rasenstücken, Büschen und Blumenrabatten gestaltete →Kompartimente, die in der zweiten Hälfte des 18. Jh.s gebräuchlich waren; Ornamente aus Blumen und Rasen wechseln miteinander ab. (5) *P. d'eau*, mit eingefasster Wasserfläche gestaltet. (6) *P. gazon coupé*, mit ausgestochenen Rasenstücken geformt; ab etwa 1720 eingeführt, ersetzt es das P. de broderie. (7) *P. de pièces coupées pour des fleurs*, mit flächigen Blumenrabatten in ausgestochene Aussparungen von Rasenflächen komponiert.

Passspiel, angeblich vom bayerischen Kurfürsten Max Emanuel erfundenes Kricket-ähnliches Spiel mit Kugeln und Schlägern. Das Spiel ist dargestellt in dem Stichwerk zu Schloss Nymphenburg in →München von Matthias →Diesel (→Spiele).

Pastorale (von lat. *pastor* ›Hirte‹), Darstellung eines Idealbildes des Hirten- bzw. Landlebens als friedvolle Utopie im Sinne des Goldenen Zeitalters (Eklogen von →Vergil), siehe auch →Arkadien, →Bukolica. Als Gattung in der italienischen Malerei des 17. Jh.s entstanden, waren Schäferidyllen v. a. im Rokoko (Malerei, Porzellan, Theater und Literatur) weit verbreitet (→Schäferspiele).

Patio (span., ›Hof, Ruhe‹), Innenhof als nicht überdachter Raum im Zentrum eines spanischen oder ibero-amerikanischen Wohnhauses, der für praktische Arbeiten ebenso wie als Ort der Muße genutzt wird. Die Tradition der prachtvoll ausgestatteten Innenhöfe in spanischen Palästen und Bauten Wohlhabender wurde in der maurischen Architektur seit Mitte des 8. Jh.s begründet. →Peristyl.

Patte d'oie (frz., ›Gänsefuß‹), drei von einem zentralen Punkt radial ausstrahlende →Alleen. Im 17. Jh. außerhalb des eigentlichen Gartens gelegenes, vom Park wegführendes →Wegesystem. Im 18. Jh. konnte das P. d'o. direkt vom

Schloss ausgehen, und es durchzog als gliederndes Achsensystem das → Parterre bzw. das → Boskett.

Pavillon (frz., ›Zelt, Gartenhaus‹), abgeleitet von frz. *papillon* ›Schmetterling‹, meint P. zunächst ein »fliegendes«, d. h. schnell auf- und abgebautes Gebäude. Als Garten-P. ist er ein kleines freistehendes, mit einem Zeltdach oder Baldachin versehenes → Gartenhaus, das in barocken Anlagen häufig in Schnittpunkten oder am Ende von → Alleen steht, während es in englischen Landschaftsgärten oft in hervorgehobener Lage als Teil eines »Landschaftsbildes« fungiert. In der Schlossarchitektur gehört der P. zum gesamten Baukörper, wird jedoch durch ein eigenes Dach als eigener Bauteil separiert.

Paxton, Joseph (1801–1865), englischer Gärtner und Ingenieur. In Paxtons Zeit als Obergärtner in Chatsworth, Derbyshire (1826–58), fiel die Bauzeit des dortigen großen Gewächshauses, mit dem es möglich wurde, exotische Pflanzen in größerem Umfang zu beherbergen. P. gelang es erstmals, die Amazonas-Lilie zum Blühen zu bringen. Das Gewächshaus von Chatsworth wurde Prototyp für P.s berühmten »Kristallpalast«, der auf der Weltausstellung von 1851 gezeigt wurde. P. war neben John Claudius → Loudon maßgeblich an der Entwicklung der Glashäuser im 19. Jh. beteiligt.

Pergola (ital., ›Laube, Weinlaube‹), über senkrechten Stützen liegendes horizontales Rankgerüst, das eine rechteckige, berankte Laube für einen → Laubengang, eine → Terrasse oder Umfriedung ausbildet.

Perspektive (von lat. *perspicere* ›hindurchsehen‹), Methode, durch Mittel der Verkürzung, Konvergenz der Linien, Größenab- oder -zunahme einen Raum so auf einer

Fläche wiederzugeben, dass es den Sehbedingungen des Raumes und der in ihm befindlichen Körper entspricht. Zu unterscheiden sind Zentral-, Linear-, Parallel-, Frosch-, Vogel- und Kavalier-P.

Peristyl (altgr., ›rings von Säulen umgeben‹), offener, säulen- oder pfeilergestützter Umgang im →Atrium eines römischen Hauses, der der griechischen Baukunst, insbesondere dem Wohnhaus, entlehnt ist. Das P. war gleichzeitig der Garten des römischen Wohnhauses, um den sich die Räume gruppierten. Zum antiken römischen Garten vgl. auch im Kapitel »Gartenstile Europas« S. 11–13.

Peristylgarten →Peristyl

Peschiera (ital., ›Fischteich‹), in einem Garten gelegenes, meist als viereckiges Wasserbassin gestaltetes Becken, in dem Fische zum Angeln gehalten wurden. Die meisten Gartenanlagen verfügten über ein großes, mit Booten zu befahrendes Wasserbecken, das mehr oder weniger künstlerisch gestaltet mit →Fontänen, →Wasserspielen und Skulpturen ausgestattet war. Beispielsweise dienten die großen seeartigen und mit Kanälen verbundenen Bassins in der Gartenanlage des Jagdschlosses Clemenswerth, 1737–47 von Johann Conrad →Schlaun erbaut, der Entenjagd wie dem Fischfang.

Petit Genneville →Yerres

Petri, Johann Ludwig (1714–1794), deutscher Gärtner. Als Hofgärtner im Dienst des Kurfürsten Carl Theodor von der Pfalz in Zweibrücken und Saarbrücken tätig, arbeitete P. mit Nicolas de →Pigage in →Schwetzingen zusammen, wo er 1752 den Park der kurfürstlichen Sommerresidenz umgestaltete. In Ergänzung der Pläne Pigages verwirklichte P. in den Jahren nach 1753 einen Gartenentwurf für Schwetzingen, der sich durch die zentrale Anlage eines Rondells auszeichnet. Nach P.s Plänen ergänzten nun →Berceaux die von Pigage konzipierten →Zirkelhäuser, so dass ein hermetisch in sich geschlossenes Rund ohne Ausblick entstand. Nach der Rückkehr P.s nach Zweibrücken erweiterte Pigage nach 1761 die Gartenanlage und fügte zahlreiche Gebäude hinzu. Von P.s Plan blieben nur die →Alleen und Berceaux im →Zirkel verwirklicht.

Petzold, Eduard (1815–1891), Gärtner und Gartentheoretiker. P. war neben Peter Joseph →Lenné einer der bedeutendsten Gartenkünstler und -theoretiker des 19. Jh.s. Er plante zahlreiche Gartenanlagen in Deutschland und im europäischen Ausland. Eines seiner Hauptinteressen galt dabei der →Dendrologie. Nach ausgedehnten Europareisen war P. Hofgärtner in Weimar und übernahm später die gärtnerische Leitung des Parkes in →Muskau. Sein Werk steht unter dem Einfluss →Pückler-Muskaus.

Pflanzenbuch →Botanik, →Herbarium

Pflanzendarstellung, die Darstellung von Pflanzen in der bildenden Kunst ist seit der paläolithischen Zeit bekannt (Malereien in der Grotte des Espelugues, Frankreich). Bereits in der antiken Baukunst wurden stilisierte P.en in die Bauornamentik aufgenommen (griechisches Akanthuskapitell, ägyptische Pflanzensäule). In der römischen, insbesondere der augusteischen Kunst spielte das vegetabile Ornament als Schmuck in der Architektur und Skulptur eine ebenso wichtige Rolle wie die autonome Pflanzen- und Gartendarstellung in der römischen und pompejanischen Wandmalerei (→Gartenzimmer). Die Tradition des Pflanzenornaments setzte sich kontinuierlich im Mittelalter fort. Naturgetreue Darstellung einzelner Pflanzen erfolgte nicht nur aus botanischem und medizinischem Interesse (→ Botanik). Die Darstellung von Pflanzen um ihrer selbst willen und aufgrund ihres Symbolgehaltes (→ Pflanzensymbolik) erlangte im Bauornament gotischer Kathedralen des 13. Jh.s (z. B. Kathedrale Reims, Westwand; Naumburger Dom, Westchor) eine ungewöhnliche und bis in barocke Zeit unerreichte Naturtreue, wenngleich sich die Detailgenauigkeit und Vielfalt seit der Renaissance in der Skulptur (Lorenzo Ghiberti, Bronzetür des Florentiner Baptisteriums, 1404–24; Hans Witten, Tulpenkanzel in Freiberg, um 1508/10) ebenso wie in der Malerei steigerten. Die P.en Leonardo da Vincis beeinflussten nördlich der Alpen Albrecht Dürer und andere Künstler. Ein Beispiel für die genauen botanischen Kenntnisse Dürers ist das berühmte Rasenstück von 1503 (Aquarellzeichnung, Wien, Albertina), das als die erste autonome P. in der Malerei der frühen Neuzeit gilt. Eine Verselbständigung der P. erfolgte durch die Ausbildung einer eigenen Gattung des Blumenstilllebens in der holländischen Malerei des ausgehenden 16. Jh.s. Nicht zuletzt ausgelöst durch die Begeisterung für exotische Blumen wie die Tulpe entstanden im 17. Jh. in den Niederlanden die prachtvollen Blumenstilleben, u. a. von Jan Breughel d. Ä. (1568–1625) oder Daniel Seeghers (1590–1661). Als bedeutende Bildgattung setzte sich das Blumenstillleben während des 19. und 20. Jh.s fort. P. war im Kunsthandwerk in allen Stilepochen von Bedeutung. Hervorzuheben ist insbesondere die Porzellanmalerei im 18. Jh. Im 19. Jh. nahmen die Reformer der Arts & Crafts-Bewegung, wie John Ruskin und William → Morris, das überladene viktorianische Ornament zurück. Morris machte die naturalistische, aber stilisierte P. zur Grundlage seiner Ornamentik und beeinflusste so das Pflanzenornament des floralen Jugendstils. In der klassischen Moderne mit dem Postulat von »Ornament und Verbrechen« (Adolf Loos) wurden pflanzliche Formen zugunsten geometrischer zurückgedrängt und haben seither einen eher konservativ-reaktionären, auf das konventionelle Kunsthandwerk beschränkten Beigeschmack.

Pflanzenjagd, das bewusste Sammeln von Pflanzen, um Arzneien zu gewinnen, Geschmacks- und Duftstoffe zu steigern oder zu erzeugen, unterscheidet sich erheblich von der P., die parallel zur Entdeckung anderer Kontinente mit der zunehmenden Forschungs- und Reisetätigkeit einsetzte. Einer der ersten, der allein zum Zweck der Pflanzenstudien den Orient bereiste, ist der sächsische Gärtner George → Meister, der 1689 mit fast 500 exotischen Pflanzen heimkehrte. Maria Sibylla → Merian, die 1700 nach Südamerika aufbrach, bündelte ihre Eindrücke in ebenso künstlerischen wie wissenschaftlich überzeugenden Stichwerken. Im 18. Jh. nehmen Expeditionen zur Beschaffung exotischer Pflanzen für fürstliche Gärten rapide zu: Allein für den Garten von Schloss Schönbrunn werden seit 1755 sechs Expeditionen nach Afrika, Westindien, Brasilien und Nordamerika unternommen. Kew Gardens, der Park der englischen Prinzessin Augusta, beherbergt um 1770 etwa 3500 verschiedene Pflanzenarten (→ Herbarium). Forschungsreisende wie Alexander von Humboldt (1769–1859), der die Erkenntnisse seiner Amerika-Expedition in den 30 Bänden, davon 14 botanischen Werken, der *Voyage aux régions équinoctiales du Nouveau Continent* (1805–34), festhielt, bereisten exotische Länder aus rein botanischem und völkerkundlichem

Interesse. Naturwissenschaftliche Erkenntnisse stehen seit dem 19. Jh. bei der Pflanzenjagd im Vordergrund. Der Naturforscher Carl →Linné entwickelte eine neue, bis heute gültige Systematik für Pflanzen nach exakten wissenschaftlichen Kriterien. Züchtungen und Kreuzungen in Europa (→Pflanzenzucht) werden intensiviert seit 1930. Im Index Kewensis, der in den Royal Botanic Gardens in Kew geführt wird, werden seit 100 Jahren alle neuentdeckten Pflanzen erfasst (etwa 2000 jährlich). Die Jagd nach Pflanzen ist zugleich eine Jagd nach sekundären Pflanzenstoffen wie Arzneien, kosmetisch wirksamen Inhaltsstoffen, Farbstoffen u. a. m. Die »Jagd« nach Pflanzen mit Methoden der Genforschung hat begonnen. →Ward'scher Kasten.

Pflanzenmoden, Erfahrungswerte medizinisch wirksamer Inhaltsstoffe, Duft, Farbe und äußere Gestalt führten früh zu positiven oder negativen Bedeutungszuweisungen für Pflanzen bzw. Blumen und wurden in der →Pflanzensymbolik verschlüsselt tradiert. Nicht immer abgrenzbar zur Pflanzensymbolik werden zeitlich begrenzte Vorlieben für Pflanzen und Blumen entwickelt: P. bestimmen den Einsatz von vegetabilen Mustern für den Garten- bzw. Zimmerschmuck, die Vorlagen für die Musterung und Gestaltung von Stoffen und anderen Gebrauchsgegenständen. P. sind häufig von ökonomischen Interessen mitbestimmt. Die Tulpe z. B., aus dem Orient eingeführt und 1576 von dem Wiener Hofbotaniker Carolus Clusius erstmals beschrieben, löste eine Tulpenbegeisterung in ganz Europa aus. Mit Zusammenbruch der Tulpenbörse in Amsterdam 1637 wurden wegen überhöhter Preise ganze Wirtschaftszweige zum Erliegen gebracht.

Die Tulpe ist ein typisches Beispiel für eine der Mode unterworfene Blume, die aufgrund ihrer späten Einführung nach Europa keine eigene Symbolik ausbildete. Gestalt und Farbe einer Pflanze sind nicht selten Spiegel des Stils derjenigen Epoche, die sie modisch bevorzugte. So scheint das Aussehen der spitzblütigen Akelei prädestiniert, die Kleiderform (Schnabelschuhe, Hauben) des 14. Jh.s zu reflektieren. Das Erscheinungsbild der vielblättrigen Rose entsprach dem üppigen Kleiderstil des Rokoko, während z. B. der sich windende Schlafmohn mit seinem Linienfluss nicht zufällig dem Formgefühl des Jugendstils gleichkam. → Pflanzendarstellung.

Pflanzensymbolik, siehe auch → Pflanzendarstellung. Allgemein gelten Blumen seit der Antike als Symbol für den Frühling und damit für → Flora. Bereits in der antiken Mythologie entwickelt (z. B. → Rose für Venus, Efeu für → Pan, Lorbeer für Apoll, Wein für Bacchus usw.), wurde die P. in der christlichen Kunst tradiert und variiert (Rose und Lilie für die Madonna, Wein für Christus usw.). Schon im frühen Christentum werden Pflanzen als Attribute bestimmten Heiligen und Märtyrern zugeordnet. Seit dem 12. Jh. (*Liber floridus*, d. h. *Buch der Blumen*, enzyklopädisches Werk des Kanonikers Lambertus von St. Omer in Flandern, 1120) bildete sich eine kodifizierte, wenn auch nicht immer eindeutig zuweisbare Symbolik und Ikonographie aus, die sich aus der Farbe, dem Aussehen und der Wirkung von Pflanzen und Blumen entwickelte (→ Pflanzenmoden, → Paradiesgärtlein).

Pflanzentransport → Ward'scher Kasten

Pflanzenzucht, die Blumenzucht gelangte in der Antike, von Persien ausgehend, nach Europa, während die

Griechen und Römer bis in hellenistische Zeit weniger den Zier- als den Nutzgarten kannten. Die P. ist im engen Zusammenhang mit der →Pflanzenjagd zu sehen. Das intensive und Ende des 18. Jh.s professionelle Sammeln von Pflanzen in aller Welt war zunächst vorrangig von wissenschaftlichem Erkenntnisdrang und der Möglichkeit praktischer Nutzung neu gefundener Spezies motiviert. Neu eingeführte Pflanzen fanden darüber hinaus schnell in Gärten Einzug, wo sie schließlich anders als in botanischen Gärten oder in →Arboreta nach ästhetischen Kriterien angepflanzt wurden. Seit Ende des 18. Jh.s kommen prosperierende Gartenbaubetriebe dem Bedürfnis nach neuen Pflanzen nach und sind heute dank hochentwickelter P.-Methoden in der Lage, mit ihren Angeboten das Bedürfnis nach neuen Pflanzen zu befriedigen bzw. zu wecken. Pflanzenzüchtungen finden heute vorrangig im Labor statt. Freilandexperimente insbesondere mit genetisch verändertem Saatgut zu Forschungszwecken und zur Angebotserweiterung ästhetisch attraktiver Pflanzen werden sorgfältig überwacht und unterliegen staatlicher Kontrolle.

Pflanzgefäße, mit der wachsenden Vorliebe für exotische, nicht winterharte Gewächse seit dem 17. Jh. waren mobile Gefäße notwendig geworden, die im Sommer nach draußen gepflanzt oder gestellt werden konnten, während sie im Winter in die →Gewächshäuser und →Orangerien gebracht wurden. In Italien benutzte man dafür Töpfe und Kübel aus →Terrakotta, im Norden wurden Kästen oder Kübel aus Holz (Vorbild war die →Caisse de Versailles) für die größeren, Tontöpfe für die kleineren Pflanzen verwendet. Daneben waren auch kostbare Vasen und Gefäße aus Bronze und Blei, aus Porzellan oder porzellanimitierender Fayence (sog. Delfter Porzellan) in Gebrauch. Im 19. Jh. gab es zahlreiche, später auch industriell gefertigte »Blumenscherben« aus Ton in unterschiedlichen Größen für den differenzierten Gebrauch durch den professionellen wie den privaten Blumen- und Pflanzenzüchter. Auch Holzkübel, wie sie →Loudon 1822 in seiner *Encyclopaedia of Gardening* beschreibt, waren noch im Gebrauch.

Pflanzprogramme, sorgfältig ausgearbeitete Pläne unter Berücksichtigung von Boden-, Licht- und Klimaverhältnissen sowie von Nützlichkeitserwägungen, wissenschaftlichen Interessen oder/und ästhetischen Überlegungen. P. wurden jahreszeitlich unterschieden. Eine beispielhafte Bepflanzung des Renaissancegartens in Deutschland stellte Joseph →Furttenbach vor. Sie bestand aus Kaiserkrone, Tulpe, Türkenbund, Narzisse, Hyazinthe, Iris, Schachblume, Anemone, Krokus, Milchstern und Ranunkel. Nach historischen Plänen und Beschreibungen versucht man heute die ursprünglichen Bepflanzungen in den Gärten nachzuempfinden. Vorbildhaft sind die jährlich neu erstellten P. für den Garten von Schloss Villandry, Frankreich, die – nicht unumstritten – den Renaissancegarten in Anlehnung an die Beetentwürfe von Jacques-Androuet →du Cerceau nachgestalten wollen. Im Schlosspark Benrath, →Düsseldorf, ist das Pflanzprogramm für den Garten der Kurfürstin (entwickelt im 18. Jh. nach →Dézallier d'Argenville) rekonstruiert und wiederbelebt worden (→Jahreszeiten).

Philosophengarten, Tradition philosophisch motivierter Zusammenkünfte von Gelehrten, um in der Abgeschiedenheit eines Gartens frei von sozialen Regeln und

Konventionen und damit ausschließlich geleitet von der Liebe zur Wahrheit handeln zu können. Platon (427–347 v. Chr.) erwarb in Athen einen Garten (nach 388 v. Chr.), den er den Musen weihte und in dem er lehrte. Aristoteles (322/1–284/3 v. Chr.) folgte dessen Beispiel und hielt seine Vorlesungen im sog. Lykaion, in der Nähe des Tempels des Apollon Lykaios. Als »Philosophie des Gartens« bezeichnete Epikur (342–217 v. Chr.) seine Lehre. Wie Platon und Aristoteles lehrte er außerhalb von Athen in einem Garten. Die Form des Lehrens und Philosophierens im Garten lebte in der italienischen Renaissance wieder auf. Marsilio Ficino (1433–1499) versammelte in einer von Cosimo de' Medici geförderten »Platonischen Akademie« nach antikem Vorbild in einer Villa in Careggi bei Florenz die Gelehrten seiner Zeit, um christliche und platonische Philosophie zu harmonisieren. → Arkadische Akademie-Gärten.

Pianelle (ital. *pianella, -e* ›Flachziegel‹), flache Ziegel zur Einfassung von Blumenbeeten im italienischen Garten, wie sie z. B. für die Rekonstruktion viktorianischer Blumenschüsseln (→ Corbeilles de fleurs) in der Villa Medicea La Petraia in → Florenz-Castello verwendet wurden.

Pigage, Nicolas de (1723–1796), lothringischer Architekt. In den Jahren 1744–46 studierte P. an der Académie Royale d'Architecture in Paris, nachdem er sich an der Ecole Militaire in Paris zum Ingenieur-Baumeister hatte ausbilden lassen. Seit 1749 fungierte er als »Intendant der Gärten und Wasserkünste«, danach seit 1752 als Oberbaudirektor bei Carl Theodor von der Pfalz. Er arbeitete in Schwetzingen zusammen mit Johann Ludwig → Petri. 1762 schließlich wird P. zum Gartendirektor ernannt. P. war maßgeblich beteiligt an der Gestaltung des Schlossparks in

→Schwetzingen und an der Anlage von Schloss Benrath in →Düsseldorf, für dessen Neubau er als Architekt seit 1755 verantwortlich war. P. ist einer der bedeutendsten Baumeister in Deutschland in der Übergangszeit vom Spätbarock zum Klassizismus.

Plate-bande (de fleurs) (frz., ›Einfassung‹), das →Parterre umgebende Blumenrabatte. Oft enthielt sie auch Sträucher und Formbäumchen.

Pleasureground (engl., ›Vergnügungsplatz‹), direkt am Haus gelegener, sog. »innerer« Garten, der zum »äußeren« (Wald-)Park überleitet.

Plinius d. Ä. (Cornelius Plinius Secundus, 23–79 n. Chr.), römischer Staatsbeamter und Offizier, Onkel des →Plinius d. J. P. kam bei dem Ausbruch des Vesuv 79. n. Chr. ums Leben. Seine *Naturalis historia* in 37 Büchern stellen das größte naturwissenschaftliche Sammelwerk der Antike dar. Neben naturgeschichtlichen Abhandlungen enthält das Werk auch geographische, ethnographische und kunsthistorische Schilderungen über Malerei und Skulptur, da Minerale und Metalle in ihrer Verarbeitung auch für die Künste von Bedeutung sind. In der schon im Mittelalter überlieferten und vielfach für den Gartenbau rezipierten Naturkunde gibt P. detaillierte Anweisungen für die Bestellung von Äckern und Gärten in der Landwirtschaft.

Plinius d. J. (Gaius Plinius Caecilius Secundus, 61/62 – um 113 n. Chr.), römischer Schriftsteller und Politiker, Neffe des →Plinius d. Ä. Für das Wiederaufleben der Villenkultur und der Gartenkunst in der Renaissance sind die Briefe des P. an verschiedene Adressaten von höchster Bedeutung (*C. Plini Caecili Secundi Epistularum libri decem*;

Gaius Plinius Caecilius Secundus, *Briefe*, lat.-dt., hrsg. von Helmut Kasten, München 1968), in denen er sein Landleben und seine Villen beschreibt (→Alberti, →Colonna). Die Briefe, insbesondere derjenige über die Villa in Tuscien, gelten als die wichtigste Quelle zur Rekonstruktion der römischen Villa und ihres Gartens.

Point de vue (frz., ›Blickpunkt‹), markanter Blickpunkt in einer Haupt- oder Nebenachse des Gartens. Als P. d. v. konnte ein Landschaftsprospekt ebenso gelten wie eine Statuengruppe, ein Gebäude oder ein →Brunnen als Blickfang am Endpunkt einer Weg- oder Blickachse. Sowohl im geometrisch-barocken Garten als auch im englischen Landschaftsgarten wurden P.s d. v. als Blickfang eingesetzt.

Pomeranze (von frz. *pomme orange* ›goldener Apfel‹), alter Begriff für die Orange. →Zitrusbäumchen, →Hesperiden.

Pomeranzengarten, Pomeranzenhaus, historische Bezeichnung für →Orangerien, in denen exotische Pflanzen aufgestellt wurden, z. B. bei Josef →Furttenbach in seiner *architettura privata* von 1641 verwendet.

Pomona, römische Göttin der Obstbäume und Beschützerin der Gärten. P. ist die Gemahlin des Vertumnus, des Gottes des Wandels und damit auch der →Jahreszeiten. Dargestellt ist Vertumnus in der Gartenplastik häufig in der Gestalt eines alten Weibes zusammen mit P., der er sich in dieser Gestalt näherte, um sie endlich für sich zu gewinnen, nachdem er sich vorher – als Schnitter, Gärtner oder Winzer verkleidet – vergeblich um ihre Gunst bemüht hatte.

Pope, Alexander (1688–1744), englischer Dichter und dilettierender Maler. P. veröffentlichte wie Joseph →Ad-

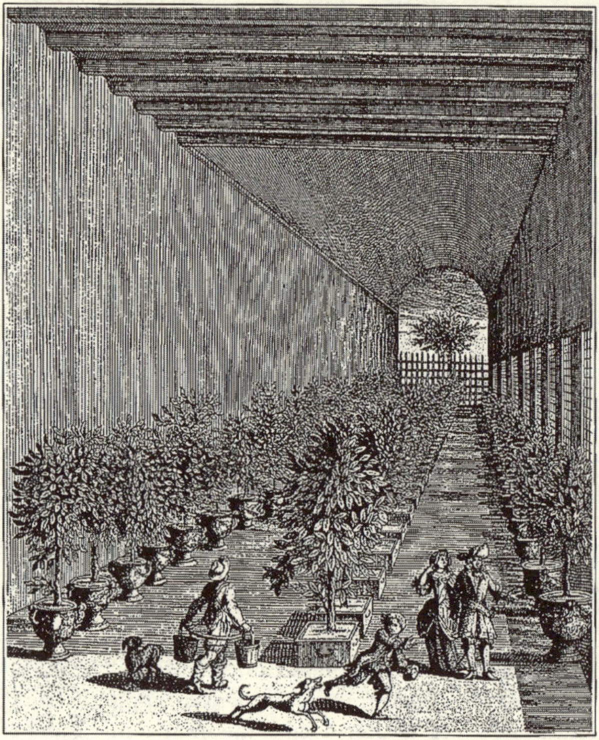

Jan Commelijn: Pomeranzenhaus der Akademie von Leyden

Aus: *Nederlantze Hesperides, dat is Oeffening in Gebruick van de Limoenen Oranje-Boomen [. . .]*, Amsterdam 1676

dison im *Spectator* Artikel zur Gartenplanung und weckte damit ein breites Interesse für Gartenkunst. Als Mentor der Whig-Tory-Opposition wandte er sich gegen den höfischen Adel und die Regierung. Sein an der Themse gelegener (heute zerstörter) Garten in Twickenham wird als Ausgangspunkt für die Entwicklung des englischen Landschaftsgartens gesehen. Er gilt als der erste Garten, der jede geometrische Anlage und den Baumverschnitt vermeidet, um sich als »ungeschmückte Natur« zu präsentieren.

Postmoderner Garten, s. u. »Gartenstile Europas« S. 35–38.

Potager (frz., ›Gemüsegarten‹), auch *jardin potager.* Gemüse- oder Küchengärten, die sich als Nutzgärten stets an die Gartenanlagen anschlossen, konnten ebenso wie Ziergärten kunstvoll angelegt sein. Beispiele dafür gibt es im Stichwerk der *Plus excellents bastiments de France* (1576–79) von Jacques-Androuet → du Cerceau. Eine schöne, wenn auch nicht unumstrittene Rekonstruktion eines Renaissance-Gemüsegartens nach dem Vorbild Du Cerceaus zeigt der seit 1906 neu angelegte Garten von Schloss → Villandry (Loire). → Kräutergarten.

Potsdam, Park Schloss Sanssouci, Schloss und Garten von Sanssouci wurden für Friedrich den Großen 1740 von Georg Wenzeslaus von Knobelsdorff entworfen und entstanden in den Jahren 1744–50. 1750 kam der sog. Rehgarten, 1763–70 das Neue Palais mit seinem Garten hinzu, so dass sich in einer Ost-West-Achse verschiedene Gartenteile aus Nutz- und Lustgärten sowie waldähnlichen Partien erstrecken. Vor dem eingeschossigen Schlösschen, das als »Lusthaus auf dem Weinberge« geplant war, zieht sich ein treppenartig angelegter Hang mit gläsernen Gewächshäusern herab, in denen Obst gezogen werden sollte. Diese Kombination eines vor dem Schloss gelegenen repräsentativen Terrassengartens mit dem »gläsernen Berg« als Nutzgarten ist einmalig. Am Fuße des Hangs schlossen sich ein Wasserbecken und das →Parterre an. Verschiedene kleinere Gartenarchitekturen, darunter die Neptungrotte (1753) und die Bildergalerie (1754) wurden in den Park integriert. Hervorzuheben ist das prächtige, aus exotischen und naturalistischen Architekturformen erbaute Chinesische Teehaus (1755), ein verstecktes Lustschlösschen, das in einem Labyrinthbezirk aus verworrenen Wegen und Kabinetten ans westliche Ende des Gartens gerückt wurde.

Prater (von ital. *prato* ›Wiese‹), →Volkspark in Wien, der auf ein kaiserliches Wildgehege zurückgeht, welches 1767 der Öffentlichkeit zugänglich gemacht wurde. Seit dem 19. Jh. ist der P. Festwiese und Ausstellungsgelände (Weltausstellung 1873). Der Begriff leitet sich ab von lat. *pratrum commune*, einer öffentlichen Wiese vor den Toren der Stadt, wie sie schon im Mittelalter angelegt wurde. Die Wiesen dienten als Fest- und Repräsentationsplatz, als Schieß- oder Truppenübungsplatz sowie als Sport- und Spielplatz.

Pratolino, Parco Demidoff (Toskana, Italien), die Formen des neben →Bomarzo bedeutendsten manieristischen Gartens Italiens sowie die Villa, die Francesco I. de' Medici sich ab 1569 von Bernardo →Buontalenti in den kühlen Hügeln nördlich von Florenz als Sommerresidenz anlegen ließ, sind nicht mehr erhalten. Der Garten präsentiert sich heute aufgrund einer auch den Abriss der Villa in

Kauf nehmenden Umgestaltung von 1820 als Landschaftspark, der im Jahre 1872 in den Besitz des Prinzen Paul Demidoff de Donata überging. Nur noch die berühmte, riesenhafte Figur des Appenin von Giambologna zeugt von der einstigen Pracht des Gartens und seiner bizarren Ausstattung, die durch ein Gemälde von Giusto Utens (gest. vor 1609) überliefert ist. Ein durch unregelmäßige, aber schnurgerade Wegschneisen durchzogenes Waldgebiet erstreckte sich zu seiten der von der Villa wegführenden breiten Mittelachse auf abfallendem Gelände. Flankiert wurde das →Boskett zu beiden Seiten von einer Kette unregelmäßig geformter Wasserbecken, deren Wasser in größere Becken am Fuße des Abhangs mündeten. Zahlreiche →Brunnen und Skulpturen, darunter Brunnenfiguren von Bartolomeo →Ammannati (heute Bargello, Florenz), schmückten den Garten. Berühmt in ganz Europa waren insbesondere die →Grotten mit den wasserbetriebenen Maschinen und →Automaten, darunter ein flötespielender Pan und eine in einer Muschel vorbeiziehende Galatea.

Promenade, seit dem 17./18. Jh. werden P.n als breite, oft in Gartenanlagen eingebundene Straßen und →Alleen innerhalb der Stadt angelegt. Sie entstanden u. a. im Zusammenhang mit der Auflösung der Bastionen (→Esplanade), dienten als Verkehrswege zum Befahren und Begehen ebenso wie als innerstädtische Grünanlagen zum Flanieren und Promenieren. Die erste öffentliche P. mit reicher gartenkünstlerischer Ausgestaltung wurde 1769 von Kurfürst Carl Theodor in Düsseldorf nach dem Vorbild der Tuilerien in Paris in Auftrag gegeben. Dazu sollte der alte Hofgarten durch Nicolas →de Pigage umgestaltet werden. Kernstück der Anlage, die nicht wie der Englische

Garten in → München als der erste öffentliche Volksgarten, sondern eben als straßenartiger, innerstädtischer »Spaziergang« eingerichtet wurde, ist eine lange, dreibahnige Lindenallee, die mit Rosen und anderen Kübelpflanzen ausgeschmückt war. Im 19. Jh. entstanden viele der gartenähnlich angelegten bürgerlichen Prachtstraßen (vgl. A. Alphand, *Les Promenades de Paris*, 2 Bde., Paris 1867–73). Weitere Beispiele für prächtige Gartenpromenaden in der Stadt sind die Allee Unter den Linden in Berlin (seit 1647 mit vielen Veränderungen) oder die Königsallee in Düsseldorf (1801), die in Kombination mit einer Geschäfts- und

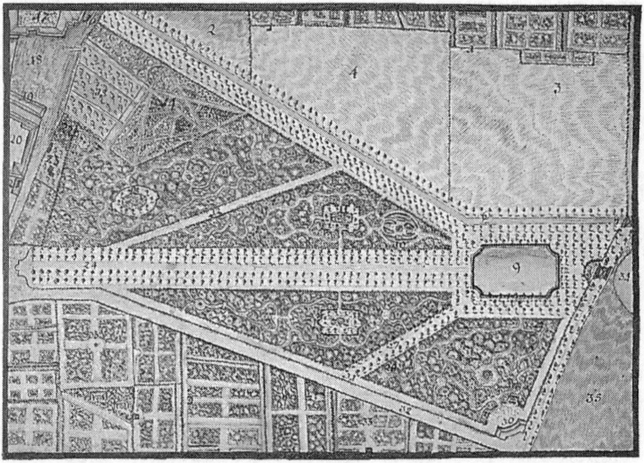

Johann Philipp Brosius: Promenade (Hofgarten) in Düsseldorf von Nicolas de Pigage
Aquarellierte Federzeichnung, um 1771
(Düsseldorf, Hauptstaatsarchiv)

Verkehrsstraße angelegt wurde. Als Beispiel einer P. in der jüngsten Zeit ist die Rheinuferpromenade in Düsseldorf (1995) zu nennen.

Pückler-Muskau, Fürst Hermann Ludwig Heinrich (1785–1871), 1822 in den Fürstenstand erhobener Adeliger aus Schlesien mit Standesherrschaft in Muskau. Unter dem Pseudonym »Semilasso« veröffentlichte er Reisejournale. 1834 erschienen seine *Andeutungen über Landschaftsgärtnerei*. Hier nimmt er ausdrücklich Bezug auf das Potsdamer Vorbild von Peter Joseph →Lenné, den er später kritisierte. Ausgedehnte Reisen führten ihn u.a. nach England, Frankreich, Spanien und in den Orient. P.s gärtnerischer Plan für ganz →Muskau, ausgehend vom Schlosspark, sollte große Partien im Stil des englischen →Landschaftsgartens (»Gartenstile Europas« S. 29–32) mit formalen Gärten im Umfeld von Einzelbauwerken zu einer Parklandschaft mit entsprechenden Architekturen und Einrichtungen verbinden. Nach dem Verkauf von Schloss Muskau wegen finanzieller Probleme unternahm P. einen gartenkünstlerischen Neubeginn in Schloss Branitz bei Cottbus. Hier liegt auch seine Grabstätte in Form einer zwanzig Meter hohen Erdpyramide.

Q

Quincunx (lat., ›fünf Zwölftel, die Fünf auf dem Würfel‹), bereits in antiker und mittelalterlicher Gartenkunst eingesetzte Art der Baumpflanzung. In übertragenem Sinne meinte das Wort schon im Lateinischen eine Kreuzstellung, *in quincuncem* bedeutete »in schrägen Reihen gepflanzt«. Mit der Fünf auf einem Würfel im Grundriss als Modul ergeben sich regelmäßige, gegeneinander versetzte Reihen, die im Gegensatz zur Pflanzung in einfachen Reihen nicht die Vertikale, sondern die Diagonale betonen. Nach Q. angelegte Obstbaumgärten sind in der Regel wegen der gleichmäßigen Lichtverhältnisse für den einzelnen Baum ertragreicher als solche mit einfacher Reihenpflanzung. →Dézallier d'Argenville bezeichnete in *La théorie et la pratique du jardinage* (1709) alle regelmäßigen Baumpflanzungen als Quincunx. →Baumgarten.

R

Rabatte (niederl.), ursprünglich ein oft vor Gehölzen angelegtes, von Blumenbeeten eingefasstes Rasenstück. Heute meint R. ein langes, schmales Beet mit unterschiedlicher Bepflanzung durch Blumen oder Stauden, das säumend entlang von Wegen oder Mauern gepflanzt wird.

Rasen, künstlich geschlossene, farblich einheitliche Grasdecke. Der ideale R., wie er aus gestalterischen Absichten und den Anforderungen von Kugelspielen entsprechend (Bowling green, →Boulingrin) im englischen Landschaftsgarten entwickelt und kultiviert wurde, muss von Wildkräutern, Blumen und Tieren freigehalten werden. Er benötigt sorgfältige Pflege sowie regelmäßige Bewässerung und Schnitt. Extrem ausgebildet werden die gärtnerischen Vorstellungen von einem aus gartenkünstlerischer Sicht makellosen R. im sog. »Green« von Golfanlagen, für die spezielle Rasensorten eingesetzt werden. Bis heute ist das auf dem Kontinent nie erreichte Ideal des englischen R.s Vorbild für öffentliche und private Gärten. Der mühsame Schnitt großflächiger Rasenpartien wurde erleichtert durch die Erfindung des erstmals 1832 in *The Gardeners Magazine* vorgestellten Rasenmähers (→Gartengeräte).

Rasenbank, auch Rasensitz, erhobene, rasenbedeckte Bank, Element aus mittelalterlichen Gärten, das in zahlreichen christlichen und profanen Bilddarstellungen von →Liebes- und Paradiesgärten (→Hortus conclusus) und durch die Gartenliteratur (z. B. →Albertus Magnus) überliefert ist. Die nicht nur mit Rasen, sondern auch mit Blumen und Kräutern wie Kamille, Veilchen u. a. bepflanzten

Rasenbänke wurden 1626 von W. Lawson in *Country House Garden* als »schicklich« und »angenehm« beschrieben.

Rasensitz → Rasenbank

Redouté, Pierre-Joseph (1759–1840), Blumenmaler, Zeichner und Lithograph. R. stammt aus einer flämischen Malerfamilie. Er stand als Blumenmaler in den Diensten der Königin Marie-Antoinette und seit 1805 der Kaiserin Josephine. Seit 1832 gab er Zeichenunterricht am Jardin des Plantes. Er fertigte Zeichnungen für naturwissenschaftliche Publikationen an, u. a. für den *Recueil des vélins du Musée d'histoire naturel*. Seine prächtigen Illustrationen wurden begleitet von den Texten des Botanikers Augustin-Pyramus de Candolle (1778–1841), darunter die *Théorie élémentaire de la Botanique*.

Renaissance-Garten, s. u. »Gartenstile Europas« S. 21–24.

Repton, Humphry (1752–1818), englischer Gartenkünstler. R. wurde seit 1788 insbesondere mit seinen *Red Books* bekannt. Darin aquarellierte er nach dem Prinzip des »Vorher-Nachher« für seine Auftraggeber den Zustand des zu gestaltenden Gartens und fügte Klappen und Schieber in seine Blätter ein, um die Ansicht des Gartens nach seiner Bearbeitung zu demonstrieren. R. setzte sich als erster dafür ein, den Garten in unmittelbarer Nähe des Hauses nach nationalen Vorbildern des Mittelalters und der Tudor-Zeit geometrisch zu gestalten, den Park jedoch nach den Richtlinien eines Landschaftsgartens auszustatten. Einfluss hatten seine Schriften, darunter die *Observations on the Theory and Practice of Landscape Gardening* (London 1803), auf deutsche Gartenkünstler im 19. Jh., wie Fürst → Pückler-Muskau.

Robinson, William (1838–1935), englischer Gärtner und Herausgeber der Zeitschrift *The Wild Garden* (1870). R. vertrat die »neue« Richtung in der englischen Gartenkunst. Als ausgesprochener Gegner historistisch geprägter Gartenkunst wandte er sich gegen überbordende Pflanzenfülle und grelle Farbenspiele. Er setzte sich für »bescheidene«, einheimische Pflanzen und Stauden ein, ohne sich gänzlich gegen importierte Pflanzen aus anderen Ländern auszusprechen. R. war mit Vertretern der →Arts & Crafts-Bewegung, u. a. mit John Ruskin, befreundet und beeinflusste Vita →Sackville-West, die ihn schon als junge Frau besucht hatte.

Roehr, Daniel (geb. 1965), Landschaftsarchitekt. Ausbildung zum Gärtner in Schottland; Studium d. Gartenbautechnik am Askham Bryan College (England) und der Garten- und Landschaftsarchitektur an der Heriot Watt University (Schottland). R. arbeitete in Japan, USA, England, Österreich, Italien, Deutschland und Polen. Die Anlagen Roehrs zeichnen sich durch stilistische Merkmale des zeitgenössischen Minimalismus (sparsamer Einsatz von natürlichen Mitteln) in der Gartenkunst aus. Zu seinen Arbeiten zählen u. a. das Daimler Chrysler Projekt, Potsdamer Platz, Berlin (1995–2000), und der Privatpark, Gargnano, Italien (2000).

Rokokogarten, →Veitshöchheim

Rondell (frz. *rondelle* ›runde Scheibe‹), Rundplatz im →Boskett mit strahlenförmig in alle Richtungen führenden Wegen. →Étoile, →Jagdgarten.

Rosarium (lat., ›Rosengarten‹), Rosengärten wurden schon in der Antike angelegt, so berichtet →Plinius d. J. von einem R. im →Hippodrom seiner tuscischen Villa.

Anpflanzungen von Rosen als Schmuckanlage oder als botanische Sammlung werden sowohl im architektonischen Garten als auch im späten →Landschaftsgarten eingesetzt. Bekannte Rosengärten um 1800 von Malmaison und Sanssouci in Frankreich oder Ashridge Park in Herfordshire, England, fanden im 19. Jh. Eingang in die privaten und öffentlichen →Bürgergärten und werden noch im 20. Jh. angelegt und sorgfältig gepflegt (Rosengarten der Königin Mary im Regent's Park, London, angelegt 1931). Nach wissenschaftlichen und ästhetischen Gesichtspunkten gestaltet, spiegeln Rosengärten die Geschichte der →Rose ebenso wie ihre Vielfalt in Gestalt, Farbe und Duft.

Rose, von ihrem Sinngehalt her eine sehr komplexe Blume, die als Symbol im westlichen Kulturkreis dem Lotus im Orient entspricht. Die früheste bekannte Darstellung datiert aus der Zeit zwischen 2000 und 1700 v. Chr. und wurde auf Kreta gefunden. In der griechischen Mythologie gilt Aphrodite als Schöpferin der Rose, nach der römischen Mythologie entstammt sie dem Blut der Venus (→Adonisgarten). Die R. verkörpert irdische und himmlische Liebe, Jungfräulichkeit und Verführung, erwachendes Leben (Frühling) und ewiges Leben, Verschwiegenheit (»sub rosa«) und Luxus (»auf Rosen gebettet«). Der Rosengarten symbolisiert das Paradies, in dem alle Gegensätze in Harmonie aufgelöst sind. In diesem Zusammenhang ist das in der christlichen Kunst des Abendlandes häufig auftauchende Motiv der Rosenhag-Madonna (→Hortus conclusus) zu sehen, das sowohl in der Goldschmiedekunst und der Buchmalerei wie in der Tafelmalerei belegt ist (Stephan Lochner, um 1440, Köln, Wallraf-Richartz-Museum; Martin Schongauer, 1473, Martinskirche in Colmar).

Im Nordwesten Europas bemerkte Wildformen der Rose wurden früh kultiviert, weitergezüchtet und mit außereuropäischen Sorten eingekreuzt, wie z. B. mit den vier zwischen 1792 und 1824 aus China importierten Hybriden. Die Liebe zur R. ist von jeher ungebrochen und bis heute weder aus großen Parkanlagen noch aus kleineren Privatgärten wegzudenken. →Rosarium.

Rosengarten →Rose, →Rosarium

Rosenroman, der um 1230 von einem als Person nicht näher zu fassenden Guillaume de Loris geschriebene und etwa vierzig Jahre später von Jean de Meun (gest. 1305) fortgesetzte und beendete Roman wurde durch zahlreiche Handschriften und Drucke seit dem 15. Jh. verbreitet. Der Roman, der als Kodex höfischer Liebeskunst und Bildung im 13. Jh. gilt, schildert den Traum eines Dichters in einem →Liebesgarten. Die für die Geschichte der Gartenkunst bedeutenden Beschreibungen finden sich im ersten Teil des Buches: Der junge Dichter gelangt auf einer Wanderung an einen ummauerten Baumgarten, dessen Mauern mit Darstellungen der Laster bemalt sind, während sich im Innern ein mit fremdländischen, schattigen Bäumen und kräutergesäumten Wegen angelegter paradiesischer Lustgarten öffnet. Etwa 1485 erschien eine der zahlreichen Ausgaben des *Roman de la Rose*, die u. a. ein Gartenbild zeigt, das dem von →Albertus Magnus entworfenen Lustgarten gleichkommt. Die Traumbilder des Romans, die fünf Symbolfunktionen des Gartens im Mittelalter spiegeln (als Bild für die Frau, die Erotik und die Unkeuschheit, die Mutter Gottes, die Kirche und für das Paradies) wurden vielfach herangezogen, um den mittelalterlichen Garten zu charakterisieren, doch ist er als lyrische Dichtung hierzu weniger geeignet als andere Quellen.

Rousham, Oxfordshire, von William → Kent ab 1737 im Auftrag von James Dormer, dem Besitzer des Anwesens, gestaltet. Der wachsende Ruhm Kents, insbesondere nach Abschluss seiner Arbeiten in → Stowe, hatte Dormer von allzu konventionell erscheinenden Neugestaltungsplänen (einer von zwei aus der Zeit um 1720 vorliegenden Plänen stammte vermutlich von Charles Bridgeman) abgebracht. Unter Kents Leitung entstand einer der frühesten englischen Landschaftsgärten mit der Idee, eine Landschaft gänzlich in einen Garten zu verwandeln, und, damit eng verbunden, den Charakter der umgebenden Landschaft zu imitieren. Unter Einbezug der Höhenunterschiede der Landschaft, in der Rousham liegt, folgte Kent seiner Vorstellung, dass dem Besucher während des Gangs auf dem geschwungenen Weg durch den Park stets neue Anblicke, ›Gemälde‹ mit jeweils neuen Landschaftsausschnitten, zur Ansicht kommen sollten. In Rousham beginnen die Bilder mit einem Blick auf das ›Tal der Venus‹, dem auf einer zweiten Ebene die Sicht auf eine von Hügeln umgebene → Eremitage aus Stein folgt. Im Tal erweitert ein Bach mit einer kleinen Brücke die Bildfolge, bis sich der Blick auf die unverstellte Ansicht der umgebenden Landschaft öffnet. Der in der Ferne sichtbare mittelalterliche Bogen ist das bildabschließende, letzte architektonische Element. Die in Rousham sichtbaren Prinzipien einer Gestaltung, die einer der Farben-Licht-Perspektive verpflichteten Landschaftsmalerei folgt, wurden direktes Vorbild für → Stourhead.

Rousseau, Jean-Jacques (1712–1778), französischer Philosoph der Aufklärung. R. entwarf in seinem Buch *Julie* *ou La Nouvelle Héloïse. Lettres de deux amants habitants d'une petite ville au pied des Alpes* (1761) einen Garten, dessen Gestaltung von dem Prinzip der Natürlichkeit geleitet ist und barocke Entwürfe gänzlich ablehnt. Als Vorlage gilt der Landschaftsgarten von →Stourhead. Der Philosoph und Naturliebhaber hatte weitreichenden Einfluss, erkannte und betonte jedoch sehr genau, wie künstlich das Gestalten des Natürlichen sein kann. Als botanisch versiert erwies er sich in seinen *Zehn Botanischen Lehrbriefen*, die er ab 1771 auf Wunsch von Madelaine-Cathérine Delessert-Boy de la Tour (1747–1816) verfasste. Auf der Grundlage des »natürlichen« Idealgartens R.s legte der Marquis de Girardin in Ermenonville (1766–76) einen Garten an, der jedoch entgegen den Vorstellungen R.s mit elegischen und poetischen Monumenten und Gebäuden bestückt war. Auf einer mit Pappeln bepflanzten Insel ließ der Marquis ein Grabmal für R. anlegen.

Ruine, das Interesse an der R. kam mit der Antikenrezeption im 15. Jh. auf. Aus dem archäologischen Interesse erwuchs ein ästhetisches. In Italien integriert man die R. bereits im 16. Jh. in den Garten. Die R. als Sinnbild begegnet in der heroischen Landschaftsmalerei des 17. Jh.s, z. B. bei Nicolas Poussin. Ruinenromantik des 18. Jh.s ist überliefert in den Stichen Piranesis. Die künstliche R. wird zu einem bedeutenden Ausstattungsstück im Garten seit der Mitte des 18. Jh.s. Beispiele dafür finden sich in Sanssouci (1748) in →Potsdam und im Schlosspark von →Schwetzingen. Seit dem ausgehenden 18. Jh. wird insbesondere die gotische R. (→Gotikmode) im Landschaftspark eingesetzt, wie z. B. die Löwenburg im Schlosspark Wilhelmshöhe in →Kassel (1790). Die R. ist Ausdruck bestimmter Gefühle der Vergänglichkeit, des Erhabenen und des Einsamen.

Ruinentheater, das R. der →Eremitage in Bayreuth, 1743 von J. Saint Pierres, dem Architekten des »Neuen Schlosses« erbaut, gilt als das früheste steinerne →Gartentheater in Gestalt einer Ruine. Um einen vertieften Rasenplatz gruppieren sich fünf durch Bogen verbundene Pfeilerpaare. Die Anlehnung an antike Theater steht in Verbindung mit einem seit dem 17. Jh. durch die Landschaftsmalerei entfachten Interesse an der antikisierenden →Ruine.

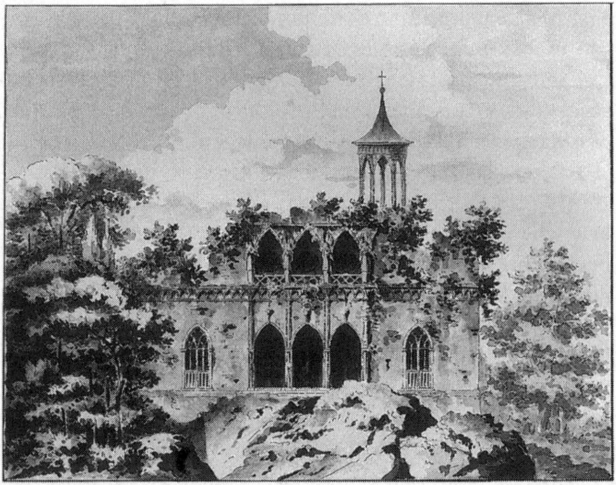

Anonymer Entwurf einer Ruine als Parkgebäude
Federzeichnung, um 1800
(Kassel, Staatliche Museen)

S

Sackville-West, Victoria Mary (Vita) (1892–1962), englische Schriftstellerin. S.-W. gilt als prominenteste Gärtnerin ihrer Zeit. Als Dichterin errang sie den Hawthornden Prize. Später schrieb sie fast ausnahmslos über gartenkünstlerische und -praktische Themen. Berühmt ist ihr ab 1930 entstandener Garten in Sissinghurst, den sie gemeinsam mit ihrem Mann, Harold Nicolson gestaltete. Der vielzitierte »White Garden« ist einer der vielen »Gartenräume« in dieser Anlage.

Saint-Germain-en-Laye (Île-de-France, Frankreich), Heinrich IV. und seine Frau Katharina von Medici bauten seit 1594 die bereits von Heinrich II. begonnene Anlage in der Nähe von Paris aus. Nach italienischem Vorbild wurden die Gärten terrassenförmig angelegt, zu seiten des Schlosses lagen →Giardini segreti, die Privatgärten des Herrscherpaares. Breit angelegte →Terrassen und Treppenrampen führen vom Schloss in die Gärten, in denen weite →Broderie-Parterres mit →Brunnen angelegt waren. Über ein mit Obstbäumen bepflanztes Parterre gelangte man in das untere Gartenkompartiment, das von der Landschaft durch einen Kanal abgetrennt war. Berühmt war Saint-Germain für seine kuriosen Wasserspiele, die die Brüder →Francini in den Grotten unter den Terrassen errichteten. Als Vorbild gilt die Villa d'Este in →Tivoli. Neben einer Drachen- und einer Neptungrotte wurden die Besucher u. a. überrascht von der Grotte des orgelspielenden Mädchens und von der Grotte des Orpheus, der auf der Lyra spielte und damit verschiedene bewegliche Tierskulpturen hervorlockte. In einer anderen

Grotte (Grotte des Flambeaux), die auch als Fest- und Speisesaal diente, konnten verschiedene Naturspektakel, wie z. B. ein Meeressturm, inszeniert werden.

Saint Phalle, Niki de (1930–2002), französische Künstlerin, wuchs in Paris und New York auf. Seit 1960 verband sie eine Lebens- und Arbeitsgemeinschaft mit dem Bildhauer Jean Tinguely (1925–1991). Seit dem Ende der 60er Jahre beschäftigte sich S. Ph. mit den ersten Projekten von begeh- und bewohnbaren Skulpturen, so mit den Skulpturenhäusern für Rainer von Diez, die 1969–72 entstanden. Ihre wohl bekanntesten Skulpturen sind die bunten *Nanas* als Sinnbild mütterlicher Weiblichkeit und Erotik, die ebenfalls riesenhafte, begehbare Dimensionen annehmen können. Nicht zuletzt ihre Skulpturenhäuser regten S. Ph. an zu dem großen Gartenprojekt in der südlichen Toskana, dem Giardino dei Tarochi in → Garavicchio bei Grosseto.

Sala terrena (ital., ›ebenerdiger Saal‹) → Gartensaal

Salle de verdure (frz., ›grüner Saal‹), auch Salon de verdure, → Cabinet de verdure

Salzburg, Schlossgarten Hellbrunn, Villa und Garten Hellbrunn bei Salzburg wurden 1613–19 für den Salzburger Erzbischof Markus von Sittich von Hohenems erbaut. Auf die Anlagen, insbesondere die berühmten → Wasserspiele in Hellbrunn, wirkte die italienische Gartenkunst sowohl der Villen in Latium (→ Frascati, Villa Aldobrandini) als auch derjenigen im Veneto (→ Maser, Villa Barbaro, → Palladio) ein. Wiederum nach dem Vorbild italienischer Gärten (→ Pratolino) wurden manieristische → Grotten mit Wasserspielen und → Automaten (Vogelsanggrotte) zum einen im Schloss als eine Vorform der

Sala terrena (→Gartensaal) integriert, zum anderen auch als künstliche Höhlenarchitekturen im Garten angelegt. Im →Boskett überraschen den Besucher vielfältige, teils derbe Wasserscherze, z. B. die Wasserspiele beim römischen Theater, wo im Boden um einen rechteckigen Tisch versteckt Fontänen eingelassen sind, die die Tafelnden bespritzten. Wie in Schloss Mirabell in →Salzburg werden auch hier die Gärten lose aneinandergereiht um das Schloss als Zentrum gruppiert.

Salzburg, Schloss Mirabell, die Umgestaltung des Palastes »Mirabell« vor den Toren Salzburgs aus dem frühen 17. Jh. erfolgte für die Erzbischöfe Johann Ernst Graf Thun (1687–1709) und Franz Anton Fürst Harrach (1709–25) durch Fischer von Erlach und Johann Lukas →Hildebrandt. Für die Gartengestaltung wurden Matthias →Diesel und der seit 1728 als Oberaufseher aller Salzburger Hofgärten beschäftigte Franz Anton →Danreiter herangezogen. Neben den Stichen Diesels aus seiner *Erlustierenden Augenweide* gibt eine 1727/28 erschienene Stichfolge Danreiters (*Schloss und Gärten zu Mirabell in Salzburg*) Aufschluss über das ursprüngliche Aussehen der additiv aneinandergefügten, in sich abgeschlossenen Gärten, die um das bereits bestehende, an der Salzach gelegene Schloss gruppiert wurden.

San Ildefonso bei Segovia, La Granja, der Enkel Ludwigs XIV., Philipp V. (1683–1746) von Spanien, ließ sich in San Ildefonso bei Segovia in den wald- und wasserreichen Bergen nördlich von Madrid ab 1721 eine Sommerresidenz (*La Granja* ›das Landgut‹) ausbauen und von französischen Künstlern Gärten anlegen, die neben denjenigen von →Aranjuez bei Madrid zu den bedeutendsten spanischen

Barockgärten zählen. Anders als in →Versailles, das gemeinhin als Vorbild für die Anlage genannt wird, liegt das Schloss nicht erhöht über den Gärten, sondern diese steigen nach Art italienischer Gärten (→Caserta) zu den Bergen im Hintergrund hin an. Die ersten Planungen des weiträumigen Parks durch den Architekten René Carlier (gest. 1722) wurden von Étienne Boutelou (Lebensdaten unbekannt) und in dessen Nachfolge wiederum von den beiden Bildhauern Antoine (um 1700–1761) und Hubert Dumandré (1701–1781) fortgeführt. Die →Wasserspiele und Brunnenanlagen (insgesamt 26 Brunnen) mit ihrem reichen Skulpturenschmuck aus Marmor und vergoldetem Blei schufen neben den Brüdern Dumandré die französischen Bildhauer René Frémin (1672–1744) und Jean Thierry (1669–1739), die aus Versailles geholt wurden. Dort finden sich demgemäß auch die Vorbilder für die Brunnenskulpturen und ihre Ikonographie. In der Brunnengruppe des Neptun, des Apollo und der Andromeda beispielsweise, die *Pferderennen* genannt wird, werden im Wasser dahinsprengende Pferdewagen mit den Göttern und ihrem Gefolge gezeigt.

Sankt Gallen, Sitz eines berühmten Benediktinerklosters in der Schweiz, das an dem Platz gegründet wurde, wo St. Gall, ein irischer Einsiedler, 614 seine Zelle gebaut hatte. S. G. war eines der Hauptzentren für Erziehung und Wissenschaft in der karolingischen Epoche mit einer umfangreichen Bibliothek, in der der berühmte, auf Pergament gezeichnete St. Galler Klosterplan für ein ideales Kloster aufbewahrt wird. Adressiert war er an Gozbert, Abt von S. G. (im Amt 816–836), als Autor wird Abt Haito von Reichenau vermutet. Eingezeichnet in den Plan sind neben architektonischen Rissen drei Gärten: ein Kräutergarten mit Arzneipflanzen neben dem Arzthaus, ein Gemüsegarten neben dem Hof für Geflügel und ein Baumgarten, der zugleich als Friedhofgarten dienen sollte. Der St. Galler Klosterplan ist eine der Hauptquellen für die Erforschung → karolingischer Gartenkultur. Alle im Plan genannten Pflanzen (18) und Arzneikräuter (16) sind auch aufgeführt im → *Capitulare de villis* Karls des Großen.

Saut de loup (frz., ›Wolfsgrube‹), tiefer Graben oder ähnliches am Ende einer → Allee, um das Weitergehen, nicht jedoch die Weitsicht zu verhindern. Als ein ausgedehnter S. d. l. ist das → Aha anzusehen.

Schäferspiele, die Sehnsucht nach ländlicher → Idylle ohne höfisches Zeremoniell und nach dem vermeintlich einfachen Leben auf dem Lande führte zur Anlage von künstlichen Dörfern mit landwirtschaftlichen Gebäuden (→ Meierei), in denen der Rückzug ins Private inszeniert und mit ländlichen Festen für die Gesellschaft bei Hofe zelebriert werden konnte. Beliebt waren sog. Wirtschaften, bei denen sowohl echte Bauersleute als Staffage, aber auch Hofleute in entsprechenden Bauern- oder Schäferkostümen auftraten (→ Fête champêtre). → Arkadien, → Eremitage, → Hameau, → Kythera, → Pastorale.

Scheinarchitektur → Kulisse, → Staffage

Schiller, Friedrich (1759–1805), als Sohn des Gartenintendanten in Diensten des Herzogs Carl Eugen, Johann Caspar Schiller (*Die Baumzucht im Großen aus Zwanzigjährigen Erfahrungen im Kleinen beurtheilt*, Neustrelitz 1795), und als Zögling der herzoglichen Militärschule fand Sch. früh Zugang zu den heute nicht mehr erhaltenen Gartenanlagen in → Stuttgart (Schloss Solitude) und Hohenheim. In einem Aufsatz »Über den Gartenkalender auf das Jahr 1795« würdigte er das Hohenheimer »Englische Dörfle«, das Carl Eugen nach 1776 für seine Mätresse Franziska errichten ließ, als Beitrag »ländlicher Einfachheit und versunkener städtischer Herrlichkeit«, und er entwarf vor dem Hintergrund der rund 60 Gebäude (mit Rathaus, →Meierei, Gefängnis, Tempelbauten u. a.) sowie der Gesamtanlage das Programm eines deutschen Gartens zwischen der anarchischen »Anglomanie« und der französischen Strenge. Johann Wolfgang →Goethe, der 1797 Hohenheim besuchte, bemerkte, es »wäre künftig bei einer Abhandlung über die Gärten überhaupt dieser in seiner Art als Beispiel aufzustellen«.

Schlaun, Johann Conrad (1695–1773), deutscher Architekt und Ingenieur, der zunächst in Paderborn tätig war, bevor er 1720 zu Studienreisen über Würzburg, wo er die Arbeit von Balthasar Neumann kennenlernte, nach Rom und Paris aufbrach. Als kurfürstlicher Oberbaumeister arbeitete Sch. für den Kölner Erzbischof und Kurfürsten Clemens August, in dessen Auftrag er den Umbau von Schloss Augustusburg in →Brühl leitete, bis die Aufgabe François →Cuvilliés übertragen wurde. Auch Sch.s Entwurf für den Brühler Garten lehnte der Kurfürst ab und beauftragte damit den Münchner Gartenarchitekten Dominique →Girard. 1728 siedelt Sch. nach Münster über, wo er eine umfassende Bautätigkeit begann. Als Landingenieur des Fürstbistums Münster betreute und errichtete er zunächst Festungen, Kanäle u. a. Neben der Clemenskirche in Münster (1745–53) und anderen Sakralbauten führte Sch. im Auftrag des westfälischen Adels zahlreiche Stadtpalais in Münster (Erbdrostenhof 1751–57) und Landsitze sowie

→ Fasanerien und → Orangerien in Westfalen aus. In diesem Zusammenhang gestaltete Sch. auch die Gesamtanlagen mit den Gärten, u. a. in Zusammenarbeit mit einem aus dem Kreis Girards stammenden französischen Gärtner Moreau (Vorname unbekannt). Mit diesem plante Sch. 1725 z. B. die Gartenanlage von Schloss Nordkirchen in Westfalen. Als Ingenieur zeichnete Sch. jedoch v. a. für die Wasserkünste in den Gärten seiner Bauprojekte verantwortlich.

Schneckenberg, kleiner, spiralförmig begehbarer Hügel innerhalb des → Bosketts, der wie ein Schneckenhaus geformt ist und wie ein Aussichtsplatz bestiegen werden konnte. Sein Inneres wurde oft als Eiskeller oder kühle, begehbare → Grotte benutzt. Als Beispiel sei der Sch. im westlichen Boskett des sog. »Neuen Schlosses« der Eremitage in → Bayreuth genannt.

Schrebergarten → Laube

Schulgarten, seit dem 19. Jh. zum begleitenden botanischen Unterricht neben dem Schulhaus angelegter Garten. → Botanische Gärten wurden bei Hochschulen und Universitäten mit Gewächshäusern zu botanischen Studien auch exotischer Pflanzen eingerichtet, die z. T. auch für die Öffentlichkeit zugänglich waren. Darüber hinaus wurden Studiengärten in den im 19. Jh. vielerorts gegründeten Kunst- und Kunstgewerbeschulen angelegt und bildeten so reiche Vorlage für das Zeichenstudium. Das Natur- und Pflanzenvorbild war insbesondere für die Ornamentik des Historismus von großer Bedeutung, wie die vegetabilen Muster auf den Tapeten und Stoffen von William → Morris zeigen. Künstler und Kunsthandwerker des 19. und frühen 20. Jh.s (Jugendstil) betrieben intensive botanische

Studien oder waren wie Christopher Dresser (1834–1904) ursprünglich sogar als Botaniker ausgebildet.

Schultze-Naumburg, Paul (1869–1949), Maler und Architekt. 1930 wurde Sch. zum Direktor der Staatlichen Kunsthochschule in Weimar ernannt. Im Zentrum seiner Überlegungen zur Gartenkunst stehen der Hausgarten – er beschäftigt sich vorrangig mit der Planung und dem Bau von Herrenhäusern – und die Landschaftsgestaltung. Letztere soll den zivilisatorischen und industriellen Zerstörungen entgegenwirken und ist eine der nun auch beruflich sich manifestierenden Hauptaufgaben garten- und landschaftsplanerischer Arbeit im 20. Jh. Sch. ist einer der ersten, der diese Aufgabe in Veröffentlichungen, wie *Gestaltung der Landschaft durch den Menschen* (Bd. 7–9 der *Kulturarbeiten*, München 1915–17), thematisiert. Für den Hausgarten entwickelt Sch. eine geometrisch-architektonische Formensprache (*Gärten*, Bd. 2 der *Kulturarbeiten*, München 1902). Seine nationalistische Heimatverbundenheit und die Befürwortung faschistischer Rassentheorien machen Sch. zum Anhänger des Nationalsozialismus, nicht trotz, sondern auch wegen seiner reformerischen Anfänge, die auch bei vielen anderen Reform-Künstlern (→Lange, →Migge) im Ideengut des Nationalsozialismus aufgehen (*Das Glück der Landschaft. Von ihrem Verstehen und Genießen*, Berlin 1942).

Schwartz, Martha (geb. 1950 in Philadelphia, Pennsylvania, USA), studierte nach Erlangung des Bachelor of Fine Arts (1973) von 1974 bis 1977 an der Universität von Michigan und der Harvard University Graduate School Landschaftsarchitektur und bereiste regelmäßig Europa. Sch. sieht den größten Teil ihrer beruflichen Tätigkeiten in Europa in Deutschland. In ihren Gestaltungen bezieht sie eine radikale minimalistische Position unter Einsatz von künstlichen Materialien (Plastik), die zum einen den Anspruch auf ästhetische Funktionen einer Landschaft erfüllen, zum anderen Gartenkunst als Artefakt kenntlich machen sollen. Mit Kunststoffhecken, Kunststoffblumen, gefärbtem Kies, grüner Farbe, grellfarbenen Kleinskulpturen und Lichtkörpern schafft Sch. ›Kunstgärten‹, die ihr den Vorwurf einbrachten, sie lehne Pflanzen bzw. organisches Material ab. Dagegen setzt Sch., dass ihre Gärten u. a. die virulente Künstlichkeit der gegenwärtigen Lebenswelt aufzeigen und Diskussionen um die Stellung von Landschaftsarchitektur auslösen. Sch. arbeitet eng zusammen mit der Bürogemeinschaft von Peter →Walker, früherer Lehrer und später Ehemann von Sch. Projekte in Deutschland: u. a. die Eingangshalle des Kempinski-Hotels, Flughafen München (1997) und die Paul-Lincke-Höfe in Berlin Kreuzberg (1999).

Schwetzingen, Schlossgarten, 1752 berief Kurfürst Karl Theodor von der Pfalz den Zweibrücker Hofgärtner Johann Ludwig →Petri nach Schwetzingen, um den Park seiner dortigen Mannheimer Sommerresidenz neu gestalten zu lassen. Nach der Rückkehr Petris nach Zweibrücken 1758 übernahm Nicolas →de Pigage ab 1761 die weitere Umformung des Parks. Die Pläne sahen eine zweigeteilte Anlage vor, die sich in einen Parterre-Garten vor dem Schloss und einen Jagdstern (→Jagdgarten) aufgliedern, der über eine schmale Gartenpartie mit einer doppelten →Allee in der Diagonalachse mit dem Parterre verbunden war. Verwirklicht wurde nur der Gartenteil vor dem Schloss, der sich insbesondere durch ein ungewöhnliches

Parterre-Rondell auszeichnet, dessen Rund die von Pigage entworfenen, das Parterre umgreifenden →Zirkelhäuser bestimmt. Die als →Orangerie und Festgebäude vorgesehenen Bauten entstanden 1749–54. Das angrenzende →Boskett wird mit verschiedenen Gartenarchitekturen bestückt, darunter das Badehaus mit der Laube der wasserspeienden Vögel (1766), der Apollontempel (nach 1762) und Minervatempel (1769). 1777 wurde das im Norden und Westen sich anschließende Gartenareal von Friedrich Ludwig von →Sckell zu einem englischen →Landschaftsgarten umgestaltet, wo 1780–85 im sog. »Türkischen Garten« die Moschee errichtet wurde.

Sckell, Friedrich Ludwig von (1750–1823), deutscher Gartenarchitekt. Sein Vater stand in Diensten des Kurfürsten Carl Theodor von der Pfalz. Eine vom Kurfürsten geförderte Studienreise nach Frankreich und England 1773 erbrachte den Kontakt zu den zwei bedeutenden englischen Gartenarchitekten Lancelot →Brown und William →Chambers, deren Ideen zum Landschaftsgarten S. nach Deutschland importierte. Seine erste Aufgabe nach der Rückkehr 1776 bestand in der Umgestaltung und Erweiterung des kurfürstlichen Gartens in →Schwetzingen zu einem englischen Landschaftsgarten. 1797 war er der leitende Gartenarchitekt in Schwetzingen und seit 1799 Gartendirektor für die Rheinpfalz und Bayern. Ab 1799 gestaltete S. in →München den Englischen Garten im Auftrag des Kurfürsten zum Volksgarten um. Mit diesem Projekt war der Beginn städtebaulicher Grünplanung eingeleitet. Für den Erzbischof Friedrich Karl Joseph von Erthal lieferte S. Pläne zur Umgestaltung des Schlossparks Schönbusch bei Aschaffenburg (um 1785), der zu den frühesten Landschaftsgärten in Deutschland zu zählen ist. Die von S. in Deutschland begründete Tradition des Landschaftsgartens wird im 19. Jh. fortgesetzt von →Lenné. S. veröffentlichte seine Ideen in den *Beiträgen zur bildenden Gartenkunst* (1818).

Sckell, Johann Conrad (1768–1834), Landschaftsgärtner und Pflanzensammler. S. entstammt einer alten Gärtnerfamilie mit Haupttätigkeit in Thüringen seit dem Ende des 17. Jh.s. Von 1796 bis 1834 war er befasst mit der Erweiterung des Parks in Weimar (Belvedere). Sein Hauptbeitrag war hier die Ausweitung der →Orangerie, die von seinem Vorgänger J. F. Reichardt gebaut worden war. 1803 führte ihn eine Reise in die Niederlande. S.s Sammlung seltener Pflanzen ist illustriert im *Catalogus Belvederamus* (Weimar 1820). Seine Nachfolge als Direktor des Belvedere trat sein Bruder Johann Christian (1773–1857) an. Karl August von Sachsen-Weimar und →Goethe studierten bei S. →Botanik und erweiterten dessen Pflanzensammlung mit Samengeschenken.

Sedding, John Dando (1838–1891), britischer Architekt und Gartentheoretiker. Relativ spät, seit 1888, setzte sich S. auch mit Gartenbau und Gartenkunst auseinander (*Garden-Craft Old and New*, London 1891). Ganz den Idealen der →Arts & Crafts-Bewegung folgend, setzte sich S. dafür ein, dass in Abkehr von Arbeitsteilung und Entfremdung in der industriellen Gesellschaft Gestalter, ausführender Gärtner und Besitzer eines Gartens eine Person sein müssen. Er versuchte mit seiner gegen den Landschaftsgarten gerichteten Haltung den sog. geometrischen Garten, insbesondere den Garten des 16. Jh.s, zu rehabilitieren. S. gilt daher als Vorreiter vieler deutscher Gartenarchitekten, die den geometrischen Garten gegen den Landschaftsgarten setzten, wie z. B. →Laeuger, →Muthesius, →Olbrich oder →Schultze-Naumburg.

See, im Gegensatz zu den künstlich gestalteten und umfassten Wasserflächen, wie →Kanälen, Wasserbecken, →Brunnen, zeichnet sich ein S. durch die breite Fläche und ein unregelmäßiges Ufer aus. In englischen Landschaftsgärten wurden S.n durch Anstauen von Bächen oder Flüssen künstlich geschaffen und als in der Regel sehr genau kalkuliertes Gestaltungsmittel zur Erzeugung eines natürlichen Eindrucks eingesetzt. Insbesondere in den von Lancelot »Capability« →Brown bearbeiteten Landschaftsgärten war der S. ein vielfach eingesetztes Kunstmittel.

Seehof bei Bamberg, die Gartenanlage von Seehof bei Bamberg (Marquardsburg, 1686 von Antonio Petrini begonnen) ließ Kurfürst Lothar Franz von Schönborn (1655–1729) errichten. Der heute zerstörte und nur zum Teil rekonstruierte Garten ist durch die Stiche Salomon Kleiners überliefert. Kleiner publizierte die Seehofer Anlage in Zusammenhang mit den drei Vedutenfolgen der Schönbornschlösser und ihrer Gärten: *Die kurfürstlich Mainzische Favorita* (1726), *Die hochgräflich Schönbornischen Schlösser Weissenstein ob Pommersfelden und Gaibach* (1728), *Das hochfürstlich Bambergische Jagdschloss Marquardsburg oder Seehof* (1731). Seine eigentliche Bedeutung erlangte der Garten jedoch erst in den Jahren nach 1756 durch die Umgestaltung durch den Würzburger Fürstbischof Adam Friedrich von Seinsheim (1708–1779), der auch Bischof von Bamberg war. Die reiche Skulpturenausstattung des Rokoko-Gartens, die wie in →Veitshöchheim von Ferdinand Tietz (1708–1777) geschaffen wurde, ist heute verstreut. Rekonstruiert wurde u. a. die berühmte Kaskade von Seehof, die die große Treppenanlage an der Westseite des Gartens begleitete.

Selvaggio (ital., ›wild‹), auch *selvatica*, für die →Jagd genutztes oder angelegtes Waldgebiet, das sich an den gestalteten Garten anschließt. Erstmals wurde die »Wildnis« in der Villa Lante in →Bagnaia in die Gartenkonzeption miteinbezogen. Der Park wird durch Wege oder →Achsen erschlossen und mit Plätzen an den Wegkreuzungen aufgelockert. →Jagdgarten.

Semiramis, die hängenden Gärten der S., →Babylon, hängende Gärten.

Semplici (ital. *semplice, -i* ›Heilkräuter‹), Kräuter im italienischen Garten, →Erbette. Ein *giardino dei s.*, ein →Kräuter- und Arzneigarten, gehörte beispielsweise zur Gartenanlage der Villa Medicea in →Florenz-Castello. In der Mitte des neben der Villa gelegenen Privatgartens erhob sich ein →Brunnen mit einer Statue des Äskulap (griech. Asklepios) als Gott der Heilkunst.

Serpentine, von William Hogarth (1697–1764) in seiner *Analysis of Beauty* von 1745 als ondulierende Schönheitslinie (»line of beauty and grace«) bezeichnet, die im Gegensatz zur geraden Linie und zum rechten Winkel der Natürlichkeit entspricht. Die S. wurde eine wichtige Gestaltungsgrundlage für englische →Landschaftsgärten (→Mathematik).

Skulpturen →Gartenskulptur

Skulpturengarten, Garten und Park waren seit jeher Aufstellungsort für Skulpturen (→Gartenskulptur, →Skulpturenprogramme). In Zusammenhang mit der sog. Skulptur im öffentlichen Raum entstand der S. des 20. Jh.s (insbesondere seit den 50er Jahren), der seine Stelle zwischen Museum und öffentlichem Stadtraum einnimmt. Als Aufstellungsort für moderne Skulpturen im Außenraum wurde der Park ausgewählt, noch bevor Skulptur an anderen öffentlichen Plätzen üblich war. Der Park gewährleistet noch heute – aufgrund seiner abgeschirmten und die Kunstwerke damit nobilitierenden Stellung innerhalb der Stadt im Gegensatz zum öffentlichen Stadtraum – einen besseren, wiewohl nicht immer wirksamen Schutz der Kunstwerke vor Aggressionen und Angriffen. Der Ausbau und die Entwicklung der öffentlichen Skulpturengärten erfolgte in den 50er Jahren im Zusammenhang mit großen Ausstellungen moderner und zeitgenössischer Skulpturen in Parkanlagen, u. a. in Sonsbeck, Münster, oder auf der Documenta in Kassel, sowie im Zuge der → Gartenschauen (z. B. der S. der Bundesgartenschau im Volksgarten Düsseldorf 1987). Seither werden öffentliche wie private Parks als »grüner« Hintergrund und Kontrast zur Skulptur für ständige Sammlungen moderner Skulptur (Beispiele: Mallorca, Casa March; → Hoge Veluwe; Hoglands, Herfortshire, England, Skulpturengarten mit Werken von Henry Moore; Toskana, Garten von Daniel → Spoerri) wie für Wechselausstellungen genutzt (z. B. der ehemals als S. genutzte Park der Villa Lantz bei Düsseldorf). Der Park wird für die zeitgenössische Skulptur zum Ort für Skulptureninstallationen, die für den individuellen Garten-Raum in der Auseinandersetzung mit den historischen und topographischen Bedingungen geschaffen werden (z. B. Hamburg, Jenisch-Park, 1986). Licht- und Wetterverhältnisse können dabei in die künstlerische Konzeption (z. B. durch die Wahl des Materials, wie spiegelnde oder glänzende Metallflächen, oder durch wind-bewegliche, Töne erzeugende Teile) ebenso miteinbezogen werden wie der Park selber. Einen besonderen Platz innerhalb der Skulpturengärten nehmen → Künstlergärten ein, wie z. B. der S. der Niki → de Saint Phalle in Garavicchio (Prov. Grosseto, Italien).

Skulpturenprogramme, vier große Themenkreise bestimmen die Gartenskulptur seit dem 16. Jh.: (1) Die Repräsentation des fürstlichen Besitzers erforderte die Ausbildung einer Herrscherikonographie (→ Hesperiden). (2) Die Gesetze und Kräfte der Natur, welchen der Garten unterworfen ist, werden durch kosmologische Figurenprogramme in Form von Allegorien und Personifikationen der → Elemente, der → Jahres- und Tageszeiten, der Monatsarbeiten, der Erdteile und Flüsse versinnbildlicht. (3) Der pastorale und arkadische Gedanke des Gartens als Paradieseswelt wird durch Figuren und Figurengruppen aus der antiken Mythologie aufgegriffen. (4) Den Garten als Ort der Muße und des Vergnügens veranschaulichen heitere Darstellungen aus dem Bereich des Theaters und der Musik. Letztere bilden in der zweiten Hälfte des 18. Jh.s eine eigene Gattung aus, welche die Themen der → Fête galante von der Malerei auf die Skulptur übertragen hat. Vor dem 16. Jh. sind – von Brunnenskulpturen und der Ausstattung der Gärten mit antiken Statuen abgesehen (siehe dazu → Gartenskulpturen) – keine eigens geschaffenen Skulpturenzyklen in Gärten nachzuweisen. Ausgebildet wurde die skulpturale Formensprache des Gartens in Italien. Als das erste umfassende Figurenprogramm, angeblich entworfen von dem Philosophen Benedetto → Varchi, gilt dasjenige des Gartens der Villa Medicea in → Florenz-Castello, das von Giorgio → Vasari in seinen Künstlerviten überlie-

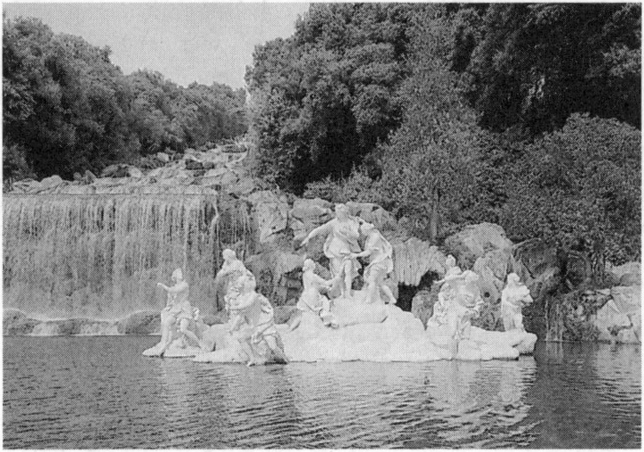

Paolo Persico (u. a.): Dianabrunnen
Caserta, Schlosspark Palazzo Reale, 1785–89

fert ist. Natur und Kosmos waren in der Darstellung der →Jahreszeiten, das Wasser als Lebensspender in den Personifikationen der Flüsse Arno und Mugnone symbolisiert. Als Hauptprogramm wurden das Mäzenatentum und die Tugenden der Medici-Familie als Auftraggeber thematisiert: Personifikationen der Künste und Wissenschaften, des Friedens wie der Waffen, der Tapferkeit, Großmut und Gerechtigkeit u. a. standen in Nischen entlang der Mauer, die den Garten umfasst. Das 17. und 18. Jh. bereicherte diese Themen um weitere Darstellungen aus der antiken Mythologie, beispielsweise aus den *Metamorphosen* des Ovid, die aufgrund ihres transitorischen Charakters das Entstehen und Vergehen der Natur im Garten besonders eindringlich verbildlichen. Einen Höhepunkt erreichte die skulpturale Ausstattung des Gartens mit dem wohl vielfältigsten und reichsten Figurenprogramm im Garten Ludwigs XIV. in →Versailles. Neben den bereits genannten Themen kamen nun Inhalte aus Literatur und Geschichte, Herrscherbilder, sogar Reiterstandbilder dazu. Das höfische Leben und die Festlichkeiten am Hof wurden im Garten in Stein inszeniert. Groteske Figuren (Gnome, Zwergenzyklen nach Callot, →Callotzwerg), Tänzer und Musikanten, Komödianten, Schäfer und Gärtnerinnen, galante Liebesszenen in mythologischer Verkleidung oder durch die »kindlichen Spiele« der Putten verniedlicht, bevölkern die Rokoko-Gärten in Frankreich und Deutschland. Ein prominentes Beispiel hierfür ist der nach 1763 entstandene Hofgarten von →Veitshöchheim. Im fortgeschrittenen 18. Jh. erhob man die Forderung nach einer Reduzierung der Figurenfülle allgemein und einer Beschränkung der Themen auf den Bezug zum Garten, zum →Jagdpark und zur Natur. Naturgötter und ihr Gefolge, Pan, Nymphen und Satyrn, die Jagdgöttin Diana beherrschten nun die Gärten. Mit der Einführung des »natürlichen« Landschaftsgartens und mit dem Klassizismus verschwinden im ausgehenden 18. Jh. die barocken und spätbarocken Figurenprogramme aus den Gärten und Parks. Im Landschaftsgarten übernehmen zunehmend Gebäude (→Fabrique) die emblematische Aussage der Gartenskulpturen. Diese werden inhaltlich auf klassizistisch-antike, politische, philosophische und literarische Programme (Personifikation von Tugenden, Statuen und Büsten von Dichtern und Denkern) reduziert, so z. B. in →Stowe. Im 19. Jh. wird die Gartenplastik von der mythologischen oder kosmologischen Allusion losgelöst und es entstehen echte Genre-Darstellungen (z. B. die *Ballspielerin*, 1898, Düsseldorf, Königsallee). Das politische und bürgerliche Denkmal im Park zur moralischen Erbauung entwickelt sich als eine eigene Gattung, bei der Inschriften nun eine übergeordnete Bedeutung erlangen. Private Gärten und Hausgärten bringen eine bis heute populäre Gartenskulptur hervor, den →Gartenzwerg. Im ausgehenden 19. Jh. wurden Skulpturen in öffentlichen Gärten mit einem besonderen Bezug zu ihrem Aufstellungsort gefordert, wie z. B. ein antikisierender Dornauszieher, seit dem »kapitolinischen Dornauszieher« des 1. Jh.s v. Chr. tradiertes und frei variiertes Motiv, in einem Krankenhauspark. Seit der klassischen Moderne zu Beginn des 20. Jh.s werden abstrakte Skulpturen als akzentuierender Solitär vor das Grün der Gärten gesetzt, wie z. B. die Plastiken Henry Moores verdeutlichen können. →Skulpturengarten.

Spaziergangsforschung wurde initiiert von Lucius Burckhardt, der erstmals Lehrveranstaltungen zur Spaziergangswissenschaft an der Gesamthochschule Kassel abhielt und dort den Ur-Spaziergang »Die Fahrt nach Tahiti« zusammen mit Studenten inszenierte. Die Forschungsergebnisse hieraus wurden 1988 in der Schriftenreihe »Fachbereich Stadt- und Landschaftsplanung der GhK« festgehalten. Die Künstlergruppe »alias-Atelier für Spaziergangsforschung, Dessau« widmet sich seitdem dieser Forschungsarbeit. Bevorzugt bearbeitet sie dabei neue Sichtweisen auf Landschaften, die mit einem negativen Image behaftet sind, richtet den Blick auf Vergessenes oder Unentdecktes oder zerstörte Landschaften. Die Künstlergruppe erhielt den Melitta Kunstpreis 2000.

Sphinx (von griech. *sphingein* ›würgen‹), mythologische Gestalt, Personifikation der vier →Elemente, tradiert und variiert im antiken Mittelmeerraum. Die älteste bekannte Darstellung ist die S. von Gizeh mit Löwenkörper und menschlichem Kopf, hier ein Machtsymbol und männlich. Die spätere syrische Darstellung ist weiblich, die kretische zudem geflügelt. Die griechische Antike kennt die S. als Mischwesen mit Stierkörper, Löwenpranken, Adlerflügeln und Frauenkopf. Im *Ödipus rex* (Drama von Sophokles, 496–406 v. Chr.) stellt die S. ein Rätsel, dessen Lösung das Verlangen der Natur nach Wandel (Jugend, Reife, Alter, Tod), folglich den Sturz des Alten durch das Neue meint. Die S. gilt als Tochter der Echidna, einer Erdgöttin mit Frauenoberkörper und Schlangenleib, gezeugt mit Typhon (Wesen mit Schlangenfüßen und -köpfen), aber auch durch Selbstbefruchtung. Je nach mythologischer Ausprägung wird sie als monströs oder schützend bewertet. Die vier Elemente in der Gestalt der S. sind identisch mit den Attributen der vier Evangelisten Markus, Matthäus, Lukas und Johannes. Die S. kann auch gedeutet werden als Symbol für die Verbindung von körperlicher und geistiger Kraft, irdischer und überirdischer Macht. In Gartenanlagen wird sie häufig als Skulptur mit der Bedeutungszuweisung als Hüterin der Naturgesetze, Wächterin oder als Verweis auf die Rezeption der Antike als Bildungsgut dargestellt. Im 18. Jh. wird die S. – im zeitgenössischen Kostüm – in einem spielerischen Umgang mit der Mythologie verharmlosend gezeigt.

Spiegelweiher, in der Hauptachse vor dem Schloss befindliches Wasserbecken ohne →Fontäne mit einer glatten, ruhigen Wasserfläche, in der sich die Architektur spiegelt und mit der Licht und Helligkeit um das Schloss gefördert werden. → Wasser.

Spiele, seit der Renaissance wurden im → Garten Räume für Spiele ausgewiesen. Josef → Furttenbach schlägt in seinen Gartenentwürfen eine lange Rennbahn (→ Hippodrom) vor für Turniere, Ringstechen, Fechten und Schießen – Kampfspiele, die bis ins 18. Jh. hinein in Gärten bei → Gartenfesten und Gesellschaften beliebt waren. Schießstände und -scheiben waren in den Gärten aufgestellt, zum Zeitvertreib und als Übung für die → Jagd. Zahlreiche Kegel-, Kugel- oder Kricketspiele wurden in den Kabinetten des → Bosketts gespielt, die dafür oft eigens angelegt waren. Solche »Spiel-Plätze«, deren Form und Größe variieren konnten, sind z. B. im Stichwerk von Matthias → Diesel (1717–23) überliefert. Danach gab es im Nymphenburger Park (→ München) wohl nach dem Vorbild von → Versailles neben einem Platz für das → Passspiel und ein Kegelspiel auch eine Bahn für das → Mail-Spiel. Kegelbahnen sind seit dem ausgehenden 17. Jh. in Gärten angelegt. Zudem wurden Brettspiele, wie das auch heute noch bekannte »Gänsespiel« (*jeu d'oie*), ins Monumentale umgesetzt. Die labyrinthartigen Grundrisse von Kabinetten im Boskett folgten diesem beliebten Brettspiel. Nummerierte Felder und Gänsefiguren wurden darin eingezeichnet. Auch Plätze mit Schachbrettmuster, wie sie heute noch in öffentlichen Parks zu finden sind, sind schon im architektonischen Garten des Barock nachzuweisen. Schaukeln, Wippen und Karussells, wie sie aus dem Schlosspark von Versailles bekannt sind, werden in zahlreichen Bildquellen des Rokoko als erotisierend-kokettes Spiel gezeigt. Als Playground für Cricketspiele im englischen Landschaftsgarten diente das *bowling green* (→Boulingrin), eine vor dem Wohnsitz gelegene Rasenfläche. →Schäferspiele.

Spoerri, Daniel (Daniel Isaak Feinstein, geb. 1930), Objektkünstler, der 1942 von Rumänien in die Schweiz übersiedelte. Im spielerischen Umgang mit verschiedensten Materialien und Objets trouvés gestaltete er witzig-skurrile Objekte und die sog. Fallenbilder, bei denen er nach Tischgesellschaften und ähnlichen Veranstaltungen die auf dem Tisch verbliebenen Geschirre und Genussreste konservierte – ›in die Falle gehen ließ‹ – und die Tischplatte in die Ebene eines Tafelbildes drehte. Seinen Garten in der südlichen Toskana nahe des Monte Amiata (Seggiano, Prov. Grosseto) gestaltet S. seit 1990. Der →Skulpturengarten beherbergt nicht nur seine eigenen Skulpturen, sondern darüber hinaus auch Arbeiten anderer Künstler wie Jean Tinguely, Bernhard Luginbühl oder Eva Aeppli. Die Skulpturen sind in einem Garten als Kulturlandschaft integriert, stehen in mehr oder weniger engem Bezug zu ihrer Umgebung und werden von den Besuchern scheinbar zufällig entdeckt. Ein →Labyrinth, bestehend aus einer 500 Meter langen Steinmauer, nimmt die Tradition des alten Initiationsmodells auf. Assoziationen zum nahegelegenen Sacro Bosco in →Bomarzo bei Viterbo drängen sich – nicht nur aufgrund des bronzenen schiefen Hauses von Spoerri – auf.

Spugne (ital., ›Schwämme‹), poröses Material zur Gestaltung künstlicher →Grotten, meist aus Bimsstein oder Zementmischungen.

Stadtpark, die Industrialisierung und das Wachstum der Städte führten im 19. Jh. zu einem steigenden Bedürfnis nach Grünanlagen im Stadtbereich, die der Entfremdung von der Natur mit den damit verbundenen hygienischen und sozialen Problemen entgegenwirken sollten. Seit der Mitte des 19. Jh.s diente der S. im Geiste der (lebens-)reformerischen Tendenzen (wie derjenigen der englischen →Arts & Crafts-Bewegung) vielfältigen Zwecken: neben Erholung, Sport, Spiel, Geselligkeit, Vergnügen (Konzerte und Bälle) und Erziehung (→Botanik) diente er auch dem Wunsch des wohlhabenden, flanierfreudigen Bürgertums, sich angemessen in der Stadt repräsentieren zu können. Meist wurde eine Kombination aus Landschaftsgarten mit geometrischen Elementen verwirklicht, die insbesondere der botanischen Sammelleidenschaft entsprach (→Rosarium). Neben dem Bürgerpark entstanden auch zahlreiche Volksgärten (→Volkspark), die den Bedürfnissen einer ärmeren Bevölkerungsschicht Rechnung tragen sollten.

Staffage, Figuren in einer Architektur- bzw. Landschaftsdarstellung, die in keine Erzählung eingebunden sind, sondern allein die Aufgabe haben, aufgrund ihrer Erscheinung, ihrer Kleidung usw. die Bedeutung des Ortes zu unterstreichen und aufgrund ihrer Größe die Landschaft und Architektur in ihrer Räumlichkeit und Perspektive für das Auge messbar zu machen. In der ursprünglichen Bedeutung des Wortes als Beiwerk oder Nebensächlichkeit meint S. auch die Scheinarchitekturen als Versatzstücke und →Kulissen in der Landschaftsmalerei wie im realen Garten, dort v. a. als ephemere Festarchitekturen und als Versatzstücke mit oft kulissenhafter Ausführung bis hin zur Attrappe im englischen →Landschaftsgarten.

Steingarten →Alpinum

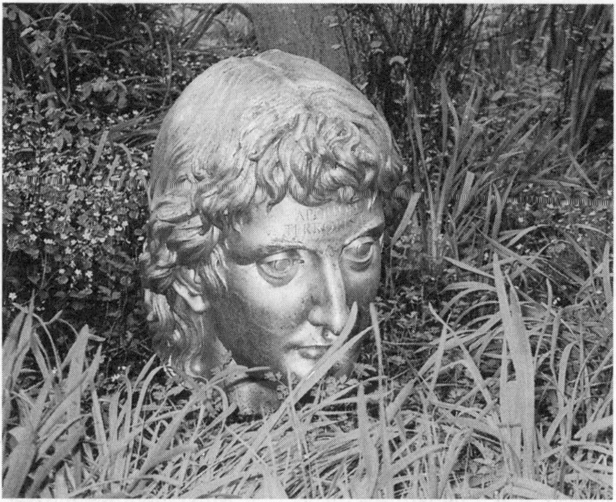

Ian Hamilton Finlay: »Apollo Terroriste«
Plastik im Garten von Little Sparta, Stonypath (Schottland)
(Foto: Heinz Mölder)

Stonypath bei Edinburgh, Little Sparta, von Ian Hamilton Finlay (geb. 1925) geschaffener Garten mit scheinbar ungeregelter Führung durch enge, geschlängelte oder alleenartig und gerade angelegte Wege zu überraschend sich öffnenden weiten Plätzen (Aneinanderreihung flacher Inschriftensteine), Teichpartien, Wiesenflächen (Bienenstöcke). Finlay schafft seine Werke in situ, in Little Sparta realisiert der Künstler seine Idee von einer ortsgebundenen Plastik. Er besteht entgegen der Vorstellung einer formalen Autonomie auf dem Sinngehalt des Kunstwerks (Träger von Botschaften, Ideen). Seine Sicht der Natur ist vergleichbar mit der Ästhetik des 18. Jh.s, die das Erhabene wie das Schreckliche gleichermaßen in der Natur wurzeln sieht. Auch für den Künstlergarten »Little Sparta« gilt »Et in arcadia ego« (»Selbst ich, der Tod, bin in Arkadien!«). Die vielfältigen Bezüge, Querverweise, Zitate aus antiker wie neuzeitlicher Plastik, Skulptur, Architektur und Literatur sowie seine Hinweise auf historische Ereignisse (Französische Revolution) machen Little Sparta auch zu einem Ort der Inszenierung von Natur als politischer Natur.

Stourhead, Landschaftsgarten (Wiltshire), entstanden zwischen 1741 und 1780. Henry Hoare d. J. (II.), Bankier, zog sich 36-jährig zurück auf den Landsitz seines Vaters. Als klassisch gebildeter Amateur begann er die Gestaltung einer Parklandschaft, die Schauplätze der Äneis inszenieren soll und als deren malerisches Vorbild Claude Lorrains *Aeneas in Delos* genannt wird. Durch Aufstauen des Flusses Stour (1754) entstand eine Seelandschaft mit Inseln, durch die geschwungene Wegeführung wechselnde Perspektiven und neue Landschaftsbilder. Die der Antikenverehrung verpflichteten Bauten werden von Henry Flitcroft in palladianischem Stil ausgeführt: Apollo-Tempel (Rundtempel), Pantheon (1754, verkleinerte Interpretation des römischen Vorbildes) mit Skulpturengalerie, Flora-Tempel, palladianische Brücke mit Rasenweg. Zur Anlage gehören zudem eine → Grotte (1748) am Seeufer, darin Figuren eines Flussgottes und einer Quellnymphe (eine ältere Grotte ist vom See überflutet), eine Kapelle in gotischem Stil und der 1772 ebenfalls von Flitcroft gebaute, 50 m hohe »King Alfred's Tower«. Zur »Liegenschaft« gehören ferner das kleine Dorf Stourton mit seinen Tudor-Stil-Cottages, an dessen Übergang zum Park sich eine neugotische Dorfkirche und ein neugotisches Marktkreuz befinden, sowie ein Nutzgarten, Wirtschaftsgebäude und das 1721 von Colen →Campbell entworfene Herrenhaus mit um 1800 angefügten Flügelbauten.

Stowe, Buckinghamshire. Von Beginn des 18. Jh.s an entsteht eine sich phasenweise vergrößernde Gartenanlage um Stowe House. Das Schloss selbst (Entwurf von John Vanbrugh, 1664–1726) belegt die Entwicklung vom klassizistischen Barock zum neopalladianischen Stil. Lord Cobham (1699–1749), Besitzer von S., war einflussreiches Mitglied der liberal eingestellten Whig-Partei, die gegen die konservative Regierung unter den Königen George I. und George II. opponierte. Die ersten Gärten waren noch geometrisch formal angelegt. Um 1715 wurde die Anlage von Charles Bridgeman erweitert. Ein →»Aha«-Graben ist erstes Zeichen für den Bezug zum Landschaftsaspekt. Bridgemans Nachfolger ab 1730 war William →Kent, der Partien der geometrischen Ordnung auflöste und insbesondere die »Elysischen Felder« (→Elysion) hinzufügte. Als Landschaftsgarten in einem Tal, auch »epic landscape garden« genannt, ist diese Anlage als Demonstration von Politik und Moral (*moral sence*) im Sinne Lord Cobhams und der Whigs zu lesen. Die Antike und die nationale Geschichte werden mit Bauten, Staffagearchitekturen und entsprechenden →Skulpturenprogrammen als Vorbild zitiert. In Hawkwell Field, einem weiteren, als Landschaftsgarten gestalteten Areal, wird auf dem höchsten Punkt der »Gotische Tempel« (James Gibbs, 1744) errichtet. Das »Griechische Tal«, ein Landschaftspark nach Plänen von Lancelot »Capability« →Brown (ab 1741), bringt die Umgestaltung vom formalen Garten zum frei komponierten Landschaftspark zum Abschluss.

Stuttgart, Schlossgarten Solitude, der württembergische Herzog Karl Eugen (1744–1793) ließ sich seit 1763 ein Lustschloss in der Nähe von Stuttgart erbauen, das als die letzte →Maison de plaisance in der Nachfolge von →Marly-le-Roi gelten kann. Vollendet wurde das Schloss von Philippe de La Guêpière (1715–1773), dessen Schüler Reinhard Ferdinand Heinrich Fischer und Carl von Schell die Anlagen ausbauten. Die nicht mehr erhaltene Gartenanlage ist auf Plänen des 18. Jh.s überliefert. Der von der Schlossanlage abgeschnürte, weitläufige Garten zeichnet sich durch eine Vielfalt variantenreicher →Bosketts aus – darunter sind insbesondere die Spiele- und Labyrinthbosketts hervorzuheben. Es entstand ein spätbarocker Garten mit einer ungewöhnlichen, fast bizarren Formenvielfalt, der unter Einbeziehung von großen Nutzgartenflächen vorwiegend als Lust- und →Irrgarten angelegt war. Landesweite Beachtung fand die Obstbaumzucht des Hofgärtners und Intendanten des Schlosses, Johann Caspar Schiller (1723–1796), dessen Sohn Friedrich →Schiller 1773–75 die dortige »Militär-Akademie« besuchte.

Switzer, Stephen (1682–1745), englischer Gartenarchitekt. S. wandte sich gegen den holländischen und französischen Stil in der barocken Gartenkunst (*Ichnographia Rustica*, 3 Bde., London 1718). Gleichwertig neben dem Lustgarten, den er von überflüssigem Pomp zu befreien suchte, sah er die Anlage von Nutzgärten. Er gilt als Vorreiter der »neuen« Ideale des englischen →Landschaftsgartens – so verlangte er z. B. von einem Gärtner auch philosophische Kenntnisse –, der versuchte, dessen naturverbundene Theorien mit der praktischen Gartengestaltung zu verbinden. Seine Ideen zeigen sich von →Dézallier d'Argenville beeinflusst, nach dessen Vorbild er z. B. erstmals einen →Aha-Graben mit Mauer zeichnerisch vorstellte. Die *Ichnographia Rustica* ist die umfassendste gartentheoretische Schrift in englischer Sprache.

T

Tapis vert (frz., ›grüner Teppich‹), weitläufige Rasenfläche, in der Regel rechteckig und unbepflanzt. In der ersten Hälfte des 18. Jh.s wird die schlichte Gestaltung nur in entlegeneren Gartenteilen, später auch vor dem Hauptgebäude ausgeformt. Eine Ausnahme bildet England, wo schon zu Beginn des 18. Jh.s im Schlossbereich T. v.s angelegt wurden. → Boulingrin.

Teatro verde (ital., ›grünes Theater‹) → Gartentheater, → Heckentheater

Teehaus, Tee, der im frühen 17. Jh. erstmals in Europa gehandelt wurde, war – neben Kaffee und Schokolade – das der Vorliebe für ostasiatische und allgemein exotische Kunst angemessene Mode- und Luxusgetränk des 18. Jh.s. Chinesische → Pavillons und → Pagoden fanden insbesondere als Teehäuser Eingang in die Gärten (→ Gartenhaus). Ein bekanntes Beispiel ist das Chinesische Teehaus (1754–57), das sich Friedrich der Große im Garten von Sanssouci in → Potsdam errichten ließ.

Teepavillon → Chinoiserie, → Pagode, → Teehaus

Teich → Peschiera, → See

Tempietto (ital., ›Tempelchen‹), seit der Renaissance nach antikem Formenschatz entworfener kleiner Tempel – als Beispiel sei der T. Bramantes in S. Pietro in Montorio in Rom (1502) genannt. Insbesondere im englischen → Landschaftsgarten fand der T. auch als → Gartenhaus Anwendung. → Gloriette.

Teppichbeet, historistische Beetform des 19. und frühen 20. Jh.s, das als rundes, manchmal auch plastisch gewölbtes Beet mit dichter Bepflanzung aus buntlaubigen

Blattpflanzen oder Blumen in Mustern angelegt und mit verschiedenen Materialien (Kies, Sand, Steine) farbig gestaltet war. In der Mitte konnte das T. von einer exotischen Pflanze, einer Statue oder Vase bekrönt werden. Seine Verwendung wird von den Verfechtern des reinen Landschaftsgartens aufgrund seines fehlenden Bezuges zum übrigen Garten abgelehnt. Zu Beginn des 20. Jh.s gilt es als überholt und wird allein zur Anwendung in architektonisch angelegten Gärten empfohlen, so von Walter Baron von → Engelhardt. → Teppichgärtnerei.

Teppichgärtnerei (engl. *carpet bedding*), das Teppichbeet ist von Fürst → Pückler-Muskau, Ideen von Humphry → Repton folgend, im Zusammenhang mit der Verwendung von Blumen bei der Anlage eines Parks erwähnt. Als eine Art komprimiertes → Parterre sollten Blumenteppiche in der Rasenfläche vor der Gartentreppe eines Schlosses oder Hauses eingelassen werden. Die T. wird eine beliebte und neue Aufgabe in der Beetgestaltung um die Mitte des 19. Jh.s als Ausdruck einer typisch viktorianischen Üppigkeit im Dekor. Ein in sieben Auflagen bis 1907 erschienenes Werk von Wilhelm Hampel, *Die moderne Teppichgärtnerei*, Berlin 1880, bezeugt die Beliebtheit dieser Form der Blumengärtnerei, die indes von den Reformern der Gartengestaltung zu Beginn des 20. Jh.s bekämpft wurde. → Teppichbeet.

Terrakotta (ital., ›gebrannte Erde‹), Baumaterial aus unglasiertem, gebranntem Ton in Form von Backsteinen und Ziegeln, aber auch als schmückende, mit Reliefs versehene Baukeramik seit dem 15. Jh. verwendet. In der figürlichen Plastik fand T. ebenfalls seit dem 15. Jh. verstärkt Anwendung und war auch in der → Gartenskulptur häufig anzutreffen. Als Beispiel seien die allerdings nur schriftlich überlieferten bunt glasierten T.-Plastiken von Bernard → Palissy (1563) genannt. Im Garten gebrauchte man → Ziegel aus T. darüber hinaus zur Einfassung von Beeten. Gemahlene T. diente als farbiger Belag für Beete (→ Broderie, → Parterre). Töpfe aus T. waren als Behältnis für nicht winterharte Kübelpflanzen vorgesehen (→ Pflanzgefäße). → Pianelle.

Terrasse, künstlich eingeebnetes Terrain vor einem Gebäude oder in einem Gelände. Die T. ist ein wesentliches Strukturelement zur Gliederung des Gartens in verschiedene Ebenen, die sanft oder steil vom Hauptgebäude ausgehend abfallen oder zu ihm aufsteigen. Charakteristisch für italienische Gärten des 16. Jh.s, wurde die T. auch in Frankreich im 17. Jh. übernommen. Ihr gegensätzliches Strukturelement findet die T. im → Hügel der englischen → Landschaftsgärten.

Theokritos (1. Hälfte 3. Jh. v. Chr.), griechischer (alexandrinischer) Dichter, der die → bukolische Poesie begründete.

Thouin, Gabriel (1747–1827), französischer Gartenarchitekt, der als der eigentliche Protagonist des »jardin paysage« in Frankreich gilt. In den *Plans raisonnés de toutes les espèces des Jardins*, Paris 1819 (dt. *Neue Gartenpläne mit Gebäuden*, Leipzig 1820) stellt T. verschiedene Gartentypen vor, die in Lust- und Nutzgärten zu unterscheiden sind, sich aber auch als Kunstlandschaft über das gesamte Land ausbreiten können. Bezeichnend für seine Entwürfe ist ein in geometrischen Kurven angelegtes Wegesystem. T. entwarf u. a. ein Landschaftsgartenprojekt für → Versailles (1820). In der Parklandschaft großen Ausmaßes

(7000 Morgen) sollten historisch gewordene kulturelle und industrielle Denkmäler in der Art von Versatzstücken Teil der Anlage sein. Im Plan der übergroßen Kunstlandschaft war Versailles nicht mehr länger von gartenkünstlerischem Eigenwert, sondern hatte nur noch den Rang einer historischen Staffage. T. war das wichtigste Vorbild für Peter Joseph →Lenné und die durch ihn begründete Lenné-Meyer'sche Schule, die für den Landschaftsgarten in Deutschland bestimmend wurde.

Tiergarten, als →Jagdgarten eingezäuntes oder umfriedetes Gehege für die Aufzucht, Pflege und Jagd von Wild seit dem Mittelalter. →Ménagerie.

Tivoli, Garten der Villa d'Este (Latium, Rom), nachdem Kardinal Ippolito d'Este die Herrschaft über Tivoli bei Rom übertragen bekam, ließ er ein ehemaliges Franziskanerkloster in den Jahren 1550–72 durch den Architekten Pirro →Ligorio zu seiner Residenz umgestalten. Die Anlage der Gärten mit den von Giovanni Fontana (→Frascati) errichteten Wasserspielen erforderte ungeheure technische Anstrengungen: Gelände musste für die Terrassenanlage abgetragen und Wassermassen für die 23 großen und unzähligen kleinen Springbrunnen von weither geleitet werden. Von dem berühmten Statuenschmuck des Gartens, den der Kardinal aus der nahegelegenen antiken Villa Adriana herbeischaffen ließ, ist heute nichts mehr zu sehen. Die Wasseranlagen sind jedoch weitgehend intakt. Von den zahlreichen →Brunnen und →Fontänen, die durch ein komplexes mythologisches Skulpturenprogramm verbunden waren, sind das zentrale →Nymphaeum mit der riesigen Fontana dell'Ovato und der berühmte Brunnen mit den Vogelstimmen hervorzuheben. Die mit Wasserkraft betriebenen →Automaten und Figuren des Vogelstimmen-Brunnens sind heute nicht mehr erhalten. Im 17. Jh. (1660/61) kamen ein Brunnen und ein Wasserfall von Gianlorenzo Bernini (1598–1680) hinzu, der die große →Wasserorgel mit den Fischteichen verband. Villa und Garten blieben bis ins 19. Jh. im Besitz der d'Este.

Trehet, Jean (1654–1740), französischer Gärtner und Tapissier. T. kam über die Herstellung von Gobelins und ihrer Ornamentik zur Gartenkunst. Eine Verbindung zu →Le Nôtre wird für seine Ausbildung angenommen. Der seit 1680 in Deutschland tätige T. war ab 1686 in Wien ansässig. Er wurde bald in die Dienste des Wiener Hofes und seiner Gärten aufgenommen und zum kaiserlichen Garteningenieur befördert. In den Jahren 1690–92 gestaltete er die Gärten der Sommerresidenz Favorita auf der Wiesen bei Wien, seit 1696 arbeitete er – möglicherweise nach Entwürfen Fischer von Erlachs – in →Schönbrunn. 1698 fertigte er auf einer Studienreise nach Frankreich Grundrisse französischer Gärten an. Sein Einfluss auf die Gärten zahlreicher Wiener Barockpaläste und der in den Türkenkriegen zerstörten Sommerschlösser des Adels um Wien scheint aufgrund stilistischer Merkmale gesichert, wenn auch sein unmittelbares Einwirken mangels archivalischer Quellen nicht nachgewiesen ist.

Treibhaus, →Gewächshaus aus einer Eisen-Glas-Konstruktion oder einfacher aus einer gemauerten Rückwand nach Norden und einer durchfensterten Südwand konstruiert, in dem durch Schutz vor schwankenden Witterungseinflüssen und durch intensive Lichtausnutzung sowie gegebenenfalls durch künstlich erzeugte Wärme ein wachstumsförderndes Klima entsteht. Das T. gewährt die Möglichkeit jahreszeitenunabhängigen Austreibens von Pflanzensamen.

Treillage (frz. *treille*, von lat. *trichila* ›Laube, Gitter‹), Rankgerüst als Spalier oder →Laubengang aus →Gitterwerk, meist aus grün oder weiß lackiertem Holz. Die Laubengänge können von Pavillons an den Kreuzungspunkten unterbrochen werden. Wie die →Berceaux dienten T.n als schattige Spazierwege im Garten.

Trianon, Dorf in der Nähe von →Versailles, das Ludwig XIV. 1668 abreißen ließ, um dort ein Lusthaus mit Garten, das sog. *T. de Porcelaine*, zu errichten (1670/72 erbaut). Das *Petit T.*, auch *Hermitage de T.* genannt, entstand seit 1748 in der Nähe des großen T. Der Name T. übertrug sich in Frankreich allgemein auf freistehende Gartenpa-

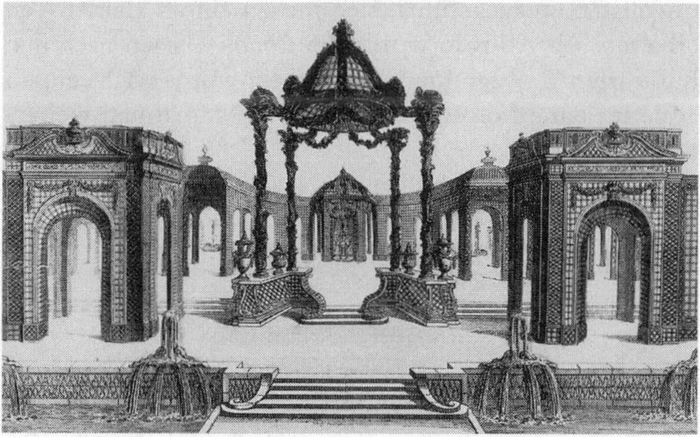

Schloss Bellevue bei Meudon für Madame Pompadour
Treillage im Bosquet du Baldaquin. Kupferstich, um 1750

villons. Im 18. Jh. konnte der Begriff auch synonym für →Eremitage gebraucht werden.

Tribolo (Niccolò di Raffaelo de'Pericoli, um 1500–1550), Bildhauer in Rom und Florenz. U. a. war er der Gehilfe Michelangelos bei der Errichtung der Medici-Gräber in Florenz (1533). Seit 1538 war T. im Dienst der Medici als Bildhauer, Gartenarchitekt und Wasseringenieur tätig. Für Cosimo de' Medici errichtete T. den Garten der Villa Castello bei Florenz, wo er zunächst die Skulpturenbrunnen (ab 1538), aber auch die Wasserleitungen und die architektonischen Bauten der Gartenanlage schuf. Im Zusammenhang mit der Vita des T. berichtet Giorgio Vasari (*Le vite de' piu eccellenti Pittori, Scultori e Architettori*, 2 Bde., Florenz 1550) über das erste uns bekannte umfassende →Skulpturenprogramm für einen Garten in der Medici-Villa in →Florenz-Castello, das, ohnehin vermutlich nur unvollständig ausgeführt, sich nur zu einem kleinen Teil erhalten hat. Ab 1549 wurde der Boboli-Garten nach den Entwürfen T.s begonnen. Das Projekt wurde nach seinem Tode im darauffolgenden Jahr von →Ammannati weitergeführt.

Tulpe →Pflanzenmoden

U, V

Utrecht → Heemstede

Vanvitelli, Luigi (1700–1773), in Italien geborener Maler und Architekt. V. begann seine Malerlaufbahn als Schüler bei seinem niederländischen Vater Gaspard van Wittel in Rom. Als Architekt führte er zahlreiche päpstliche Aufträge in Rom aus und wurde der bedeutendste italienische Architekt seiner Zeit. König Karl III. von Neapel rief ihn um 1750 in seine Hauptstadt, wo er neben der Kirche SS. Annunziata (1761–82) ein Aquaedukt und Kasernen erbaute. Seit 1752 errichtete er für Karl III. Schloss und Park in → Caserta, ein gigantisches, an → Versailles angelehntes Projekt, das ihn bis zu seinem Tode beschäftigen sollte. Der riesige, vierflügelige Schlosskomplex ist von einem etwa 84 ha großen Garten umgeben, der die einzige monumentale Anlage nach französischem Vorbild in Italien darstellt.

Varro, Marcus Terentius (116–27 v. Chr.), römischer Feldherr und Historiker. V. verfasste zahlreiche Bücher zu unterschiedlichsten Themen, von denen nur sein Werk über die Landwirtschaft *Rerum rusticarum libri tres*, verfasst 37 v. Chr., erstmals gedruckt in Venedig 1472, vollständig erhalten ist. Neben Ackerbau und Großtierhaltung wird darin auch die Zucht von Kleintieren geschildert. Seine detaillierte Schilderung der Anlage eines Landgutes lässt eine recht getreue Rekonstruktion eines antiken Landsitzes zu. Die bei Varro beschriebenen Gartengebäude, darunter ein Vogelhaus und ein Pavillon mit drehbarem Tisch fanden in der Gartenkunst der Neuzeit rege Nachfolge, wie z. B. ein tholosartiger Pavillon auf Schloss

Ambras in Tirol belegt, den Merian als *Sommer-Haus, darinnen der umlaufende Tisch* in einem Stich von 1645 überliefert.

Vaux-le-Vicomte (Île-de-France, Frankreich), der französische Finanzminister Nicolas Fouquet holte den Gartenarchitekten André →Le Nôtre an sein 1656 begonnenes Schloss in Vaux bei Melun und betraute ihn mit der Gestaltung des Gartens. In nur 5 Jahren mit höchstem Aufwand errichtet, wurde die verschwenderisch ausgestattete Anlage mit einem opulenten Fest zu Ehren Ludwigs XIV. eingeweiht, der seinen Minister daraufhin wegen Veruntreuung von Staatsgeldern zu lebenslanger Kerkerhaft verurteilte. Der König beschäftigte den Architekten Louis Le Vau, den Maler Charles Le Brun und Le Nôtre daraufhin in →Versailles. Schloss und Garten verfielen und wurden erst gegen Ende des 19. Jh.s von einem Privatmann restauriert. Die Planungen Le Nôtres, die in zahlreichen Stichen und Beschreibungen überliefert sind, wurden dabei allerdings teilweise nur ungenau umgesetzt. Le Nôtre gestaltete eine streng axiale Anlage um das Schloss, ein orthogonales Raster, von dem drei radiale Schneisen in das angrenzende, flankierende Waldgebiet ausstrahlen. Hervorzuheben ist die perspektivische Lösung Le Nôtres, die vorbildhaft wird für Versailles. Er versteht es, den monotonen Tiefenzug der Mittelachse durch Staffelung der Ebenen sowie durch die Anlage von optisch »bremsenden« Nebenachsen aufzulockern. Lebendigkeit und Formenvielfalt aber erhält die strenge Gartengestaltung erst in den Details, insbesondere durch die Wasserspiele der →Kaskaden- und →Grottenanlagen sowie die Mannigfaltigkeit der →Broderieformen.

Veitshöchheim, Hofgarten, in den Grundzügen wurde der Garten der Sommerresidenz der Würzburger Fürstbischöfe zu Beginn des 18. Jh.s unter Carl Philipp von Greiffenclau angelegt, in dessen Regierungszeit (1749–54) auch die Erweiterung des Sommerschlosses durch Balthasar Neumann fiel. Unter der langen Regentschaft Adam Friedrichs von Seinsheim (1708–1779, reg. 1755–79) erhielt der Veitshöchheimer Garten nach 1763 die Ausgestaltung und den Figurenschmuck, die dem Garten seinen Ruf als bedeutendster deutscher Rokokogarten einbrachten. Von hohen Mauern umschlossen, gliedert sich der Garten seitlich des Schlosses in drei langgezogene Kompartimente, die durch ein kleinteiligeres Wegesystem erschlossen und in zahlreiche Gartenräume aufgeteilt sind. Der Entwerfer der Gartengestaltung ist nicht überliefert. Gemeinhin wird Seinsheim die Idee zugesprochen, die er mit seinem Garteningenieur Johann Philipp Geigel (1729/30–1800) entwickelt haben soll. Aber auch Johann Prokop →Mayer, der schon vor seinem Dienstantritt 1771 als Hofgärtner in Würzburg mit dem Fürstbischof in Verbindung stand, ist als Urheber des Plans zu erwägen. Für das reiche →Skulpturenprogramm waren die Hofbildhauer Johann Wolfgang von der Auwera (1708–1756), Ferdinand Tietz (1708–1777) und Johann Peter Wagner (ab 1771) zuständig.

Vergil (70–19 v. Chr.), Publius Vergilius Maro, römischer Epiker. Seine Hirtengedichte, die die bukolische Poesie von →Theokritos fortschreiben, wurden mit ihren idealisierenden Beschreibungen des glücklichen Hirtenlebens Vorbild für die europäische Hirtendichtung. In seinem Lehrgedicht vom Landbau (*Georgica*) wird auch ein Nutzgarten mit seinen Pflanzen beschrieben.

Vergnügungspark, als eigenständige und besondere Form aus dem →Volkspark entwickelt. Noch heute sind V.s den Volksparks (z. B. →Prater in Wien) angegliedert. Als erste eigenständige Anlage, die mit Riesenrad oder anderen Fahrgeschäften, Buden u. a. ausgestattet ist, entstand 1843 der – wie der Prater – noch heute erhaltene Freizeitpark Tivoli in Kopenhagen. Nach dem Vorbild von Disneyworld in den USA entstanden in den letzten Jahren auch in Europa ähnliche V.s.

Versailles, Schlossgarten, angeregt durch die großartige Schöpfung seines Finanzministers Fouquet, →Vaux-Le-Vicomte, plante Ludwig XIV. 1662 die Anlage eines Sommerschlosses in Versailles bei Paris, die maßstabsetzend für alle ehrgeizigen Schloss- und Gartenprojekte des 17. und 18. Jh.s in Europa werden sollte. Mit ungeheurem technischen und finanziellen Aufwand musste für diese Bauaufgabe ein unwirtliches Sumpfgebiet erschlossen werden. Bereits 1662 begann André →Le Nôtre mit der Anlage der Gärten, deren unendliche, in den Horizont ausstrahlende →Achsen als Inbegriff einer absolutistischen Staatsauffassung gewertet wurden. Die Hauptachse hinter dem Boskettgarten (→Boskett) wird bestimmt durch den »Grand Canal«, der als spiegelnde Wasserstraße das Vorbild für zahlreiche nachfolgende Gärten abgab. In den →Parterres und dem angrenzenden →Boskett in Schlossnähe wurden vielfältige Kabinette und Gartensäle errichtet, die zum Teil reich architektonisch ausgestaltet wurden (z. B. die »Colonnade«) und mit Skulpturen und Brunnenbecken (Thetisgrotte und Apollobad) geschmückt sind. Formal und ikonographisch stellen sie das Vorbild für viele europäische Gärten, wie z. B. in →Caserta oder in →San

Ildefonso, dar. Ludwig XIV. selbst verfasste einen Führer durch seinen Garten, in dem er die Sehenswürdigkeiten zu einem Rundgang zusammenfasst. Als Ort glanzvoller Gartenfeste (wie z. B. 1674 anlässlich der Eroberung von Burgund) war Versailles ebenfalls beispielgebend für die europäischen Herrscherhäuser des Barock. Abseits vom Schloss, das bald als Residenz zum ausschließlichen Aufenthalt genutzt wurde, ließ der König 1668 ein Lustschloss erbauen, das Grand →Trianon. Unter Ludwig XVI. entstand auf das Betreiben seiner Frau Marie-Antoinette in der Anlage des Petit →Trianon, den Ludwig XV. (1710–1774) als Refugium für sich und die Marquise de Pompadour erbauen ließ (1762–66 von Jacques-Ange Gabriel), ein ausgedehnter Landschaftsgarten nach englischem Vorbild, der als die bedeutendste Anlage dieser Art in Frankreich zu werten ist.

Vertugadin, kleiner, grasbewachsener Abhang oder in der Art der ansteigenden Sitzplätze eines →Amphitheaters gebildeter Rasenplatz. Nach dem *Dictionnaire* (1691) von →D'Aviler leitet sich der Name aus dem Spanischen her: mit *vertugado* wurde der Hüftwulst eines Frauenrockes bezeichnet.

Vertumnus →Pomona

Vexierwasser (von lat. *vexare* ›plagen, quälen‹), wörtlich übersetzt »Scherz-Wasser«, V. wurden als →Wasserspiele im Garten zum scherzhaften Bespritzen und Durchnässen der Besucher eingesetzt.

Vignola, Giacomo Barozzi da (1507–1573), Maler und Architekt. V. begann seine künstlerische Laufbahn als Maler in Bologna. Seine erste architektonische Betätigung fand er als Mitarbeiter an den Bauvorhaben in St. Peter und im Vatikan (1534–36). Nach einer Frankreichreise und einem kürzeren Aufenthalt in Bologna war V. seit 1546 im Dienst der Farnese wieder in Rom tätig. Sein gartenkünstlerisch wichtigstes Werk in Rom sind die Orti Farnesiani am Palatin (um 1550). Als Erbauer des Palazzino Farnese in → Caprarola wird er auch mit der dortigen Gartenanlage in Zusammenhang gebracht. Zugeschrieben werden ihm aufgrund einiger formaler und motivischer Gemeinsamkeiten – wie z. B. der Wasserrinnen (→ Catena d'acqua) – auch der Park der Villa Lante in → Bagnaia. Seine *Regola delli cinque ordini dell'architettura* (Rom 1562) zählen zu den wichtigsten Architekturtraktaten des 16. Jh.s und wurden von Charles Augustin → d'Aviler 1691 ins Französische übertragen.

Viktorianischer Garten, Garten des Historismus, s. u. »Gartenstile Europas« S. 32 f.

Villa (ital., ›Haus‹), heute Begriff für ein besonders komfortabel oder luxuriös ausgestattetes Haus. In der Antike unterschied man zwischen einer *V. urbana* (Stadthaus), einer *V. suburbana* (stadtnahe V.) und einer *V. rustica* (Landgut). Seit der Renaissance geht der Begriff im Gegensatz zum städtischen Palast (Palazzo) ganz auf das Landhaus und das stadtnahe Lusthaus über. Voraussetzung dafür waren die Entdeckung der antiken Autoren und Architekturtraktate im Humanismus, u. a. der beiden Villen-Briefe → Plinius' d. J., in denen er seine Villen in der Toskana bzw. bei Ostia beschreibt. Durch eine Konsolidierung der politischen Situation, die es dem Adel erlaubte, die Stadt und die Kastelle zu verlassen, entstanden seit dem 15. Jh. zahlreiche Villen auf dem Lande. Nach Leon Battista → Alberti (*Traktat über die Villa*, verfasst 1438) sollte die ideale V. und ihr Garten am Hang gelegen sein. Im Vordergrund stand zunächst die landwirtschaftliche Nutzung. Die V. ist jedoch darüber hinaus Ausdruck eines bestimmten Lebensstils der Muße, Kontemplation und Freiheit (→Locus amoenus). Neben den Nutzgärten spielte die Ausbildung von Lustgärten innerhalb einer Villenanlage eine immer größere Rolle. Im 16. Jh. ließ sich beipielsweise die Florentiner Familie der Medici zahlreiche Villen mit künstlerisch gestalteten Gartenanlagen im Umland von Florenz errichten (→Florenz-Castello). Auch im Umland von Rom entstanden zahlreiche, meist päpstliche Sommerresidenzen (→Frascati, Villa Aldobrandini; →Caprarola, Villa Farnese). Nachdem Venedig, u. a. durch die Entdeckung Amerikas, seine Bedeutung als Handelsstadt verloren hatte, setzte im ausgehenden 16. Jh. eine Stadtflucht und Besiedelung der *terra ferma* im Veneto ein. Die V. wird in der Nachfolge →Palladios zu einer der wichtigsten Bauaufgaben in der europäischen Architektur (→Maison de plaisance).

Villa rustica →Villa

Villa suburbana →Villa, →Florenz, Boboli-Garten

Villandry, gelegen in Indre-et-Loire, Frankreich. Die Schlossanlage aus dem 12. Jh. wurde in der Renaissance (1532) umgestaltet, die Terrassen und Kanäle stammen aus dem 18. Jh. Noch vorhandene Gartenbereiche wurden von Joachim Carvallo zwischen 1906 und 1924 zu einer Gartenanlage mit drei verschiedenen Ebenen restauriert. Die obere mit großem, rechteckigem Wasserbassin ist von den unteren beiden, dem »Garten der Herzen« und dem Obstgarten, durch eine die Hauptachse bildende Baumallee getrennt. Von hier werden die Burggräben und Gärten durch Kanalsysteme bewässert. Der an die Südseite des Schlosses angefügte »Garten der Herzen« wurde konzipiert von dem Spanier Lozano. Als streng ornamentaler Gartenteil symbolisiert diese mittlere Ebene mit vier Abschnitten mittels kunstvoll zu verschiedenen Herzformen geschnittenem Buchs (→Ars topiaria) unterschiedliche Arten der Liebe. Von dieser Partie aus besteht die Möglichkeit der Gesamtschau über den Obstgarten in der unteren Ebene. Auch dieser ist kunstvoll geometrisch gestaltet zu strengen Rechteckformen, in denen Gemüse, Kräuter und Blumen zu einem planvollen Gesamtbild von Form und Farbe, Schönheit und Nutzen komponiert sind. Als Vorlage hierfür dienten Stiche von →Du Cerceau.

Villeggiatura (ital., ›Sommerfrische‹), ursprünglich den sommerlichen Aufenthalt auf dem Lande bezeichnend, wurde der Begriff zu einem Synonym für die Villenkultur in Italien. →Villa, →Villengarten.

Villengarten, für die Neuzeit war innerhalb der antiken Gartenkunst v. a. die römische Villenkultur vorbildhaft. Die detaillierten Beschreibungen in den Briefen →Plinius' d. J. ermöglichen eine Rekonstruktion der römischen Villa und ihrer Gärten. Bei der Anlage einer Villa waren die Aussicht, erreicht durch eine Hanglage, sowie eine klimatisch günstige Ausrichtung von Bedeutung. Die Villenanlage bestand aus einem Gebäudekomplex mit Sonnenterrassen und überdachten Wandelgängen und war von Nutz- und Lustgärten umgeben, die mit Kunstwerken und kleinen Lustbauten geschmückt waren. Die Gärten, die aus verschiedenen gegeneinander abgegrenzten Teilen bestanden, waren kunstvoll bepflanzt und gestaltet. Plinius beispielsweise ließ ein sog. →Hippodrom im Garten seiner Villa in der Toskana anlegen. Die Form des langgestreckten Gartenraums war den Circusanlagen für Pferderennen ähnlich. An seinem halbkreisförmigen Ende befand sich ein →Rosengarten und ein Stibadium, eine zum Speisen angelegte, raffiniert mit →Brunnen verbundene Sitzbank. In den Gärten des Plinius befanden sich keine Statuen. Dafür säumten in figürliche Formen geschnittene Buchsbäumchen und Sträucher die Wege. Die Baumschnittkunst (→Ars topiaria) wurde in der Gartenkunst der italienischen Renaissance wiederaufgegriffen. Seit dem 19. Jh. wurden am Rande der Städte von einem zunehmend wohlhabenden Bürgertum neue, großzügige Villensiedlungen erschlossen, die von weiträumigen, parkähnlichen Gärten umgeben waren. Der V. gestaltete sich als eines der Hauptaufgabengebiete für Gartenarchitekten des 19. Jh.s. Eine Kombination aus Formen des architektonischen Gartens und des →Landschaftsgartens ergab sich aus den an fürstlichen Gärten orientierten Ansprüchen der Besitzer. Im frühen 20. Jh. wurde der herrschaftliche V. von der bescheideneren Form des →Hausgartens abgelöst, der mehr oder weniger aufwendig in Größe und Gestaltung ausfallen konnte. Zur Entwicklung des nachantiken V.s in der Renaissance und im Barock siehe →Villa, →Gartenpalais.

Viridarium (lat., ›Lustgarten, Park‹), antik-römische Bezeichnung für einen →Lustgarten in Abgrenzung zum →Hortus, dem →Nutzgarten. Gemeint ist zumeist das →Peristyl eines Wohnhauses.

Vogelhaus, ein V. im Garten wird erstmals erwähnt bei Marcus Terentius →Varro. Es ist als tholosartiger →Pavillon mit zwei Laubengängen ausgebildet. In den Laubengängen sind die Vögel gefangen, während der Pavillon in der Mitte

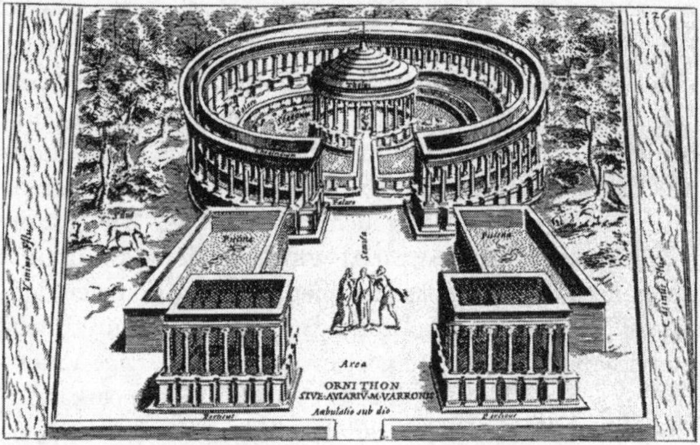

Rekonstruktion eines Vogelhauses nach den Beschreibungen von Marcus Terentius Varro (116–27 v. Chr.) in seiner Schrift *Rerum rusticarum libri tres*

Aus: Jacobus Laurus, *Antiquae urbis splendor*, Rom 1612

einen drehbaren Tisch zum Speisen aufweist. Nutzgebäude und Lusthäuschen sind kombiniert (→ Fasanerie). Vogelhäuser und Volieren waren auch im architektonischen Garten der Renaissance und des Barock wegen des Gesangs oder der bunten Exotik der Vögel beliebt. Sie wurden als einzelne Pavillons oder als kleine Gebäudegruppe angelegt.

Volière (frz.) → Vogelhaus

Volksgarten → Volkspark

Volkspark, neben dem eher als städtische → Promenade zu bezeichnenden Hofgarten in Düsseldorf (1769) war der erste einer breiteren Öffentlichkeit zugängliche Park in Deutschland der Englische Garten in → München (1789), ebenfalls von Kurfürst Karl Theodor von der Pfalz in Auftrag gegeben worden. Inwieweit bereits vorher die privaten herrscherlichen Gärten für breitere Schichten geöffnet waren, ist umstritten. Im Geiste der Aufklärung war z. B. der Park in → Wörlitz auch für die Bevölkerung bestimmt. Eine Forderung nach eigenen »Volksgärten« wurde bereits im Sinne der Aufklärung von dem Gartentheoretiker → Hirschfeld gestellt. Als einer der ersten von städtischer Seite in Auftrag gegebenen V.s entstand 1824 der V. in Magdeburg von Peter Josef → Lenné. Im 19. Jh. diente der V. der Unterhaltung und Erholung der gesamten Bevölkerung. Künstlerisch folgt der Garten (als weitere Beispiele für den V. in Europa seien der St. James Park und der Regent's Park, 1828, in London genannt) den damals üblichen gestalterischen, auf Abwechslung zielenden Prinzipien, die sich letztlich noch aus dem englischen → Landschaftsgarten herleiten lassen: wechselnde Prospekte entstanden durch den Kontrast weitläufiger, naturbelassener Grünflächen mit Aussichtshöhen und Baumgruppen. Festgebäude, Musikpavillons, Restaurants, Festwiesen für Volksfeste sorgten für den nötigen Zeitvertreib (→ Vergnügungspark). Während der Bürgergarten mit seinen weitgeschwungenen Gehwegen, den Blumenparterres, → Rosarien und → Teppichbeeten für die → Promenade angelegt war, zielten die V.s im Zuge der zunehmenden Industrialisierung der Städte und ihres Umlandes auf die Erholung der weniger wohlhabenden Bevölkerungsschichten. Die Anlage größerer Wiesenflächen als Sport- und Spielplätze, Schwimmbäder und Planschbecken u. Ä. gehörten gegen Ende des 19. Jh.s zu den geforderten Gestaltungsmitteln. Wichtige Reformer und Wegbereiter der öffentlichen Gärten und des städtischen Grüns im frühen 20. Jh. unter sozialen Aspekten waren Alfred →Lichtwark, Leberecht →Migge und Martin →Wagner. V.s entstanden vermehrt seit etwa 1900 insbesondere dort, wo keine größeren, für die öffentliche Nutzung vorgesehenen Schlossparks vorhanden waren. Bedeutende und wegweisende Beispiele für V.s im 20. Jh. sind der V. in Hamburg (1909 von Fritz Schumacher unter Mitwirkung von →Lichtwark), der V. in Köln (1909 von Fritz →Encke) und der V. Jungfernheide in Berlin (1922 von Erwin →Barth). →Stadtpark.

De Vries, Jan Vredeman (1527–1604 oder 1623), holländischer Maler, Architektur- und Ornamentzeichner. Das Stichwerk *Hortorum viridariorumque elegantes et multiplices formae* (Antwerpen 1568, zweite Auflage 1583) vermittelt einen Eindruck von den Stadtgärten eines wohlhabenden, aufstrebenden Bürgertums im 16. Jh. Die in regelmäßige rechteckige Felder eingeteilten und von Hecken, Zäunen und Laubengängen (→Berceaux) abgegrenzten Gärten in dem weit verbreiteten Stichwerk übten einen großen Einfluss auf die europäische Gartenkunst des Manierismus aus. Die Binnengestaltung der einzelnen Kabinette war durch ornamentartig ausgelegte Beete bestimmt, die sich um ein zentrales Brunnenbecken oder eine beschnittene Baumbepflanzung gruppierten. Angestrebt wurde trotz der abwechslungsreichen Gestaltung der einzelnen Kompartimente eine einfache, klare Gliederung des Gartens.

W

Wagner, Martin (1885–1957), deutscher Architekt. Ab 1926 war W. Stadtbaurat in Berlin. 1935 ging er als Professor nach Istanbul, 1938 an die Harvard University. W. beschäftigte sich aus Gründen der Hygiene und Volksgesundheit mit der Anlage von öffentlichen Grünflächen in der Stadt. Die Gestaltung von nutzbringenden und weniger kostenintensiven Spiel- und Sportplätzen ist ihm deshalb vor der Anlage künstlerischer »Prachtgärten« vorrangiges Anliegen. Seine rational-technischen Ideen, die in der Folgezeit weite Anerkennung fanden, sind festgehalten in *Das sanitäre Grün der Städte* (Berlin 1925). Der radikale Ausschluss ästhetischer Kriterien unterscheidet W. von Gartengestaltern wie Willy →Lange oder Leberecht →Migge, die ähnliche, für das frühe 20. Jh. charakteristische, auf Gesundheit und Hygiene zielende Ansätze bei der Errichtung öffentlicher Gärten verfolgten.

Walker, Peter (geb. 1932) erwarb 1957 den Master of Landscape Architecture an der Harvard University Graduate School of Design, an der er seit 1958 lehrte. Seit 1957 leitete er eine Bürogemeinschaft mit Hideo Sasaki; 1975 gründete er das SWA-Büro in San Francisco, 1983 die Bürogemeinschaft Peter Walker / Martha →Schwartz. Ab 1992 arbeitete W. mit der Bürogemeinschaft William Johnson and Partners in Berkeley. W. führt wie seine Frau Martha Schwartz häufig Aufträge in Europa aus. Die für W. vorbildlichen Gärten des 18. und 19., ebenso wie die der klassischen Moderne des 20. Jh.s, werden in seinen Gestaltungen in ihrer Topologie zitiert und insofern zu bedeutungsvollen Orten umgestaltet, als W. sich dabei nicht von funktionalen, ökonomischen und ökologischen Anforderungen bestimmen lässt. Der zur zweckbestimmten Kulisse degradierte Garten kann für W. nur für den Verfall bestimmt sein. Vielmehr soll die Aufladung mit Elementen aus der historischen Gartenkunst und zeitgenössischen Kunststilen (Pop Art, Minimal Art und →Land Art) zum Zusammenschluss von Bedeutungsvollem inmitten von Bedeutungslosem die Zeit überdauern. In seinen Arbeiten geht W. expressiv mit Farben, Formen und Bildern um. Europäisches Beispiel für W.s Arbeitsweise ist die Anlage am Kempinski-Hotel, Flughafen München, die er gemeinsam mit Schwartz konzipierte. Streng formale Gestaltung mit Überlagerungen von Fluchten und →Achsen, Säuleneichen, Hecken, dichten Rasendecken und →Ars topiaria in Form von Rankgerüsten aus Stahl, die mit Kletterpflanzen überwachsen werden sollen, zitieren den repräsentativen Garten des Barock. Das formale Element wird im Atrium durch eine 6 m hohe, gläserne Regalwand aufgenommen, in deren Fächern unzählige künstliche rote Geranien in Blumentöpfen aus Kunststoff die Merkmale der Pop Art zitieren.

Walpole, Horace (1717–1797), englischer Schriftsteller und Sammler, Sohn des Premierministers Sir Robert Walpole. W. war einer der wichtigsten Förderer der neogotischen Bewegung in England seit der Mitte des 18. Jh.s. Sein Landhaus Strawberry Hill (Middlesex) wurde seit 1749 auf eigene Anregung nach dem Vorbild eines mittelalterlichen Klosters erbaut. Es gilt als das erste Bauwerk einer rasch um sich greifenden Vorliebe für den gotischen Stil in der englischen Architektur (→Gotikmode) lange vor der Mittelalterbegeisterung des Historismus.

Ward'scher Kasten, Kasten mit Glashaube über einem Behälter für Erdreich zum Transport und zur Aufbewahrung von Pflanzen, der von dem Arzt und Botaniker Nathaniel Bagshaw Ward (1791–1868) erfunden wurde. Die zunehmende Umweltverschmutzung im Zuge der Industrialisierung veranlasste Ward zu Experimenten der Pflanzenaufzucht in geschlossenen Gefäßen. Ward war damit nicht zuletzt auch ein Wegbereiter für die häusliche Kultur der Zimmerpflanze. Seine Erfindung des Kastens als eine Art Mini-Gewächshaus diente darüber hinaus auch zum Pflanzentransport aus Übersee. → Pflanzenjagd.

Wasser als Gestaltungsmittel ist ein Teil der vier → Elemente und gilt unter ihnen als die wichtigste Komponente, als die »lebendige Seele« (Jacques → Boyceau) des Gartens, übernommen als ein Motiv aus der Vorstellung vom → Paradies, in dem W. mit den vier Paradiesesflüssen im Überfluss vorhanden war. Bereits in der Antike wurden → Brunnen und Becken im Garten errichtet. Sie dienten neben dem Bewässern der Pflanzen u. a. der Fischzucht (→ Peschiera) oder dem Kühlen von Getränken und Speisen bei Festmahlen. Im Mittelalter bildete ein Brunnen mit einem Becken, das auch zum Baden genutzt wurde, das Zentrum eines Gartens. W. blieb auch während der Renaissance und des Barock ein wichtiges Element im Garten. In Rinnen geführt, begleitete es die Treppenläufe im italienischen Garten der Renaissance (→ Catena d'acqua). In Kanälen geleitet oder in → Spiegelweihern angelegt, betonte es die Hauptachsen der Gartenanlage und bildete lange ruhige Spiegelflächen, die das Licht und die Architektur reflektierten. Das berühmteste Beispiel und das Vorbild für viele nachfolgende Gärten ist der Große

→Kanal im Versailler Schlosspark. Große, teils auch mit Booten befahrbare Becken nahmen im architektonischen Garten des Barock Figurengruppen mit →Fontänen und Wasserorgeln auf. Wasserfälle und →Kaskaden wurden über natürliche oder künstlich geformte Stufen geleitet und boten wie die Fontänen und →Wasserspiele neben optischen auch mannigfaltige akustische Reize. Dafür waren oft aufwendige technische Konstruktionen notwendig, wie z. B. der Bau des riesigen Wasserhebewerks von →Marly-le-Roy (1681–85), mit dem die Fontänen von →Versailles gespeist wurden. Allgemein wurden gewaltige ingenieur-technische Anstrengungen unternommen, um einen Garten mit W. zu versorgen. Flüsse mussten umgeleitet, Land trockengelegt, gewaltige Erdmassen verschoben und ausgehoben werden. Nicht weniger aufwendig als im architektonischen Garten, wenn auch im Erscheinungsbild »natürlicher«, wurde dabei das W. als Gestaltungsmittel im englischen →Landschaftsgarten eingesetzt. Bäche und Flüsse wurden aufgestaut, um Teiche oder →Seen an der gewünschten Stelle malerisch zu inszenieren.

Wasserorgel, Technik aus der Antike (Heron von Alexandria, Vitruv) überliefert und in der Renaissance wiederaufgegriffen. Siehe auch →Automaten; ein bekanntes Beispiel ist die 1668 von Claude Venard entwickelte W. in der Villa d'Este in →Tivoli. Wasser fließt in einen Hohlraum und treibt dadurch die Luft in die Orgelpfeifen. Die Tastatur der mechanischen Orgel wird ebenfalls durch Wasser angetrieben.

Wasserspiele, unter der Erde oder auf andere Weise verborgene Wasserdüsen, mit denen Gartenbesucher zur

Belustigung der Gesellschaft nass gespritzt werden können. W. wurden oft in begehbaren →Grotten kombiniert mit figürlichen →Automaten in Form von Tieren (wassertrinkende oder singende Vögel, →Schwetzingen) oder Androiden (→Brunnen und Grotten in →Pratolino). Bedeutende Beispiele für reiche W. im Garten sind die Villa d'Este in →Tivoli oder Schloss Hellbrunn in →Salzburg. →Wasser, →Wasserorgel, →Vexierwasser.

Watelet, Claude-Henri (1718–1786), französischer Maler und Kunsttheoretiker. W. verfasste 1774 den *Essay sur les jardins* (dt. *Versuch über die Gärten des Herrn Watelet*, Leipzig 1776). W. war befreundet mit dem Maler François Boucher (1703–1770), der in dem von ihm gestalteten Garten von Moulin mitwirkte. Für W. charakteristische Gestaltungsmittel sind ein formaler Grundriss, idyllische Partien mit scheinbarer »Wildnis« und architektonische Versatzstücke ohne den in englischen →Landschaftsgärten üblichen emblematischen Charakter.

Weber, Roland (1909–1997), Düsseldorfer Gartenarchitekt, der bereits in den 30er Jahren insbesondere bei der Gestaltung von Hausgärten tätig war. W.s Hauptwerk jedoch fällt in die 50er und 60er Jahre. Ausgehend von dem Vorbild des englischen →Landschaftsgartens, waren sanft modellierte Rasenflächen mit sparsam akzentuierenden Gruppen von Bäumen und Büschen die wichtigsten Gestaltungsmittel in W.s puristischer Gartenkonzeption. Farbe erzielte W. durch das Laub der Bäume, während er auf Blumen entweder ganz verzichtete oder deren Einsatz vorzugsweise auf die Farben Weiß und Blau beschränkte. Weitere Akzente setzte er durch die Integration einzelner moderner Skulpturen in das gärtnerische Umfeld. Als Beispiel für W.s private Gartengestaltung ist zu nennen die Villenkolonie (darunter Webers eigenes Wohnhaus) »An der alten Mühle« in Kalkum bei Düsseldorf. Seit seinem Tod wird das Büro von den Landschaftsarchitekten Klaus Klein und Rolf Maas weitergeführt. Die 1997 gegründete Stiftung Roland Weber fördert u. a. die Ausstattung des →Corps de logis von Schloss Benrath in →Düsseldorf.

Wegesysteme →Achse, →Alleen, →Belt, →Berceau, →Croix de St. André, →Étoile, →Jagdgarten (Jagdstern), →Laubengang, →Patte d'oie, →Serpentine

Weikersheim, Schlossgarten, 1709 wurde der Schlossgarten von Weikersheim an der Tauber (Baden-Württemberg) am Stammsitz der Fürsten von Hohenlohe, einer ehemaligen Wasserburg, angelegt. Der durch eine →Orangerie abgeschlossene →Lustgarten mit seinen →Parterres und →Pavillons wird durch Kastanienalleen von den Nutzgärten abgetrennt. Der Garten ist v. a. aufgrund seiner Skulpturen von Bedeutung, die u. a. einen Zwergenreigen (→Callotzwerg, →Gartenzwerg) darstellen. Die zwergenhaften Karikaturen des Hofstaates sind entlang einer Balustrade an der Gartenseite aufgestellt.

Weimar, Park an der Ilm, die Parkanlage bildet ilmaufwärts mit dem Schlosspark Belvedere mit Rokokoschloss, Kavaliershäusern, →Orangerie, Landschaftsgarten, Schmuckplätzen, Sondergärten mit Kübelpflanzen und Blumenschmuck, ilmabwärts mit dem Schlosspark Tiefurt einen sieben Kilometer langen Grünzug, der in den 70er Jahren des 18. Jh.s im englischen Landschaftsstil geprägt wurde und als Gesamtkunstwerk in enger Beziehung zur geistesgeschichtlichen Entwicklung Weimars steht. Die Gestaltung der Weimarer Parkanlage im »neuen

Geschmack« ist eng mit → Goethes Wirken verbunden. Im April 1776 schenkt Herzog Carl August dem jungen Dichter das Gartenhaus im Ilmtal, das Goethe nach seinen Vorstellungen umbaute. Den zum Grundstück gehörenden Garten ließ er terrassieren und dreiteilig gestalten: am Hangbereich hinter dem Haus wurden parkartig Laub- und Nadelgehölze gepflanzt, Wege und Treppen gestaltet, im nördlichen Bereich wurde eine Obstwiese und vor dem Haus ein Gemüse- und Blumengarten angelegt. Auf den Namenstag der Herzogin Luise am 9. Juli 1778 datierte Goethe die eigentliche Geburtsstunde des Weimarer Parks, den Beginn einer neuen Ära der Gartenkunst in Weimar. Für die Feierlichkeiten entwarf er eine Einsiedelei, das sog. »Luisenkloster«, das Carl August 1784 als Borkenhäuschen umbauen ließ und zu zeitweiligem Rückzug nutzte. Weitere Denkmäler, skulpturale Staffagen und Pflanzungen ergänzten die Parkanlagen in den Folgejahren. Eine Inschrifttafel (1782) betont die Freundschaft zwischen Herzog Carl August und dem Fürsten Franz von Anhalt-Dessau, von dessen → Wörlitzer Anlage wesentliche Impulse für den Weimarer Park ausgegangen waren. In den Jahren 1792–98 wurde, der Vorstellung einer Ideallandschaft folgend, für den Herzog das ›Römische Haus‹ als Gartenresidenz im Baustil einer italienischen Villa errichtet. Der Pflanzenkunde und -kultur galt in den ersten beiden Jahrzehnten des 19. Jh.s das Hauptinteresse des Herzogs, so dass vielfältige Pflanzungen zwischen dem Römischen Haus und dem Schloss erfolgten. Der Tod des Herzogs Carl August im Jahre 1828 bedeutete auch das Ende der Parkentwicklung in Weimar.

Welsch, Johann Maximilian von (1671–1745), Ingenieur und Architekt. W., der die barocke Architektur in Rom, Paris und Wien studierte, arbeitete seit 1704 als Festungsbauer, später insbesondere als Gartenarchitekt im Dienst des Kurfürsten Lothar Franz von Schönborn. Für Schönborn gestaltete W. unter der Mitarbeit des leitenden Gärtners Johann Kaspar Dietmann die Gärten des Schlosses Favorite (zerstört) bei →Mainz (1711–24) sowie die Gärten von Schloss Pommersfelden (1714–17) und Gaibach in Franken. Die Schlösser und ihre Gärten sind durch die Stiche Salomon Kleiners überliefert: *Die kurfürstlich Mainzische Favorita* (1726), *Die hochgräflich Schönbornischen Schlösser Weissenstein ob Pommersfelden und Gaibach* (1728). Mit der →Orangerie in Fulda schuf W. 1722–1724 auch einen der bedeutendsten Orangeriebauten in Deutschland.

Werkzeuge →Gartengeräte

Weyhe, Maximilian Friedrich (1775–1846), deutscher Gartenarchitekt. Der Sohn des Hofgärtners Joseph Clemens Weyhe aus Bonn wurde in der Gartenbaukunst von seinem Onkel Peter Joseph Lenné d. Ä., Hofgärtner in Brühl, unterwiesen. Auf seine Lehrjahre folgten Studienaufenthalte in München und Schönbrunn bei Wien, wo er auch botanische Studien betrieb. Möglicherweise machte er die Bekanntschaft mit Gabriel →Thouin. Seit 1801 war W. als Hofgärtner in Köln und als Lehrer für →Botanik tätig. 1803 erfolgte ein Ruf nach Düsseldorf, wo Weyhe u. a. durch die Gestaltungen öffentlicher Gartenanlagen seinen über Düsseldorf hinausweisenden Ruhm begründete. Seine gärtnerischen Fähigkeiten bewies er insbesondere in der Bearbeitung kleinerer Anlagen von privaten Gärten, Kurparks sowie Stadtgärten in der niederrheinischen Region. Letztlich der Tradition des frühen Landschaftsgartens verhaftet, bildete W. darüber hinaus auch eigene und charakteristische Gestaltungsprinzipien aus, wie z. B. das Zusammenziehen einzelner Gartenabschnitte zu großzügigen Blickachsen oder die Komposition von Bäumen im Rondell. Weyhe wurde zum bedeutendsten Landschaftsgärtner in Nordwestdeutschland. Seine fundierten botanischen Kenntnisse manifestierten sich neben seiner Lehrtätigkeit u. a. auch in der Veröffentlichung eines Arzneipflanzenwerks (*Plantae medicinales*, 1827).

Whately, Thomas (gest. 1772), englischer Politiker und Schriftsteller. Die 1770 in London erschienenen *Observations on Modern Gardening Illustrated by Descriptions* des Tory-Parlamentariers gelten als die erste theoretische Schrift zum Landschaftsgarten. Stilistisch den Gestaltungsprinzipien Lancelot »Capability« →Browns nahestehend, hatte Whately großen Einfluss u. a. auf →Hirschfeld. Whately bestimmte als erster die Gartenkunst als eigenständige Disziplin unter den Künsten.

Wien, Schlossgarten Belvedere, das von Johann Lukas von →Hildebrandt für Prinz Eugen von Savoyen erbaute Belvedere in Wien (ab 1693) ist das bedeutendste der zahlreichen, mit aufwendigen Gartenanlagen ausgestatteten Lust- und Sommerhäuser, die sich der Wiener Adel in der ersten Hälfte des 18. Jh.s erbauen ließ (→Gartenpalais). Es setzt sich aus zwei Bauten zusammen, dem Unteren Belvedere (1716 vollendet) und dem Oberen Belvedere (1721 begonnen). Ursprünglich war das im Tal gelegene Untere B. als Wohnhaus geplant, hinter dem sich – wie in →Schönbrunn – ein terrassierter Garten nach dem Vorbild von Gärten der italienischen Renaissance (z. B. →Caprarola) in

Hanglage bis zu einem Belvedere als Abschluss der Gesamtanlage erstrecken sollte. Eine Planänderung jedoch sah einen zweiten Bau als neues Hauptschloss (Oberes Belvedere) vor und zog einen Richtungswechsel in der Umgestaltung des bereits angelegten Gartens in französischer Manier nach sich. Genau entgegengesetzt zur ersten Planung bildete nun das Untere Belvedere den Abschluss des Gartens, der sich in weiten Stufen den Hang hinabzieht. Für die Gartengestaltung wurde der Münchner Hofgärtner Dominique → Girard herangezogen. Das ursprüngliche Aussehen der vom Hauptschloss ausstrahlenden Gartenteile ist durch ein Stichwerk (1731–40) Salomon Kleiners überliefert, das Schloss und Garten Belvedere gewidmet ist.

Wien, Schlossgarten Schönbrunn, unter der Regentschaft Leopolds I. entwarf Bernhard Fischer von Erlach (1656–1723) für einen Neubau des Schlosses Schönbrunn eine Anlage, die die Dimensionen von → Versailles übertroffen hätte (Schönbrunn I). Sein zweiter Entwurf (Schönbrunn II) war dem Kronprinzen Joseph I. zugeeignet und wurde ab 1696 realisiert. Die Ausgestaltung des Gartens lag in den Händen des französischen Gärtners Jean → Trehet, der seit 1690 in höfischen Diensten in Wien stand. Bis 1705 entstand das langgestreckte, von Bosketträumen flankierte → Parterre nach französischen Vorbildern. Die Arbeiten kamen dann zum Erliegen und wurden erst ab 1743 von Kaiserin Maria Theresia wiederaufgenommen, die den Garten so ausgestalten ließ, wie er sich in den Grundzügen heute noch präsentiert. Das Parterre wird bestimmt durch hohe Hecken- und Baumwände, in deren Nischen Statuen aufgestellt wurden. Der Garten, der streng axial auf das Schloss ausgerichtet ist, steigt nach italienischem Vorbild über einen Hang an, der ursprünglich mit →Terrassen und →Wasserspielen bestückt werden sollte. Von den Planungen wurde nur die 1770 erbaute offene Säulenhalle (→Gloriette) als →Belvedere verwirklicht. Wie für den Schlossgarten Belvedere in →Wien wirkten auch in Schönbrunn französische und italienische Vorbilder gleichermaßen auf die Gartengestaltung ein.

Wintergarten, man unterscheidet öffentliche und private Wintergärten. Im 19. Jh. wurden nach dem Vorbild der englischen Kristallpaläste von →Loudon und →Paxton riesige und parkähnlich geräumige Wintergärten angelegt, wie z. B. der W. im Regents Park in London (1846) oder der Jardin d'Hiver in Paris (1847). Die teils tropisch temperierten Wintergärten ermöglichten ein öffentliches Promenieren im Grünen auch in der kalten Jahreszeit und konnten wie die fürstlichen →Orangerien des Barock als Festsaal genutzt werden. Darüber hinaus wurden Wintergärten in kleinerem Format an öffentliche und private Gebäude und Wohnhäuser angegliedert. Den bürgerlichen, privaten W. leistete sich ein aufstrebendes und wohlhabendes Bürgertum insbesondere in der zweiten Hälfte des 19. Jh.s. Als das früheste Beispiel eines privaten W.s gilt bezeichnenderweise derjenige von John Claudius →Loudon, den dieser nach eigenem Entwurf 1824 für sein Wohnhaus errichten ließ. Seit etwa 1860 gehörte der W. zur üblichen Ausstattung einer Villa. →Gewächshaus, →Palmenhaus.

Wirtz, Jacques (geb. 1924), der belgische Landschaftsarchitekt und Gartenkünstler gestaltet seit 1950 Gärten für private und öffentliche Auftraggeber. Charakteristisch ist die Verwendung gut formbaren Pflanzenmaterials. Buchs, Hainbuchen wie auch hochwachsende Gräser werden zu

Kugeln, Hecken und organisch wirkenden, aber scharf begrenzten Körpern zugeschnitten. Damit korrespondieren offene Flächen und Perspektiven, teils im Zusammenspiel mit strengen Architekturen wie Treppen oder Wasserbecken, teils kompositorisch in die Umgebung des Gartens eingebunden. Skulpturale Wirkung und die Grüntöne der → *ars topiaria* sowie deren räumliche Wirkung haben Vorrang vor dem Gestalten mit blühenden Pflanzen. Wichtig ist ferner ein Wechsel von intimen und sich öffnenden Partien. Grundsätzlich wird der Einklang mit der Landschaft und der Natur, unter Beachtung des *genius loci*, angestrebt. Historische Gestaltungselemente werden zitiert und schöpferisch variiert. Bedeutendes Beispiel für Wirtz' Schaffen im öffentlichen Raum ist sein Garten für die Cour du Carroussel, Paris, wo er das Element ausstrahlender Linien barocker Gartenstrukturen in freier Interpretation aufnimmt.

Wise, Henry (1653–1738), königlicher Hofgärtner zur Regierungszeit von König William III. (1689–1702) und Königin Anne (1702–14), gehört zu den letzten Vertretern des formalen Stils in der englischen Gartenkunst. Ab etwa 1688 arbeitete W. mit George London zusammen. Vor 1700, in Absprache mit diesem, konzentrierte sich W. auf die Königlichen Gärten, während London die Landsitze besuchte und betreute. 1699 nahm er die Arbeiten in Hampton Court auf, wo er u. a. im nördlichen Parkabschnitt das berühmt gewordene → Labyrinth anlegte. Nach ihrem Regierungsantritt im Jahre 1702 beauftragte Königin Anne W. mit der Umgestaltung einer Reihe von königlichen Anlagen. Von 1706 bis 1716 war W. an Gestaltungsarbeiten in Blenheim beteiligt.

Wörlitz, Park bei Dessau, der als erste nach den Ideen des englischen Landschaftsgartens gestaltete Anlage auf dem Kontinent gilt. Fürst Leopold Friedrich Franz v. Anhalt-Dessau (1740–1817), inspiriert von ausgedehnten England- und Italienreisen, ließ in den Jahren 1769–73 (Erweiterungen bis 1813) das Terrain am Wörlitzer See, eine mit der Elbe verbundene Niederungslandschaft (120 ha) nach Plänen seines Architekten Friedrich Wilhelm von →Erdmannsdorff und seines Hofgärtners Johann Friedrich →Eyserbeck zu einem Gesamtkunstwerk umgestalten. Angeregt durch die Bekanntschaft mit Johann Joachim Winckelmann (1717–1768) und dessen *Geschichte der Kunst des Altertums*, studierte der Fürst Werke der Antike. Ideengeschichtlich ist in Wörlitz der Rückgriff auf die Antike als sinnstiftende Form besonders augenfällig. Eine vermittelnde Rolle spielt der englische →Palladianismus. Der See der Anlage, durch künstlich angelegte Kanäle mit weiteren Teichen verbunden, windet sich in weitgezogenen Schleifen um Schloss und Park. An Uferstreifen und künstlichen Inseln erschließen sich wechselnde Parkbilder, die eine Rezeption der Anlage in fünf Akten mit sieben Szenen ermöglicht. Auf dem gesamten Weg durch den Park wird der Besucher mit Inschriften, Architekturen und Skulpturen von aufklärerischen Topoi begleitet. Die Rousseauinsel, Ermenonville nachgebildet, ist als Hommage an Jean-Jacques →Rousseau zu verstehen. Pendant hierzu ist die Johann Gottfried Herder (1744–1794) gewidmete Insel. Von einer Bethöhle des Eremiten führt der Weg zur Zelle des Mystagogen. Das Gotische Haus (1769–1790) – als Privatwohnung des Fürsten geplant und in mehreren Bauphasen erweitert – gilt als eine der Hauptattraktionen von Wörlitz.

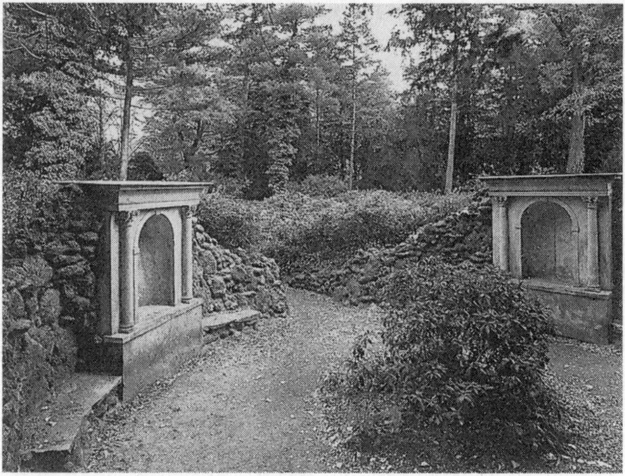

Der englische Garten in Wörlitz
Nischen im Rundteil des Labyrinths
(Foto: Manfred Paul)

Wohngarten, Privatgarten, neuer Begriff für den Hausgarten seit etwa 1930, der u. a. erstmals von Harry →Maaß, einem Theoretiker des modernen, expressionistischen Gartens (*Gartentechnik und Gartenkunst*, Nordhausen 1931), angewandt wurde.

Wolseley, Lady Frances (1872–1936), gründete 1904 das erste Ausbildungsinstitut für Frauen, die sich als Gärtnerinnen ausbilden wollten: die »Glynde School for Lady Gardeners«. W. leitete damit eine Entwicklung ein, die Frauen fortan dazu ermunterte, sich wissenschaftlich und professionell mit Gartenkunst auseinanderzusetzen. Zu ihren Befürwortern gehörten Gertrude →Jekyll und William →Robinson.

Wurzgarten, (spät)mittelalterliche Bezeichnung für einen →Kräuter- und Gewürzgarten, später auch für einen →Blumengarten, z. B. beschrieben in dem Minnelied *Von dem Mayenkrantz* eines unbekannten Dichters aus dem 15. Jh. oder in der Liedersammlung der Nonne Clara Hätzerlein von 1471.

X, Y

Xystus (lat., von griech. *xystos*), als Teil der römischen Villa überdachte, teils gepflasterte, teils bepflanzte →Terrasse oder →Promenade im Garten, die auf drei Seiten von Kolonnaden umgeben ist.

Yerres, Nebenfluss der Seine; wenige Kilometer südöstlich von Paris mit dem Yerres-Tal und gleichnamiger Ortschaft (heute Département Essonne). Zu großer Bekanntheit gelangte Yerres durch den Garten des Künstlers Gustave Caillebotte (1848–1894), impressionistischer Maler im Kreis von Auguste Renoir und Claude Monet. Caillebotte malte zahlreiche Ansichten des Familienbesitzes (erworben 1860). Die Anlage mit klassizistischem Landhaus und großräumigem Landschaftsgarten im englischen Stil weist auch verschiedene freistehende Gebäude wie Zierbauernhof, schweizerisches Haus (Holzbau mit Molkerei), Orangerie, Kapelle, Exedra u. a. m. auf. Die zwischen 1814 und 1848 entstandene Anlage wurde als typischer Landsitz der Pariser gehobenen Mittelklasse im 19. Jh. von Caillebotte intensiv gepflegt. In die zwei Jahre nach Verkauf von Yerres (1879) erworbene Anlage von Petit Genneville ließ er seine in Yerres erworbenen gärtnerischen Kenntnisse einfließen. Er konzipierte seinen Garten nach farbtheoretischen Grundsätzen und neuesten botanischen Erkenntnissen. Den Obstgarten legte er nach ästhetischen und ökonomischen Gesichtspunkten an. Dank der Konstruktion eines Gewächshauses mit Heißluftofen gelang ihm die Kultivierung von exotischen Gewächsen. In gartenkünstlerischen Fragen stand Caillebotte mit Claude Monet, der sich in →Giverny einen Garten angelegt hatte, in ständigem Austausch.

Z

Zaun (von althochdt. *zun* ›Einfriedung‹), ursprünglich aus Holz oder Gerten geflochtene Einfriedung, die die ältere, aus lebenden Pflanzen gebildete →Hecke als Umgrenzung eines Bezirks ersetzt. Der Z. dient als Schutz vor Eindringlingen und zur Abgrenzung des privaten Eigentums. Dabei wurde der Z. zunehmend kunstvoll gestaltet und konnte auch aus anderen Materialien wie Eisen (→Ziergitter) geformt sein.

Ziegel (lat. *tegula* ›Dachziegel‹) →Terrakotta

Ziergitter, schmiedeeiserne Gitter dienten zunächst ausschließlich praktischen Zwecken, bis sie um 1300 kunstvolle Formen insbesondere in der sakralen Kunst, etwa als Chorgitter, entwickelten. Im 17. und 18. Jh. gewinnen Z. als Gestaltungselement der profanen Architektur an Bedeutung. Als Abgrenzung eines Platzes nehmen sie in der Gestaltung Bezug auf die große Architektur (z. B. die verlorenen Gitter vor der Würzburger Residenz). In der Gartenarchitektur wurden Z. als Brüstung und Geländer von →Terrassen und Treppen verwendet sowie als Gartentore in die Umfassungsmauern eingelassen. Neben dem herrschaftlichen Monogramm entfaltete sich an den Gittern ein üppiger Ornamentschmuck aus Rocaille (Muschelwerk) und pflanzlichen Motiven. Sowohl in Deutschland als auch in Frankreich entstanden meisterhafte Formen. In der Gartenkunst konnten Z. zudem aus anderen, natürlichen Materialien hergestellt werden und traten damit in Zusammenhang mit den hölzernen →Treillagen. So wurde Pierre Le Nôtre, der Großvater von André →Le Nôtre (1631–1700), dem berühmten Gartenarchitekt von Versailles, mit einem kunstvoll verzierten Gitter aus Weiden- und Haselnussruten als Meister in die Pariser Gärtnerzunft aufgenommen.

Zimmergarten, der Z. gehört zur bürgerlichen Gartenkultur des 19. Jh.s, Blumen und Pflanzen wurden im Innenraum kultiviert, am Fenster oder in einem Mini-Gewächshaus wie dem → Ward'schen Kasten. Ein Protagonist des Z.s war in Deutschland Jakob Ernst von Reider (→ Blumisterei). → Wintergarten.

Zirkel, großes, kreisförmiges → Parterre im Schlosspark von → Schwetzingen. Waren kreisförmige Gartenräume im → Boskett keine Seltenheit (→ Rondell), so ist die Kreisform für ein Parterre einmalig. Die ungewöhnliche Form wurde von dem Hofgärtner Ludwig → Petri entworfen und von Nicolas → de Pigage umgestaltet. Sie geht wahrscheinlich zurück auf das strahlenförmige, von einem kreisförmigen Platz ausgehende Schneisensystem eines → Jagdgartens.

Zirkelhaus, kreis- oder halbkreisförmig angeordneter Bau v. a. in barocken Gartenanlagen (→ Schwetzingen), der sich in der Anlage von → Jagdgärten herleitet und ursprünglich der Tierhaltung diente.

Zitrusbäumchen, die ursprünglich aus Asien stammenden Gewächse gelangten bereits in der Antike nach Europa. Neben der schon bei Vergil (70–19 v. Chr.) bekannten Zitronatzitrone, die dieser »goldener Apfel« nannte (vgl. dazu auch die Gärten der → Hesperiden), wurden im 11. Jh. die → Pomeranze (Bitterorange) und im 13. Jh. die Zitrone in Europa angebaut. Z. wurden zunächst in Sizilien und durch die Araber vermittelt auch in Spanien (Cordoba, Garten im Hof der Moschee: Patio de los

Aranjos, um 976 n. Chr.) kultiviert. Seit der zweiten Hälfte des 16. Jh.s wurden die Pflanzen auch in Deutschland eingeführt. Die immergrünen, Früchte und Blüten gleichzeitig tragenden Z. waren wegen ihres Duftes und Symbolgehaltes (Symbol des ewigen Lebens, Herkulesikonographie, Hesperiden) die beliebtesten Pflanzen des architektonischen Gartens des Barock (→ Orangerie).

Zoologischer Garten → Tiergarten

Zwinger, Raum zwischen den Mauern der Befestigungsanlage einer Burg oder Stadt, wo auch wilde Tiere gehalten wurden. Der sog. Zwinger in Dresden, 1711–28 von Matthäus Daniel Pöppelmann (1662–1736) erbaut, ist ein Fest- und → Orangeriegebäude, dessen Name aufgrund der baulichen Lage an einer ehemaligen Bastion geprägt wurde. Formal gilt der Bau als außergewöhnliche und einmalige Umsetzung einer ephemeren Festarchitektur für höfische Turnierspiele (→ Spiele) in Stein. Die durch einen langen, eingeschossigen Galerietrakt verbundenen und von Bogengalerien exedraartig umfassten → Pavillons öffneten sich ursprünglich nach Nordosten hin zum Elbufer in Gärten und Wasserkaskaden. Die heute rundum geschlossene Anlage entstand durch den von Gottfried Semper 1834 errichteten Anbau einer Gemäldegalerie.

Ausgewählte Gärten in Europa

Deutschland

Bamberg, Schloss Seehof/Marquardsburg (→ Seehof)
Bayreuth, Schlossgarten Eremitage
Bayreuth, Sanspareil
Brühl, Garten von Schloss Augustusburg
Düsseldorf, Schloss und Park Benrath
Hannover, Königliche Gärten Herrenhausen
Hombroich (bei Neuss), Museumsinsel
Kassel, Schlosspark Wilhelmshöhe
Mainz, Schlossgarten Favorite (nicht mehr erhalten)
München, Englischer Garten
München, Schlosspark Nymphenburg
Muskau, Schlosspark
Potsdam, Park Schloss Sanssouci
Schwetzingen, Schlossgarten
Stuttgart, Schlossgarten Solitude (nicht mehr erhalten)
Veitshöchheim, Hofgarten
Weikersheim, Schlossgarten
Weimar, Park an der Ilm
Wörlitz (bei Dessau), Schlosspark

Frankreich

Fontainebleau, Schlossgarten
Giverny, Fondation Claude Monet
Lunéville, Gärten des Stanislaus Leszczyński
(nicht mehr erhalten)
Marly-le-Roi, Schlossgarten

Paris, Cimetière du Père Lachaise
Saint-Germain-en-Laye, Schlossgarten
Vaux-le-Vicomte (bei Melun), Schlossgarten
Versailles (bei Paris), Schlossgarten
Villandry (Indre-et-Loire), Schlossgarten

Großbritannien

Blenheim (Oxfordshire)
Castle Howard (Yorkshire)
Chatsworth (Derbyshire)
Chiswick (bei London)
Dungeness (Kent)
Rousham (Oxfordshire)
Stonypath (bei Edinburgh), Little Sparta
Stourhead (Wiltshire)
Stowe (Buckinghamshire)

Italien

Bagnaia, Garten der Villa Lante
Bomarzo, Sacro Bosco
Caprarola, Park des Palazzo Farnese
Caserta, Schlosspark, Palazzo Reale
Florenz, Boboli-Garten, Palazzo Pitti
Florenz-Castello, Villa Medicea di Castello
Florenz-Castello, Villa Medicea La Petraia
Frascati, Garten der Villa Aldobrandini
Garavicchio (Prov. Grosseto), Skulpturengarten
Maser, Villa Barbaro
Pratolino (bei Florenz), Parco Demidoff
Tivoli, Garten der Villa d'Este

Niederlande

Apeldoorn, Schlossgarten Het Loo (→ Het Loo)
Heemstede (bei Utrecht), Schlossgarten
Hoge Veluwe, Nationalpark bei Otterlo

Österreich

Laxenburg (bei Wien), Schlosspark Laxenburg
Salzburg, Schlossgarten Hellbrunn
Salzburg, Schloss Mirabell
Wien, Schlossgarten Belvedere
Wien, Schlossgarten Schönbrunn

Schweiz

Sankt Gallen, Klostergarten (nicht mehr erhalten)

Spanien

Aranjuez (bei Madrid), Schlossgarten
Barcelona, Park Güell
Escorial (bei Madrid), Schlossgarten
Granada, Gärten der Alhambra
Granada, Gärten der Generalife
Madrid, Park Buen Retiro
San Ildefonso (bei Segovia), Schlossgarten von La Granja

Literaturhinweise

Quellen

Addison, Joseph: Description of a Garden in Natural Style. In: The Spectator Nr. 477, 1711–12.

Blondel, Jean François: De la distribution des maisons de plaisance, et de la décoration des édifices en général. Paris 1737–38.

Boyceau, Jacques: Traité du jardinage selon les raisons de la nature et de l'art. Paris 1638.

Chambers, William: A Dissertation on Oriental Gardening. London 1772. – Reprogr. Nachdr. Farnborough 1972.

Colonna, Francesco: Hypnerotomachia Poliphili. Venedig 1499. – Reprogr. Nachdr. Padua 1980.

Dézallier d'Argenville, Antoine Joseph: La Théorie et la Pratique de Jardinage. Paris 1709.

Hirschfeld, Christian Cay Lorenz: Theorie der Gartenkunst. Leipzig 1782.

Loudon, John Claudius: Encyclopaedia of Gardening. London 1822. (Dt.: 4 Bde. Weimar 1823–26.)

[Plinius, Gaius Caecilius Secundus:] C. Plini Caecili Secundi Epistularum libri decem / Gaius Plinius Caecilius Secundus: Briefe. Lat.-dt. Hrsg. von Helmut Kasten. München 1968.

Pope, Alexander: An Essay on the Pleasures of the Garden. In: The Spectator Nr. 477, 1712.

Rousseau, Jean-Jacques: Julie ou la Nouvelle Héloïse. Lettre de deux amants habitants d'une petite ville au pied des Alpes. Amsterdam 1761. (Dt. Ausg.: München 1978.)

Sckell, Friedrich Ludwig: Beiträge zur bildenden Gartenkunst. München 1825.

Varro, Marcus Terentius: Rerum rusticarum libri tres. Venedig 1472. (Engl. Ausg.: London 1973.)

Vitruv: Zehn Bücher über Architektur. Übers. und mit Anm. versehen von Curt Fensterbusch. Darmstadt 1964.

Walpole, Horace: Essay on Modern Gardening. 1785 (1770). In

deutscher Übers. von August Wilhelm Schlegel hrsg. von Frank Maier-Solgk, Heidelberg 1994.
Watelet, Claude-Henry: Essay sur les jardins. Paris 1774.

Bibliographie der vor 1750 erschienenen deutschen Gartenbücher. Zsgetr. von Clemens Alexander Wimmer unter Mitarb. von Iris Lauterbach. Hrsg. von der Bücherei des Deutschen Gartenbaus e. V. Berlin/Nördlingen 2003.

Allgemeine Darstellungen

Adams, William Howard: The French Garden 1500–1800. London 1979.
Bazin, Germain: DuMont's Geschichte der Gartenbaukunst. Köln 1990.
Berckenhagen, Ekhart: Deutsche Gärten vor 1800. Hannover/Berlin [u. a.] 1962.
Beuchert, Marianne: Symbolik der Pflanzen. Frankfurt a. M. / Leipzig 1996.
Bienfait, A. G.: Oude Hollandsche tuinen. 2 Bde. 's-Gravenhage 1943
Böhme, Gernot / Böhme, Hartmut: Feuer, Wasser, Erde, Luft. Eine Kulturgeschichte der Elemente. München 1996.
Börsch-Supan, Eva: Garten-, Landschafts- und Paradiesmotive im Innenraum. Berlin 1967.
Bowe, Patrick: Gärten der römischen Welt. München 2004.
Brown, Jane: Kunst und Architektur englischer Gärten. Entwürfe aus der Sammlung des Royal Institute of British Architects von 1609 bis heute. Stuttgart 1991.
Bucher, Annemarie (Red.): Vom Landschaftsgarten zur Gartenlandschaft. Gartenkunst zwischen 1880 und 1980. Hrsg. vom Archiv für Schweizer Gartenarchitektur und Landschaftsplanung. Zürich 1996.
Buttlar, Adrian von: Der Landschaftsgarten. München 1980.
– Der Landschaftsgarten des Klassizismus und der Romantik. Köln 1989.

Carroll-Spillecke, Maureen: Der antike griechische Garten. München 1989.
Chatfield, Judith: Die schönsten italienischen Gärten. Köln 1991.
Clark, H. F.: The English Landscape Garden. London 1948. (Gloucester 1980.)
Clark, Ronald: Gärten 1999/2000. Der Reiseführer zu privaten und öffentlichen Parks und Gärten in Deutschland. Hrsg. von der Deutschen Gesellschaft für Gartenkunst und Landschaftskultur. München 1999.
Clifford, Derek: A History of Garden Design. London 1962. (Dt.: Geschichte der Gartenkunst. München 1966.)
Cowel, Frank Richard: Gartenkunst. Von der Antike bis zur Gegenwart. Stuttgart/Zürich 1978.
Dami, Luigi: Il giardino italiano. Mailand 1924.
De Jong, Erik: Natuur en kunst. Nederlandse tuin- en landschapsarchitectuur 1650–1740. Amsterdam 1995.
Dennerlein, Ingrid: Die Gartenkunst der Régence und des Rokoko in Frankreich. Diss. München 1962. (Bamberg 1972, Worms 1981.)
Dohna, Ursula Gräfin zu: Gärten und Parke in Ostpreußen. 400 Jahre Gartenkunst. Herford 1993.
Elliot, Brent: Victorian Gardens. London 1986.
Fleur de l'air. A Garden in Provence by Ian Hamilton Finlay. Lanark 2004.
Forkl, Hermann (Hrsg.): Die Gärten des Islam. Stuttgart 1993.
Franzen, Brigitte: Die vierte Natur. Gärten in der zeitgenössischen Kunst. Köln 2000.
Ganay, Ernest de: Les jardins de France et leur décor. Paris 1949.
– Bibliographie de l'art des jardins. Paris 1989.
Gothein, Marie-Luise: Geschichte der Gartenkunst. 2 Bde. Jena 1914. – Nachdr. der 2. Auflage von 1926: Geschichte der Gartenkunst. Hildesheim / New York 1977.
Härtling, Ursula (Hrsg.): Gärten und Höfe der Rubenszeit im Spiegel der Malerfamilie Brueghel und der Künstler um Peter Paul Rubens (Katalog zur Ausstellung im Gustav-Lübcke-Museum, 15. Oktober 2000 bis 14. Januar 2001). Passau 2000.

Hallbaum, Franz: Der Landschaftsgarten. München 1927.
Hansmann, Wilfried: Gartenkunst der Renaissance und des Barock. Köln 1983.
Harvey, John: Medieval Gardens. London 1981.
Hennebo, Dieter: Das Berufsbild des Garten- und Landschaftsarchitekten. Hrsg. vom Bund deutscher Landschaftsarchitekten. München 1973.
– Gartendenkmalpflege. Grundlagen der Erhaltung historischer Gärten und Grünanlagen. Stuttgart 1985.
– Gärten des Mittelalters. München/Zürich 1987.
– / Hoffmann, Alfred: Geschichte der deutschen Gartenkunst. 3 Bde. Königstein 1983.
Hobhouse, Penelope: Illustrierte Geschichte der Gartenpflanzen. München/Wien 1999.
– Der Garten. Eine Kulturgeschichte. Starnberg 2003
Hunt, John Dixon: Der malerische Garten. Gestaltung und Geschichte des europäischen Landschaftsgartens. Stuttgart 2004.
Jesberg, Paulgard: Lust zum Gartenhaus. Kulturgeschichtliche Betrachtungen zum Gartenhaus. Münster 1995.
Keller, Herbert: Kleine Geschichte der Gartenkunst. Berlin 1994.
Kern, Hermann: Labyrinthe. Erscheinungsformen und Deutungen. 5000 Jahre Gegenwart eines Urbildes. München 1982.
Kluckert, Ehrenfried: Gartenkunst in Europa. Von der Antike bis zur Gegenwart. Köln 2000.
Krückemeyer, Thomas: Gartenstadt als Reformmodell. Siedlungskonzeption zwischen Utopie und Wirklichkeit. Siegen 1997.
Lauterbach, Iris: Der französische Garten am Ende des Ancien Régime. »Schöne Ordnung« und »geschmackvolles Ebenmaß«. Worms 1987.
Lauterbach, Iris: Bibliographie der französischen Gartenliteratur im 18. Jahrhundert. In: Das 18. Jahrhundert 15 (Marburg 1991) S. 193–205.
Laws, Bill: Künstler und ihre Gärten. München 1999.
Lombardo, Alberto: Vedute di Villa d'Este nel Seicento: attraverso le antiche incisioni di Gio. Francesco Venturini, Giovanni Maggi,

Israël Silvestre, Gabriel Perelle, Stefano Dupérac, Mario Cartaro, Francesco Corduba, Dominique Barrière e la veduta topografica di Tivoli di Daniel Stoopendal. Rom 2005.

Mac-Dougall, Elisabeth / Franklin Hamilton Hazlehurst (Hrsg.): The French Formal Garden. Dumbarton Oaks Colloquium on the History of Landscape Architecture III. Washington 1974.

Mader, Günter: Gartenkunst des 20. Jahrhunderts. Gartenarchitektur und Landschaftsarchitektur in Deutschland. Stuttgart 1999.

Mägdefrau, Karl: Geschichte der Botanik. Leben und Leistung großer Forscher. Stuttgart 1973.

Mayer, Gottfried / Goehl, Konrad (Hrsg.): Höhepunkte der Klostermedizin. Der ›Macer floridus‹ und das Herbarium des Vitus Auslasser. Leipzig 1832. Reprogr. Nachdr. Holzminden 2001.

Mayer-Tasch, Peter Cornelius / Mayerhofer, Bernd (Hrsg.): Hinter Mauern ein Paradies. Der mittelalterliche Garten. Frankfurt a. M. 1998.

Mosser, Monique / Teyssot, Georges: The Architecture of Western Gardens. A Design History from the Renaissance to the Present Day. Cambridge (Mass.) 1991.

– The History of Garden Design. The Western Tradition from the Renaissance to the Present Day. London 1991.

Müllenbrock, Heinz-Joachim: Der englische Landschaftsgarten des 18. Jahrhunderts und sein literarischer Kontext. Göttingen 1986.

Oesterle, Günther / Tausch, Harald (Hrsg.): Der imaginierte Garten. Göttingen 2001. (Formen der Erinnerung. 9.)

Panten, Helga: Die Bundesgartenschauen. Eine blühende Bilanz seit 1951. Stuttgart 1987.

Park und Garten im 18. Jahrhundert. Colloquium der Arbeitsstelle 18. Jahrhundert der Gesamthochschule Wuppertal. Heidelberg 1978.

Pavord, Anna: The Naming of Names. The Search for Order in the World of Plants. London 2005. – Dt.: Wie die Pflanzen zu ihrem Namen kamen. Eine Kulturgeschichte der Botanik. Berlin 2008.

Plumptre, George: Great Gardens. Great Designers. London 1996.

Quest-Ritson, Charles: Gärten in Deutschland. Basel 1998.

Ree, Paul van der / Smienk, Geerit / Clemens Steenbergen: Italian Villas and Gardens. Amsterdam 1992.

Racine, Michel: Le Guide des Jardins de France. [o. O.] 1990.

Rogger, André: Die Red Books des Landschaftskünstlers Humphry Repton. Worms 2007. (Grüne Reihe. Quellen und Forschungen zur Gartenkunst. 25.)

Rohde, Michael (Hrsg.): Pflege historischer Gärten. Theorie und Praxis. Leipzig 2008. (Muskauer Schriften. 6.)

Segall, Barbara: Gärten in Spanien und Portugal. Ein Reiseführer zu den schönsten Gartenanlagen. Basel 2000.

Spillecke, M. Caroll: Kepos. Der griechische Garten. Berlin 1989.

Stiftung Schloss und Park Benrath (Hrsg.): Wunder und Wissenschaft. Salomon de Caus und die Automatenkunst in Gärten um 1600 (Katalogbuch zur Ausstellung im Museum für Europäische Gartenkunst, 17. August bis 5. Oktober 2008). Düsseldorf 2008.

Strong, Roy: The Renaissance Garden in England. London 1979.

Taylor, Patrick: Period Gardens. London 1991.

Thacker, Christopher: Die Geschichte der Gärten. Zürich 1979.

Vercelloni, Virgilio: Historischer Gartenatlas. Eine europäische Ideengeschichte. Stuttgart 1994.

Walter, Kerstin: Das Pittoreske. Die Theorie des englischen Landschaftsgartens als Baustein zum Verständnis von Kunst der Gegenwart. Düsseldorf 2006. (Benrather Schriften. Bibliothek zur Schlossarchitektur des 18. Jahrhunderts und zur europäischen Gartenkunst. 2.)

Weilacher, Udo: Zwischen Landschaftsarchitektur und Land Art. Basel 1996.

Wiewelhove, Hildegard (Hrsg.): Gartenfeste. Das Fest im Garten, Gartenmotive im Fest. Ausstellung im Museum Huelsmann, Bielefeld. Bielefeld 2000.

Wimmer, Clemens Alexander: Geschichte der Gartentheorie. Darmstadt 1989.

Zu den Autorinnen

MICHAELA KALUSOK, geb. 1961 in Burghausen/Bayern, lebt und arbeitet in Düsseldorf. Studium der Kunstgeschichte, Geschichte und Archäologie in Würzburg mit Promotion über das Thema Tabernakel und Statue. Die Figurennische in der italienischen Kunst des Mittelalters und der Renaissance. 1990 Mitarbeiterin beim »Census of the Works of Art and Architecture Known to the Renaissance« in Rom, Bibliotheca Hertziana. 1992/93 Lehraufträge an der Heinrich-Heine-Universität Düsseldorf. 1993–95 Volontariat bei den Staatlichen Museen in Kassel. 2001–02 Wissenschaftliche Mitarbeiterin beim Aufbau des Gartenkunstmuseums Schloss Benrath in Düsseldorf. Themen- und Arbeitsschwerpunkte: europäische Skulptur und Architektur vom 12. bis zum 18. Jahrhundert; Gartenkunst. Themen- und Arbeitsschwerpunkte: Symbolismus im 19. Jahrhundert; Mythologie; Naturästhetik; Schlossarchitektur des 18. Jahrhunderts und europäische Gartenkunst.

GABRIELE UERSCHELN, geb. 1948 in Meerbusch bei Düsseldorf, studierte Kunstgeschichte, Philosophie, Pädagogik und Psychologie an der Albertus-Magnus-Universität zu Köln. 1980–2000 Wissenschaftliche Mitarbeiterin am Clemens-Sels-Museum in Neuss und kunstwissenschaftliche Leiterin der Städtischen Kunstsammlungen. 1998 Konzept für das Gartenkunstmuseum im Ostflügel von Schloss Benrath. 1999–2001 Lehrauftrag an der Heinrich-Heine-Universität Düsseldorf. Seit 2002 Direktorin der Museen Corps de Logis (Hauptschloss) und des

Museums für Europäische Gartenkunst sowie wissenschaftlicher Vorstand der Stiftung Schloss und Park Benrath. Themen- und Arbeitsschwerpunkte: Symbolismus im 19. Jahrhundert; Mythologie; Naturästhetik; Schlossarchitektur des 18. Jahrhunderts und europäische Gartenkunst.

Der Verlag Philipp Reclam jun., Stuttgart, dankt dem Museum für Europäische Gartenkunst der Stiftung Schloss und Park Benrath (Düsseldorf), das einen großen Teil der Abbildungen zur Verfügung gestellt hat.